共富

江苏的探索与经验

[夏锦文 吕永刚　著]
[何雨 张春龙 周春芳]

江苏人民出版社

图书在版编目(CIP)数据

共富:江苏的探索与经验/夏锦文等著.—南京:
江苏人民出版社,2019.8
 ISBN 978-7-214-23923-5

Ⅰ.①共… Ⅱ.①夏… Ⅲ.①小康建设—研究—江苏
Ⅳ.①F127.53

中国版本图书馆 CIP 数据核字(2019)第 178641 号

书　　　名	共富:江苏的探索与经验
著　　　者	夏锦文　吕永刚　何　雨　张春龙　周春芳
策 划 编 辑	卞清波
责 任 编 辑	卞清波
特 约 编 辑	康海源
责 任 校 对	胡海弘
装 帧 设 计	末末美书
责 任 监 制	王列丹
出 版 发 行	江苏人民出版社
出版社地址	南京市湖南路 1 号 A 楼,邮编:210009
出版社网址	http://www.jspph.com
照　　　排	江苏凤凰制版有限公司
印　　　刷	南京新洲印刷有限公司
开　　　本	718 毫米×1 000 毫米　1/16
印　　　张	30.25　插页 2
字　　　数	278 千字
版　　　次	2019 年 9 月第 1 版　2019 年 9 月第 1 次印刷
标 准 书 号	ISBN 978-7-214-23923-5
定　　　价	76.00 元

(江苏人民出版社图书凡印装错误可向承印厂调换)

目　录

引　言　*1*

第一章　共富的理论基础　*5*

第一节　作为人类理想的共同富裕　*6*

第二节　马克思主义经典理论中的共同富裕　*15*

第三节　马克思主义共富理论的中国化　*22*

第二章　全国共富"大棋局"　*39*

第一节　共同富裕的中国方案　*40*

第二节　共同富裕的中国定位　*51*

第三节　共同富裕的中国路径　*57*

第四节　共同富裕的中国境界　*64*

第三章　江苏共富的进阶之路　71

　　第一节　江苏共富1.0版:从贫困到温饱　72

　　第二节　江苏共富2.0版:从总体小康到高水平全面小康　86

　　第三节　江苏共富3.0版:迈向基本现代化　92

第四章　区域协调优化共富空间　99

　　第一节　区域非均衡发展实现先富　100

　　第二节　区域协调发展带动共富　104

　　第三节　区域新格局涵养共富　118

第五章　城乡一体化打造共富品牌　129

　　第一节　城乡一体化:城乡共富的理论与渊源　130

　　第二节　江苏特色的城镇化:走向城乡一体化　142

　　第三节　城乡发展一体化:苏南的示范效应与苏北的跟进　151

　　第四节　城乡一体化的成效:农村整体水平的提升　162

　　第五节　从城乡发展一体化走向城乡融合发展　167

第六章　提升群众共富水平　176

　　第一节　增加群众收入:共富的关键所在　177

　　第二节　切实提升群众收入水平　180

第三节　缩小居民收入差距　200

第七章　产业变迁促进共富　219

第一节　产业变迁促进共富的内在机理　220

第二节　产业变迁对共富的影响　223

第三节　产业变迁促进共富的江苏经验　246

第八章　双创释放共富效应　256

第一节　双创与共富的有机融合　257

第二节　藏富于民：作为共富力量源泉的大众创业　272

第三节　造富于新：作为共富质量源泉的万众创新　287

第九章　推进物质精神同步共富　303

第一节　物质共富与精神共富的辩证法　304

第二节　物质精神同步同富的一贯追求　307

第三节　物质精神共富的江苏样本　320

第十章　兜牢共富社会保障网　327

第一节　社会保障：稳定的基石和共富的后盾　328

第二节　社会保障制度改革：江苏的大胆探索　336

第三节　社会保障体系建设：江苏的率先实现　348

第四节　社会保障水平提高：增加的隐形财富　356

第五节　社会保障建设展望：公平和可持续　360

第十一章 脱贫攻坚筑牢共富基底 370

第一节 迈向共富的基础性工程 371

第二节 江苏脱贫攻坚的战略举措 374

第三节 江苏脱贫攻坚的历史经验 402

第十二章 江苏从先富到共富的一般经验 409

第一节 江苏共富的理论基础 410

第二节 江苏共富的基本现状 416

第三节 江苏共富的基本经验 422

第十三章 锻造共富路上的坚强领导 433

第一节 党对江苏共富的统筹谋划 434

第二节 党对江苏共富的组织领导 440

第三节 党建推动共富的实践创新 444

第十四章 书写江苏共富新篇章 453

第一节 拓展江苏共富新内涵 454

第二节 探索江苏共富新路径 460

第三节 开创江苏共富新境界 465

参考文献 470

后记 476

引 言

共同富裕是人类社会迄今为止最古老、最富生命力、最为激动人心的伟大梦想之一。这一伟大梦想穿越古今，指向未来，勾连起"人猿相揖别"时蒙昧初开的先民与大踏步迈向智能时代、万物互联时代、生态文明时代的当代人；这一伟大梦想素朴无华，至真至纯，饱含着人类对自身命运的深层关切和美好期许，彰显出人性之善之美，蕴藏着强韧的社会力量；这一伟大梦想跨山越海，无远弗届，"无穷的远方，无数的人们，都和我有关"，每一个群体、每一个你我他都行进在通向共富的途中。

共同富裕并非只存在于遥远的彼岸世界，在那里，物质财富充分涌流，人的思想境界极大提升，"每个人自由全面的发展是一切人自由全面发展的条件"；在人类社会实践的此岸世界，共同富裕更是可触可感、实实在在的人类实践活动，是人类通过不懈奋斗、攻坚克难将共富梦想握在手中的实践探索。马克思主义从诞生之初，就把实现共同富裕作为奋斗目标，把共同富裕思想从空想变为科学，并在理论与实践的互动中，不断丰富共富思想，持续推进共富实践。中国共产党从诞生之初，就把"为中国人民谋幸福，为中华民族谋复兴"作为初心使命，把实现中国人民共同富裕作为理想目标，让中华民族古老的大同理想、共富梦想第一次具备真正实现的历史条件。

中华人民共和国成立以来，中国共产党初心不改、矢志不渝，团结带领人民完成社会主义革命，确立社会主义基本制度，推进社会主义建设，完成了中华民族有史以来最为广泛而深刻的社会变革，为当代中国一切发展进步奠定了根本政治前提和制度基础，实现了中华民族由近代不断衰落到根本扭转命运、持续走向繁荣富强的伟大飞跃；团结带领人民进行改革开放新的伟大革命，破除阻碍国家和民族发展的一切思想和体制障碍，开辟了中国特色社会主义道路，使中国大踏步赶上时代。经过70年艰苦奋斗、持续发展，中国人民跨越温饱、晋级小康，在决胜全面建成小康社会的基础上，奋力开启建设社会主义现代化国家新征程，古老的共富梦想在中华大地展现出勃勃生机。

在中国奔向共富梦想、推进共富实践的进程中，江苏在全国共富版图中始终占据重要位置。江苏牢记中央要求江苏为全国发展探路的一贯要求，锐意探索，敢为人先，在先行探索中形成了内涵丰富的共富实践成果，积累了富有启发性的共富经验举措，比如：注重区域协调，推动各个板块之间的有效协同，积蓄共富势能，涵养共富空间；探索具有江苏特点的新型城镇化和城乡一体化之路，发挥苏南城乡一体化全国领先的示范效应，构建城乡一体化的共富品牌；实施富民强省战略，聚焦富民，多措并举增加群众收入，缩小居民收入差距，提升群众共富水平；推进产业结构调整优化，在产业变迁中构建江苏共富的产业基础，形塑江苏共富之路的特色内涵；坚持藏富于民，发展作为共富力量源泉的大众创业，推动造富于新，发展作为共富质量源泉的万众创新，以双创释放共富效应；把握物质共富与精神共富的辩证法，鼓励各地个性化探索，以"两个文明"协调发展推动物质精神同步共富；积极推进改革创新，建立健全社会保障体系，稳步提升社会保障水平，兜牢共富社会保障网；深入实施脱贫攻坚奔小康工程，高标准推进脱贫攻坚，筑牢新时代共富基底；坚持党对共富实践的全面领导，从省一级的统揽全局、顶层设计到基层党组织的主动作为、锐意探索，将党的坚强领导贯穿于江苏共富探索的全过程。展望未来，江苏坚持以习近平新时代中国特色社会主义思想和习近平总书记对江苏的系列重要讲话精神为指导，更加扎实推动高质量发展，万众一心谱写"强富美高"新篇章，低调务实不张扬、撸起袖子加油干,持续开展共富新实践,创造共富新业绩,贡献共富新经验,为新时代全国共富实践继续贡献江苏力量,展现江苏作为。

第一章

共富的理论基础

共同富裕是人类社会千年不坠的崇高理想，始终激荡人心、催人奋进。在星光璀璨的人类思想史上，从《诗经·大雅·民劳》对小康社会的歌咏，到《礼记·礼运》对大同社会的勾勒；从古希腊思想家亚里士多德思考如何在"优良的城邦"里过上"优良的生活"，到空想社会主义者莫尔在《乌托邦》中畅想未来社会的蓝图；从马克思主义经典作家科学论证共同富裕是共产主义的实现条件也是基本特征，到中国共产党人自觉地把团结带领中国人民实现共同富裕、构建人类命运共同体作为自己的历史使命，共同富裕的理论内核渐臻严密，思想体系逐步完善，迸发出巨大的思想魅力，为人类社会不畏风险挑战、持续推进共富实践提供了丰厚的理论滋养和锐利的思想武器。

第一节 作为人类理想的共同富裕

公平正义问题是人类由来已久的话题，经久不衰，古今中外，概莫能外。在西方，从古希腊的卡克利斯、柏拉图和亚里士多德，到中世纪的西欧思想家，及至资产阶级革命时期的伏尔泰、孟德斯鸠、卢梭等人及其以后的马克思、恩格斯等，都对公平问题做了许多阐述，形成了丰富的有关公平的思想。在东方，无论是儒家对"大同社会"的追求，还是道家对"小国寡民"的推崇，抑或是佛家对"极乐世界"的向往，究其社会根源，都是在资源短缺、生存压力巨大的条件下，人们对于公平正义及其理想社会的探索。

一、共同富裕思想的物质与情感基础

从根本上说，共同富裕思想产生的动力来自于两个方面：一个是社会生产力的逐步发展，为实现共同富裕提供必要的物质基础；另一方面则是社会物质匮乏、发展共享性不足的客观现实，反过来催生人们对美好的社会的向往。

就社会生产力发展而言，物质生产能力的增长为人类从茹毛饮血进化到文明社会创造了必要条件；即便从本质上脱离了动物界，但长期以来，人类文明世界一直处于社会物质财富匮乏的状态。追溯有文字记载的人类文明——像埃及文明有七八千年的历史、中华文明也有五千年的历史，尽管各个文明所处的空间场域不同、进化阶段殊异，但是，在漫长的演进过程中，它们面临的一个共同问题，就是生产力水平的极端低下。原始社会如此，奴隶社会、封建社会也是如此。物质生产与人口增殖的矛盾始终困扰着人类社会。对于这一困境，英国政治经济学家托马斯·罗伯特·马尔萨斯提出了著名的假说，即"马尔萨斯陷阱"。在其《人口原理》中，他描绘出了一幅晦暗的人类前景：人口增长是按照几何级数增长的，而生存资料仅仅是按照算术级数增长的，多增加的人口总是要以某种方式被消灭掉，人口不能超出相应的农业发展水平。按照西方的历史经验，在工业革命之前的时代，人口迅速增加是不可能的，必然要受到"马尔萨斯陷阱"的限制。也正是生产力发展水平与人口增殖之间几近不可调和的矛盾，暗示了短缺将成为前工业时代人类社会共同的生存境遇。物质匮乏的经历愈是难忘，记忆愈是深刻，人们对"富裕"的愿景与渴求就愈益强烈。这让"富裕"问题成为人类社会的永恒主题。

　　从生产关系方面分析，社会成果的共享性不足是人类进入阶级社会以来的基本特征，巨大的社会差距更加彰显出共同富裕的难度和可贵。前工业社会以农耕为主，社会的总体生产效率非常低下，主要源自于三个方面的因素：一是受生产资料自身的制约，即土地的稀缺性。土地是财富之母，没有足够的土地，就不可能创造出足够的财富。二是受生产工具更迭的停滞性影响，即在漫长的历史中，从石器时代进入铁器时代后，农业生产工具一直缺乏大的突破与创新，无法为更为高效的农业生产提供技术支持。三是受农业自身属性的制约。作物生长有自身的生命周期，必须要有一定的时间保障。上述三个方面的要素，奠定了前工业社会总体匮乏的基调，但是，这并不意味着其社会状态就是"共同贫穷"，相反，即使在前工业社会中，社会的贫富差异同样是非常巨大的——"朱门酒肉臭，路有冻死骨"就是真实的写照。出现这一现象的原因在于生产关系。在奴隶制、封建制生产关系中，拥有生产资料和生产工具的奴隶主、地主获得了社会财富的分配权，从而在有限的农业剩余中为自己创造了绝对剩余的奢靡生活。这一分配关系从根本上限定了"共同富裕"中的"共同"是不可能的。在前工业社会中，不仅无法"共同富裕"，也无法"共同贫穷"。前者是对于奴隶、雇农来说的，他们无法跻身"富裕"之列，而后者则是对于奴隶主、地主来说的，他们也天然地不会"贫穷"。

二、中华文明中的共同富裕思想

中华文明中关于共同富裕的理想社会愿景可谓源远流长。《诗经》既是中国最早的一部诗歌总集，也是第一部基于劳动人民视角、反映劳动人民心声的作品。《大雅·民劳》直抒胸臆地表达了人们对那个时代理想生活的愿景:"民亦劳止,汔可小康。惠此中国,以绥四方。无纵诡随,以谨无良。式遏寇虐,憯不畏明。柔远能迩,以定我王。民亦劳止,汔可小休。惠此中国,以为民逑。无纵诡随,以谨惛怓。式遏寇虐,无俾民忧。无弃尔劳,以为王休。民亦劳止,汔可小息。惠此京师,以绥四国。无纵诡随,以谨罔极。式遏寇虐,无俾作慝。敬慎威仪,以近有德。民亦劳止,汔可小愒。惠此中国,俾民忧泄。无纵诡随,以谨丑厉。式遏寇虐,无俾正败。戎虽小子,而式弘大。民亦劳止,汔可小安。惠此中国,国无有残。无纵诡随,以谨缱绻。式遏寇虐,无俾正反。王欲玉女,是用大谏。"本篇既是当前人们广泛使用的"小康"的源头,也反映了人们对美好生活的朴素愿景。所谓"小康",就是"汔可小休""汔可小息""汔可小愒""汔可小安",即不能无休止地劳动,而是要让人们有稍作休息的闲暇。有"劳"有"止",讲求"劳"与"止"的平衡,体现了中国古人朴素高明的辩证思维。

儒家和道家是中国本土文明,其对理想社会也提出了自己的构想。代表了入世的儒家认为,理想的社会就是大同社会。什么是大同社会呢?《礼记·礼运》说道:"大道之行也,天下为公,选贤与能,讲信修睦。故人不独亲其亲,不独子其子,使老有所终,壮有所用,幼有所长,矜、寡、孤、独、废、疾者,皆有所养,男有分,女有归。货恶其弃于地也,不必藏于己;力恶其不出于身也,不必为己。是故谋闭而不兴,盗窃乱贼而不作,故外户而不闭。是谓大同。"儒家的大同理想,其实质为没有私有制:人人为社会劳动而不是"为己";老弱病残受到社会的照顾,儿童由社会教养,一切有劳动能力的人都有机会充分发挥自己的才能;没有特权和世袭制,一切担任公职的人员都由群众推选;社会秩序安定,夜不闭户,道不拾遗;对外"讲信修睦",邻国友好往来,没有战争和国际阴谋。与之相比,道家代表的是一种出世观,其认为理想的社会为小国寡民。《老子》认为:"小国寡民。使有什伯之器而不用;使民重死而不远徙。虽有舟舆,无所乘之;虽有甲兵,无所陈之。使人复结绳而用之。甘其食,美其服,安其居,乐其俗。邻国相望,鸡犬之声相闻,民至老死,不相往来。"《庄子·胠箧》也有类似描述:"昔者容成氏、大庭氏……祝融氏、伏羲氏、神农氏,当是时也,民结绳而用之,甘其食,美其服,乐其俗,安其居,邻国相望,鸡狗之音相闻,民至老死而不相往来。"著名的《桃花源记》本质上就是道家的理想社会。陶渊明幻想出一处同现实世界隔绝的人间乐土——桃源洞,那里没有剥削、压迫和战争,人们永远处于和平、宁静和温饱的环境中,过着无忧无虑的田园生活,对外部世界几百年来的王朝废兴、社会动乱都一无所闻,自秦末进洞以来,"乃不知有汉,无论魏晋"。儒家和道家,从根本上讲,都是知识分子关于理想社会的愿景。两者的区别在于，如果说儒家的美好社会愿景代表了一种积极入世的态度，那么道家则更多是一种消极避世的体现。

面对千年未有之变局的近代社会，人们对理想社会的憧憬更加强烈，并且在阶级危机、民族危机的背景下出现了关于共同富裕的深刻思考或探索，主要代表是康有为资产阶级维新派的大同社会主义空想、孙中山资产阶级革命派的民生主义空想。

某种程度上，《大同书》是东方的"理想国"。从1884年执笔到1902年杀青，前后历时8年，康有为才完成了本书。全书总共分为10个部分，其目录如下：甲部、入世界观众苦；乙部、去国界合大地；丙部、去级界平民族；丁部、去种界同人类；戊部、去形界保独立；己部、去家界为天民；庚部、去产界公生业；辛部、去乱界治太平；壬部、去类界爱众生；癸部、去苦界至极乐。在康有为看来，未来的大同社会是一种以生产资料公有制为基础、没有剥削的社会。生产力高度发达，人们物质文化生活水平很高。国界消灭，全世界统一于一个"公政府"之下，没有战乱。政治上实行资产阶级民主共和制度，没有贵贱等级。男女完全平等，家庭已消灭，不存在父权、夫权压迫。

作为资产阶级革命家，早在1906年，孙中山在《民报》创刊周年庆祝大会上就明确表示，"革命的目的是为众生谋幸福"，强调民族、民权、民生"三民主义"就是实现民有、民治、民享的"大同主义"。他后来进一步阐释道:"我们三民主义的意思,就是民有、民治、民享。这个民有、民治、民享的意思,就是国家是人民所共有,政治是人民所共管,利益是人民所共享。照这样的说法,人民对于国家不只是共产,一切事权都是要共的。这才是真正的民生主义,就是孔子所希望之大同世界。"① 其大同理想主要内容是:土地国有,大企业国营,但生产资料私有制仍然存在,资本家和雇佣劳动者两个阶级继续存在;生产力高度发展,人们生活普遍改善;国家举办教育、文化、医疗保健等公共福利事业,供公民享用。

三、空想社会主义的共同富裕思想

空想社会主义是现代社会主义思想的来源之一,流行于19世纪初期的西欧,著名代表人物为莫尔、康帕内拉、欧文、圣西门和傅立叶,主张建立一个没有阶级压迫和剥削以及没有资本主义弊端的理想社会。

基于对资本主义贫富悬殊、两极分化的痛恨,基于对劳苦大众苦难生活的同情,基于一种人类同情心和社会责任感,空想社会主义者在批判资本主义私有制的基础上,提出了初始涵义的"社会主义"和共同富裕思想,为人们详尽描绘了人类社会共同富裕的美好蓝图。

其以公有共享为基本特征。公有共享即财富公共占

---

① 《孙中山全集》(第九卷),中华书局1986年版,第394页。

有，集体共同消费。无论是莫尔的《乌托邦》中的财产公有、集体劳动、集体共享，康帕内拉的《太阳城》中的城邦制和共惠制，还是圣西门大多数人拥有财产的平等的实业制度、傅立叶全民自愿合作的和谐制度、欧文生产资料公有的新村制度，都体现了公有共享的基本特征。

以社会平等为重要前提。他们认为，平等是最大福利的源泉，主张机会和权利人人平等，主张财富分配人人平等，主张政治权利人人平等，主张法律面前人人平等，主张道德面前人人平等，主张在社会平等的基础上建立一个公正的社会，即共同富裕的社会。

以财产公有、按需分配、社会和谐为理想目标。他们认为，财产私有制造成人们经济地位和政治地位不平等，造成社会道德堕落、罪恶丛生和贫富悬殊。财产公有制却能使劳动生产率提高，使物质财富涌流，使社会没有贫富悬殊，使人人享有平等经济、政治地位，享受幸福生活。因此，他们主张彻底废除和消灭一切私有制度，建立一个以财产公有制为基础的，人人参加劳动、各尽所能、按需分配的和谐理想社会，实现"一个能使人类的力量，人类的美，人类的光耀升华到最高境界的社会，一个安抚受难的人民，把无辜的人们从饥饿和悲伤的苦难中拯救出来而把幸运的人从自我主义中解脱出来的社会，一个使劳动与欢乐、富有与善良、德行和幸福在尘世间结合起来的社会"①，一个"人人都是富人，人人都是穷人、人人平等、人人自由、人人皆兄弟"②的社会。

空想社会主义的共同富裕思想反映了被压迫阶级要求改变黑暗现实建立美好幸福世界的善良愿望，揭示了社会主义共同富裕的诱人前景，以其天才的洞察，给人以高瞻远瞩的远景启示，为马克思、恩格斯科学揭示社会主义共同富裕思想的内涵提供了有价值的启示，成为构建科学社会主义共同富裕理论体系的思想养份，同时，也包含了趋向历史唯物主义的合理因素，为共同富裕思想奠定了生产关系基础。它从人与人的财产关系、社会平等关系和分配关系中，天才地预测了未来社会的特征和原则，提出了许多宝贵思想和具有独立见解的卓越思想。比如，人类社会历史是有规律的不断发展进步的历史过程的思想；共同富裕的理想社会终将替代暂时的过渡的资本主义社会的思想；生产的目的是满足人们物质和精神的需要，劳动不再是谋生手段而是乐生的需要的思想；经济公有，政治平等，社会公平，分配平均，生产计划、管理民主的思想等等。这些宝贵思想的实质，"都只是表明要消灭阶级对立"，建立社会主义的生产

---

① [美]乔·奥·赫茨勒：《乌托邦思想史》，张兆麟等译，商务印书馆1990年版，第213页。
② [法]马布利：《马布利选集》，何清新译，商务印书馆1981年版，第82页。

关系。

但是空想社会主义的共同富裕思想也存在着根本缺陷,有着明显的历史局限。由于解决资本主义社会问题的物质条件和社会力量还隐藏在不发达的经济关系中,由于缺乏生产力基础,缺乏阶级基础,他们不可能从社会内部寻找到未来新社会的轮廓,不可能进行科学的论证,不可能找到实现的途径,不得不靠自己天才的头脑构想,不得不求助于支配世界的人类意志即"理性"。因此,他们对未来社会的预言一开始就具有空想的性质;而且,他们对未来社会预言得愈详尽、愈周密,就愈具有纯粹空想的性质。建立在历史唯心主义的基础之上,以资产阶级理性主义、人道主义、天赋人权等为思想武器,不懂得社会发展的规律,找不到达到共同富裕理想社会的现实道路,只能把理想的实现寄托于统治者的良知、剥削者的良心发现和少数天才的示范带头上。

第二节 马克思主义经典理论中的共同富裕

实现所有人的共同富裕是自古以来人类的梦想,这一点明显地体现在古代中国关于大同世界的理想和近代西方世界关于乌托邦的设想之中。但是,在马克思主义产生以前,共同富裕只不过是人类的一种幻想而已。马克思主义理论第一次科学地揭示了人类社会特别是资本主义社会的发展规律,论证了社会主义和共产主义最终必然代替资本主义和一切私有制社会的规律性和历史趋势，系统地阐述了共同富裕的历史性，实现共同富裕的物质前提、社会制度前提、社会途径，共同富裕与人的全面发展的关系，实现共同富裕的阶段性等方面内容，从而揭示了共同富裕的发展规律。从一定意义上来说，马克思主义理论就是关于人类共同富裕的理论。

一、马克思、恩格斯的共同富裕思想

马克思、恩格斯早在创立科学社会主义之初，就把实现共同富裕鲜明地写在社会主义的旗帜之上。《共产党宣言》指出："过去的一切运动都是少数人的或者是为少数人谋利益的运动。无产阶级运动是绝大多数人的、为绝大多数人谋利益的独立的运动。"在《哥达纲领批判》中，论及未来的新制度及其形成，马克思是这样描述的："在共产主义社会高级阶段，在迫使个人奴隶般地服从分工的情形已经消失，从而脑力劳动和体力劳动的对立也随之消失之后；在劳动已经不仅仅是谋生的手段，而且本身成了生活的第一需要之后；在随着个人的全面发展，他们的生产力也增长起来，而集体财富的一切源泉都充分涌流之后，——只有在那个时候，才能完全超出资产阶级权利的狭隘眼界，社会才能在自己的旗帜上写上：各尽所能，按需分配！"[1] 大致来说，马克思的共同富裕

---

[1]《马克思恩格斯选集》（第三卷），人民出版社1995年版，第305—306页。

思想主要表现在下述方面：

一是揭示了实现共同富裕的一般物质基础和前提。历史唯物主义把人类的生产活动理解为人类最基本的也是最重要的实践活动，而人类生产活动的主要内容就是不断发展社会的物质生产力，人类从事物质生产活动以及其他一切社会活动的一般的主要目的和动机，就是获得一定的物质利益，即追求物质福利和富裕水平的提高。马克思指出："人们奋斗所争取的一切，都同他们的利益有关。"① 实现共同富裕，是最广大人民群众的根本利益所在。

二是揭示了共同富裕的发展规律。根据社会生产力的不同发展阶段以及不同阶段的社会生产关系的不同，历史唯物主义把人类社会的发展划分为五个历史阶段，即原始共产主义社会、奴隶社会、封建社会、资本主义社会和共产主义社会（包括社会主义社会）。其中原始共产主义社会虽然是一个无阶级的社会，但是，那个历史阶段的社会生产力极其低下，因而，不可能实现所有人的共同富裕。在一切以生产资料私有制为基础的阶级社会中，都存在着生产资料的占有者剥削不占有生产资料阶级的劳动的共同特点，从而也就不可能实现所有人的共同富裕。恩格斯指出："在人类发展的以前一切阶段上，生产还很不发达，以致历史的发展只能在这种对立形式

---

①《马克思恩格斯全集》（第一卷），人民出版社1956年，第82页。

中进行，历史的进步整个说来只是成了极少数特权者的事，广大群众则注定要终生从事劳动，为自己生产微薄的必要生活资料，同时还要为特权者生产日益丰富的生活资料。"① 只有当社会生产力发展到一定程度，并建立以生产资料公有制为基础的社会主义和共产主义社会，才能真正消灭剥削以及由此产生的社会财富占有的不平等，从而实现全社会的共同富裕。

三是揭示了共同富裕的历史性。社会财富的占有和分配在阶级关系上也表现出明显的差别。具体来说，奴隶制条件下的奴隶主不仅占有一切生产资料，而且直接占有奴隶的人身，因此，奴隶社会是一种绝对的贫富两极分化的社会。封建制条件下，虽然庄园主或地主占有大部分生产资料，农民或农奴对地主阶级存在严重的人身依附关系，但是，由于农民占有一部分生产资料和拥有一定人身自由，因此农民阶级的物质生活状况相比奴隶而言是大为改善了。资本主义条件下的资产阶级虽然因为占有资本而占有绝大部分生产资料，社会财富也就主要由资本家占有，但是由于劳动者获得了彻底的人身自由并成为劳动力的出卖者，所以，资本主义社会条件下的雇佣劳动阶级在物质生活条件方面相比封建社会条件下的农民阶级而言是进一步改善了。

四是揭示了实现共同富裕的历史必然性和发展趋势。

---

① 《马克思恩格斯选集》（第三卷），人民出版社 1995 年版，第 336 页。

马克思在《资本论》第一卷序言中指出:"本书的最终目的就是揭示现代社会的经济运动规律。"为了揭示这个规律,《资本论》全面分析了资本主义生产方式的内在矛盾及其所造成的必然结果。马克思和恩格斯在《共产党宣言》中指出:"资产阶级在它的不到一百年的阶级统治中所创造的生产力,比过去一切世代创造的全部生产力还要多,还要大。"因而,马克思主义理论一方面揭示了资本主义社会条件下实现共同富裕的不可能,另一方面又揭示了资本主义的发展为最终实现共产主义和人类的共同富裕创造了物质基础和前提。

五是揭示了实现共同富裕的阶段性。在《哥达纲领批判》中,马克思深刻地阐明了从资本主义社会到共产主义社会发展的阶段性特征,从而在事实上科学地说明了"共同富裕"本身所具有的两种内涵。在共产主义社会第一阶段实行按劳分配原则的前提下,在保证劳动者之间的权利平等的同时,又会由于个人的各方面差异而造成事实上的个人消费资料占有量上的不平等。这个阶段相比以前一切阶级社会而言无疑是一个劳动者或所有人共同富裕的社会,但是,这时的共同富裕仍然仅限于每个人获取个人消费资料的权利上的平等,而不是指事实上的消费资料在量的占有上的完全相等。

二、列宁的共同富裕思想

伴随社会主义制度的建立,面对苏联经济文化落后的现实，列宁在继承和坚持马克思、恩格斯共同富裕思想的基础上，开始探索落后国家走上社会主义道路后，在生产力基础比较薄弱的条件下，如何实现共同富裕的问题。

一是阐释了共同富裕和社会主义的关系。明确指出社会主义生产的目的就是保证最大限度地满足整个社会经常增长的物质文化需要，明确指出共同富裕在社会主义理论中的地位。列宁认为："新的、更好的社会里不应该有穷有富，大家都应该做工，共同劳动的成果不应该归一小撮富人享受，应该归全体劳动者享受。"①"只有社会主义才可能广泛推行和真正支配根据科学原则进行的产品的社会生产和分配，以便使所有劳动者过最美好、最幸福的生活。"②

二是阐释了生产力发展和社会主义制度的关系。只有发展社会生产力，才能实现共同富裕，只有消灭私有制，建立公有制的社会主义制度，才能保证实现全体人民过幸福、美好的富裕生活的理想。列宁把生产力发展看作社会进步的最高标准，强调要推动社会生产力的发展。新经济政策，就是这一思想在政策层面的体现。

三是阐释社会主义和资本主义致富方法的本质区别。社会主义和资本主义致富方法的本质区别在于，社会主

---

①《列宁全集》（第七卷），人民出版社1987年版，第112页。
②《列宁全集》（第三十四卷），人民出版社1987年版，第356页。

义通过生产和分配原则使人民共同富裕，资本主义则靠掠夺他人的剩余价值而使少数人致富。列宁指出，在社会主义阶段还不能做到公平和平等，"因为富裕的程度还会不同，而不同就是不公平"①。他还指出："在社会主义制度下，全体工人、全体中农、人人都能在决不掠夺他人劳动的情况下完全达到和保证达到富足的程度。"②

三、共同富裕思想的阶级性与科学性

寻求富裕、获取幸福的观念，从社会主义形成之日，就是社会主义思想者的共识，他们把共同富裕看作是人间一切苦难困顿的生灵的最终理想。马克思认为，公平正义虽然代表了一种价值判断，但它是现实经济关系的反映；不同的历史时期和不同的社会利益代表者对公平正义范畴给予了不同的内涵，因此，公平正义范畴本身是"历史的"。公平正义是马克思关于社会分配的价值取向和基本原则，但马克思认为公平分配原则和方式是客观的，而不是主观的、抽象的。分配公平与否取决于它是否与一定历史阶段由生产力水平决定的生产方式及生产关系相适应。马克思指出，所谓的分配关系，是同生产过程的历史规定的特殊社会形式，以及人们在他们生活的再生产过程中互相所处的关系相适应的，并且是由

---

① 《列宁全集》（第三十一卷），人民出版社 1987 年版，第 89 页。
② 《列宁全集》（第三十五卷），人民出版社 1987 年版，第 470 页。

这些形式和关系产生的，分配关系不过表示生产关系的一个方面。

第三节　马克思主义共富理论的中国化

共同富裕，是社会主义的本质要求，是中国共产党人始终如一的根本价值取向。在马克思主义中国化的过程中，共同富裕也历经几代领导人的艰难探索，逐渐找到了一条具有中国特点、反映中国特色的道路。毛泽东首倡"共同富裕"，凝聚全国人民走上社会主义的大同之路；邓小平提出贫穷不是社会主义，共同富裕是社会主义的本质特征，鼓励一部分地区一部分人先富起来，先富带动、帮助后富，最终达到共同富裕；江泽民强调兼顾效率与公平，在社会主义现代化建设的每一个阶段都必须让广大人民群众共享改革发展的成果；胡锦涛突出以人为本，科学发展，更加注重社会公平。自党的十八大以来，以习近平同志为核心的党中央，把共同富裕的中国实践推上了新境界。正如习近平总书记指出的那样："我们搞社会主义，就是要让各族人民都过上幸福美好的生活。全面建成小康社会最艰巨最繁重的任务在贫困地区，特别是在深度贫困地区，无论这块硬骨头有多硬都必须啃下，无论这场攻坚战有多难打都必须打赢，全面小康路上不能忘记每一个民族、每一个家庭。"①

一、改革开放前对共同富裕理想的探索

中国共产党在成立以后的 30 多年时间里，没有提出"共同富裕"的口号或概念，因为民主革命时期，中国共产党人的主要任务是推翻帝国主义、封建主义、官僚资本主义的压迫，争取民族的独立和解放，为实现共同富裕创造条件。而当我们开始向社会主义过渡时，这一概念的出现也就成了历史的必然。

"共同富裕"这一概念最早出现在党的正规文献中是 1953 年。当年 12 月 16 日通过的《中共中央关于发展农业生产合作社的决议》提出："为着进一步地提高农业生产力，党在农村中工作的最根本的任务，就是要善于用明白易懂而为农民所能够接受的道理和办法去教育和促进农民群众逐步联合组织起来，逐步实行农业的社会主义改造，使农业能够由落后的小规模生产的个体经济变为先进的大规模生产的合作经济，以便逐步克服工业和农业这两个经济部门发展不相适应的矛盾，并使农民能够逐步完全摆脱贫困的状况而取得共同富裕和普遍繁荣的生活。"《决议》是按照毛泽东的要求起草的，毛泽东直接主持、参与了起草，并对决议草案进行了重要的修

---

① "二〇一八年春节前夕赴四川看望慰问各族干部群众时的讲话"，《人民日报》，2018 年 2 月 14 日。

改。可以说，在党的第一代中央领导集体中，毛泽东是第一个使用这一概念也是使用这一概念最多的一位。

《决议》要求用明白易懂而为农民所能够接受的道理和办法去教育和促进农民群众逐步联合组织起来，走社会主义道路。"共同富裕"无疑是最明白易懂和最能为广大农民所接受的道理。《决议》通过前曾在党内外广泛征求意见，"共同富裕"这一朴素而又凝练的词汇很快就进入了敏锐的理论工作者和文艺工作者的视野。也就是从这时起，"共同富裕"的概念开始广泛传播。检查我们党的历史文献和主要报纸、杂志，1953年以前，"共同富裕"一词从未出现过，而在1953年，这一词汇在《人民日报》连续出现了12次。在《决议》通过的12月，这一词汇则连续出现了9次。这一年，《人民日报》开设了《向农民宣传总路线》专栏，其中诗人郭小川的文章直接把共同富裕与社会主义连在了一起。郭小川的文章标题就是"社会主义的路是农民共同富裕的路"。他在文章中指出："怎样才能不走资本主义的路呢？唯一的办法就是走社会主义的路。什么是社会主义？在农村，社会主义就是大家联合起来，用大规模生产和新的农具、农业机器和新的农作法来经营农业，使大家能够共同富裕。"①

毛泽东出身中国农村，对于旧社会人剥削人、人压

---

① 李爱敏：《对毛泽东"共同富裕"思想与道路的辩证思考》，《湖州师范学院学报》，2016年第3期。

迫人的现象深恶痛绝。挥之不去的"大同"情结和坚定的共产主义信仰,使他对"两极分化"时刻保持着高度的警惕。"共同富裕"成为他终生为之奋斗的目标。1953年他曾说过这样的话:"走资本主义道路,也可增产,但时间要长,而且是痛苦的道路。我们不搞资本主义,这是定了的。"① 不搞资本主义,就是为了避免"两极分化"的痛苦道路,就是为了实现共同富裕。

针对建国后不久农村出现的两极分化苗头,毛泽东认为:"这个问题,只有在新的基础之上才能获得解决。这就是在逐步地实现社会主义工业化和逐步地实现对于手工业、对于资本主义工商业的社会主义改造的同时,逐步地实现对于整个农业的社会主义的改造,即实行合作化,在农村中消灭富农经济制度和个体经济制度,使全体农村人民共同富裕起来。"② 他坚定地认为:"我们实行这么一种制度,这么一种计划,是可以一年一年走向更富更强的,一年一年可以看到更富更强些。而这个富,是共同的富,这个强,是共同的强。"③ "三大改造"后,在农业合作社内,广大农民实行了土地、耕畜和大型农具的生产资料公有;在城市实行生活必需品凭票限量的

---

① 朱华:《公平与效率:对毛泽东与邓小平的社会主义观比较》,《探索与争鸣》,1995 年第 3 期。
② 李成贵:《共同富裕之后还要努力作战——学习〈关于农业合作化问题〉的一点体会》,《延边大学学报(哲学社会科学版)》,1975 年第 3 期。
③ 董振华:《共享:中国特色社会主义的本质要求》,《求是》,2016 年第 19 期。

供给制，这样使人们在生产资料占有方面实现同等富裕。收入方面，农村实行很少差别的按劳动工分分配的制度，城市干部职工实行差距很小的工资制度。同时规定"国家机关的工作人员、企业单位和事业单位的职工，一般地不增加工资，也不提高级别，一部分人工资过高的，应当适当予以降低"。① 后来他又发动"大跃进"、人民公社化运动。在公社内，废除一切私有制，一切生产资料归公，社员的自由地、自养的农畜家禽和家庭副业等都收归公社所有，而且大搞"一平二调"。

客观地说，毛泽东对社会主义初级阶段所可能实现的社会公平做了过高的、脱离实际的估计，把同等富裕和同步富裕等同于共同富裕，他试图让农民在过于单一的集体经济形式下摆脱贫穷，实现共同富裕，并确信可以通过不断提高公有化程度，来达到推动生产力发展的目的，其结果是"大锅饭"、平均主义极大地挫伤了农民的生产积极性，使共同富裕成为空中楼阁，在现实中导致了人们的普遍贫穷。正如邓小平后来在总结历史经验时所说："我们坚持走社会主义道路，根本目标是实现共同富裕，然而平均发展是不可能的，过去搞平均主义，吃'大锅饭'，实际上是共同落后，共同贫穷，我们就是

---

① 刘逸：《试论毛泽东与邓小平共同富裕思想的异同》，《改革与开放》，2012年第24期。

吃了这个亏。"①

邓小平同志指出，社会主义的本质，是解放生产力，发展生产力，消灭剥削，消除两极分化，最终达到共同富裕。党的十八届五中全会鲜明提出要坚持以人民为中心的发展思想，把增进人民福祉、促进人的全面发展、朝着共同富裕方向稳步前进作为经济发展的出发点和落脚点。这一点，我们任何时候都不能忘记，部署经济工作、制定经济政策、推动经济发展都要牢牢坚持这个根本立场。②

二、改革开放后共同富裕理想的新实践

实现全体人民的共同富裕，是中华儿女梦寐以求的理想。共同富裕是邓小平建设有中国特色社会主义理论的重要内容，是社会主义本质属性和基本目标。"文化大革命"过去以后，以邓小平同志为核心的第二代中央领导集体开始对什么是社会主义、怎样建设社会主义的问题进行反思。邓小平认为："从一九五八年到一九七八年这二十年的经验告诉我们：贫穷不是社会主义，社会主义要消灭贫穷。"③

---

① 龚云：《邓小平共同富裕理论：让中国人实现共同富裕梦想》，人民网理论频道，2012年2月29日。
②《不断开拓当代中国马克思主义政治经济学新境界》，《十八大以来重要文献选编》（下），中央文献出版社2018年版，第4页。
③《邓小平文选》（第三卷），人民出版社1993年版，第116页。

正是基于这样的认识，党的十一届三中全会上，邓小平提出了社会主义建设的新的思路："在经济政策上，我认为要允许一部分地区、一部分企业、一部分工人农民，由于辛勤努力成绩大而收入先多一些，生活先好起来。一部分人生活先好起来，就必然产生极大的示范力量，影响左邻右舍，带动其他地区、其他单位的人们向他们学习。这样，就会使整个国民经济不断地波浪式地向前发展，使全国各族人民都能比较快地富裕起来。"①后来，他又多次强调："我的一贯主张是，让一部分人、一部分地区先富起来，大原则是共同富裕。一部分地区发展快一点，带动大部分地区，这是加速发展、达到共同富裕的捷径。"②

邓小平的思路是明确的：没有生产的发展，就没有财富的增加，没有财富的增加就不可能实现富裕，更不可能实现共同富裕。而在社会主义初级阶段，加快生产力的发展，就必须把共同富裕与同步富裕、同等富裕区分开来，鼓励先进，鞭策落后，形成竞争，提高效率。正是沿着这样的思路，我们对经济体制进行了大胆的改革。在农村推行了以包产到户为主的家庭联产承包责任制。在城市开始引进市场经济的做法，发展商品经济。同时，实行对外开放，建立经济特区，鼓励东部沿海有

---

① 《邓小平文选》（第二卷），人民出版社1994年版，第152页。
② 《邓小平文选》（第三卷），人民出版社1993年版，第166页。

条件的地区率先实现现代化。

在允许"先富"的同时，邓小平把"共同富裕"确立为社会主义的本质特征。早在1985年，他就指出："社会主义的目的就是要全国人民共同富裕，不是两极分化。如果我们的政策导致两极分化，我们就失败了；如果产生了什么新的资产阶级，那我们就真是走了邪路了。""一个公有制占主体，一个共同富裕，这是我们所必须坚持的社会主义的根本原则。"① 对于如何解决贫富不均和地区发展不平衡的问题，邓小平同志也提出了一些很好的设想。1988年他就提出了"两个大局"的思想。他说："沿海地区要加快对外开放，使这个拥有两亿人口的广大地带较快地先发展起来，从而带动内地更好地发展，这是一个事关大局的问题。内地要顾全这个大局。反过来，发展到一定的时候，又要求沿海拿出更多力量来帮助内地发展，这也是个大局。那时沿海也要服从这个大局。"②

在1992年的南方谈话中，一方面他强调"社会主义的本质，是解放生产力，发展生产力，消灭剥削，消除两极分化，最终达到共同富裕"，另一方面，他又明确指出："社会主义制度就应该而且能够避免两极分化。解决的办法之一，就是先富起来的地区多交点利税，支持贫困地区的发展。当然，太早这样办也不行，现在不能削

---

① 《邓小平文选》（第三卷），人民出版社1993年版，第110—111页。
② 才国伟、舒元：《对"两个大局"战略思想的经济学解释》，《经济研究》，2008年第9期。

弱发达地区的活力，也不能鼓励吃'大锅饭'。什么时候突出地提出和解决这个问题，在什么基础上提出和解决这个问题，要研究。可以设想，在本世纪末达到小康水平的时候，就要突出地提出和解决这个问题。"①

在提出建立社会主义市场经济体制的同时，党的第三代中央领导集体对于如何在提高效率的前提下更好地实现社会公平也做出了新的规划，提出"兼顾效率与公平。运用包括市场在内的各种调节手段，既鼓励先进，促进效率，合理拉开收入差距，又防止两极分化，逐步实现共同富裕"。② 1999 年，根据邓小平"两个大局"的思想，以江泽民同志为核心的第三代中央领导集体提出了"西部大开发"战略，为西部地区的快速发展和实现共同富裕开辟了一条广阔的道路。

针对上个世纪末世界上一些长期执政的大党老党纷纷下台现象，江泽民同志强调："一些发展中国家的经验证明，社会成员之间、地区之间贫富差距过大，就会引发民族矛盾、地区矛盾、阶级矛盾，以及中央和地方的矛盾，就会出大乱子。因此，收入分配差距和地区差距扩大的问题，必须引起我们高度重视。"③

---

① 《邓小平文选》（第三卷），人民出版社 1993 年版，第 374 页。
② 郑建仁：《从党的文献看公平与效率关系的变迁》，《湖南省社会主义学院学报》，2008 年第 1 期。
③ 黄祐：《论江泽民防范经济发展风险的思想》，《中共云南省委党校学报》，2008 年第 5 期。

对于如何在社会主义初级阶段实现发展成果共享，江泽民也提出了符合实际的设想："正确处理一次分配和二次分配的关系，在经济发展的基础上普遍提高居民收入水平，逐步形成一个高收入人群和低收入人群占少数、中等收入人群占大多数的'两头小、中间大'的分配格局，使人民共享经济繁荣成果。"①

2003年，以胡锦涛同志为总书记的党中央，总结国内外经验，提出了科学发展观等重大战略思想。科学发展观核心是以人为本，就是要始终把实现好、维护好、发展好最广大人民的根本利益作为党和国家一切工作的出发点和落脚点，尊重人民主体地位，发挥人民首创精神，保障人民各项权益，走共同富裕道路，促进人的全面发展，做到发展为了人民、发展依靠人民、发展成果由人民共享。

胡锦涛同志深刻指出，在新形势下要把维护社会公平、实现共同富裕放到更加突出的位置。随着我国经济社会的不断发展，我们已经具有了解决社会公平问题的一定条件和初步手段。2005年2月，胡锦涛同志在省部级主要领导干部提高构建社会主义和谐社会能力专题研讨班上明确指出，要"在促进发展的同时，把维护社会公平放到更加突出的位置，综合运用多种手段，依法逐

---

① 刘秉泉：《实现收入分配格局"两头小、中间大"的对策》，《群言》，2003年第6期。

步建立以权利公平、机会公平、规则公平、分配公平为主要内容的社会公平保障体系，使全体人民共享改革发展的成果，使全体人民朝着共同富裕的方向稳步前进"。胡锦涛同志在党的第十七次全国代表大会上进一步提出："必须在经济发展的基础上，更加注重社会建设，着力保障和改善民生，推进社会体制改革，扩大公共服务，完善社会管理，促进社会公平正义，努力使全体人民学有所教、劳有所得、病有所医、老有所养、住有所居，推动建设和谐社会。"这一论述，唤起了人们对"大同"社会的久远向往，又使人们对社会主义条件下共同富裕充满了现实的希望。

三、新时代共同富裕理论的新境界

目前，中国仍然是世界上最大的发展中国家，2018年，中国人均国内生产总值不到1万美元，低于世界平均值，在全球近200个经济体中排名在70位之后，2018年末仍有1660万农村贫困人口。这些情况表明，中国人民要过上美好生活，还要继续付出艰苦努力。发展依然是当代中国的第一要务，中国共产党首要使命就是集中力量提高人民生活水平，逐步实现共同富裕。为此，中国共产党提出了"两个一百年"奋斗目标，就是到2020年实现国内生产总值和城乡居民人均收入比2010年翻一番，全面建成小康社会；到本世纪中叶建成富强民主文明和谐的社会主义现代化国家,实现中华民族伟大复兴。① 党的十八大以来,面对新时期、新任务,以习近平同志为核心的党中央在建设中国特色社会主义道路上继续探索,从理论和实践上进一步丰富和发展了共同富裕思想,坚持把增进人民福祉、促进人的全面发展、朝着共同富裕方向稳步前进作为经济发展的出发点和落脚点,部署经济工作、制定经济政策、推动经济发展都牢牢坚持这个根本立场。在习近平新时代中国特色社会主义思想中,关于共同富裕的论述大致可以分为下述几个方面:

一是共同富裕的价值论。带领人民创造幸福生活,是我们党始终不渝的奋斗目标。我们要顺应人民群众对美好生活的向往,坚持以人民为中心的发展思想,以保障和改善民生为重点,发展各项社会事业,加大收入分配调节力度,打赢脱贫攻坚战,保证人民平等参与、平等发展权利,使改革发展成果更多更公平惠及全体人民,朝着实现全体人民共同富裕的目标稳步迈进。2012年11月15日同采访十八大的中外记者见面时,习近平总书记指出:"我们的人民热爱生活,期盼有更好的教育、更稳定的工作、更满意的收入、更可靠的社会保障、更高水平的医疗卫生服务、更舒适的居住条件、更优美的环境,期盼孩子们能成长得更好、工作得更好、生活得更好。

---

① 《十八大以来重要文献选编》(中),中央文献出版社2016年版,第684页。

人民对美好生活的向往，就是我们的奋斗目标。人世间的一切幸福都需要靠辛勤的劳动来创造。我们的责任，就是要团结带领全党全国各族人民，继续解放思想，坚持改革开放，不断解放和发展社会生产力，努力解决群众的生产生活困难，坚定不移走共同富裕的道路。"①2014年3月27日，他进一步指出："中国梦是追求幸福的梦。中国梦是中华民族的梦，也是每个中国人的梦。我们的方向就是让每个人获得发展自我和奉献社会的机会，共同享有人生出彩的机会，共同享有梦想成真的机会，保证人民平等参与、平等发展权利，维护社会公平正义，使发展成果更多更公平惠及全体人民，朝着共同富裕方向稳步前进。"②

二是共同富裕的主体论。2013年4月28日，习近平总书记在同全国劳动模范代表座谈时指出，人民创造历史，劳动开创未来。劳动是推动人类社会进步的根本力量。幸福不会从天而降，梦想不会自动成真。实现我们的奋斗目标，开创我们的美好未来，必须紧紧依靠人民、始终为了人民，必须依靠辛勤劳动、诚实劳动、创造性劳动。2015年4月28日，在庆祝"五一"国际劳动节暨表彰全国劳动模范和先进工作者大会上他进一步强调：

---

①《十八大以来重要文献选编》（上），中央文献出版社2014年版，第70页。
②《在中法建交五十周年纪念大会上的讲话》，《人民日报》，2014年3月29日。

"劳动是人类的本质活动,劳动光荣、创造伟大是对人类文明进步规律的重要诠释。'民生在勤,勤则不匮。'中华民族是勤于劳动、善于创造的民族。正是因为劳动创造,我们拥有了历史的辉煌;也正是因为劳动创造,我们拥有了今天的成就。——在我们社会主义国家,一切劳动,无论是体力劳动还是脑力劳动,都值得尊重和鼓励;一切创造,无论是个人创造还是集体创造,也都值得尊重和鼓励。全社会都要贯彻尊重劳动、尊重知识、尊重人才、尊重创造的重大方针,全社会都要以辛勤劳动为荣、以好逸恶劳为耻,任何时候任何人都不能看不起普通劳动者,都不能贪图不劳而获的生活。""功崇惟志,业广惟勤",我国仍处于并将长期处于社会主义初级阶段,实现中国梦,创造全体人民更加美好的生活,任重而道远,需要我们每一个人继续付出辛勤劳动和艰苦努力。全社会都要维护和发展劳动者的利益,保障劳动者的权利。要坚持社会公平正义,排除阻碍劳动者参与发展、分享发展成果的障碍,努力让劳动者实现体面劳动、全面发展。

三是共同富裕的方法论。中国特色社会主义是全面发展的社会主义。我国发展虽然取得了巨大成效,但我国仍处于并将长期处于社会主义初级阶段的基本国情没有变。这就决定了我们必须坚持以经济建设为中心,坚持以人民为中心的发展思想,聚精会神抓好发展这个党执政兴国的第一要务,实现更高质量、更有效率、更加公平、更可持续的发展。发展是党执政兴国的第一要务，是解决中国所有问题的关键。习近平总书记在庆祝中国共产党成立95周年大会上的讲话中指出，我国仍处于并将长期处于社会主义初级阶段的基本国情没有变，人民日益增长的物质文化需要同落后的社会生产之间的矛盾这一社会主要矛盾没有变，我国是世界上最大发展中国家的国际地位没有变。这是我们谋划发展的基本依据。

人民过上好日子，是我们一切工作的出发点和落脚点。我们将坚持在发展中保障和改善民生，不断满足人民日益增长的美好生活需要，不断促进社会公平正义，使人民获得感、幸福感、安全感更加完善、更有保障、更可持续。其中，极为重要的一环，就是消除贫困、改善民生、实现共同富裕，这是社会主义的本质要求。对困难群众，我们要格外关注、格外关爱、格外关心，千方百计帮助他们排忧解难，把群众的安危冷暖时刻放在心上，把党和政府的温暖送到千家万户。

民之所盼，政之所向。增进民生福祉是发展的根本目的。做民生工作，首先要有为民情怀。要多谋民生之利、多解民生之忧，在发展中补齐民生短板、促进社会公平正义。民生工作面广量大，具有稳定性、连续性、累积性等特点。要有坚持不懈的韧劲，一件接着一件办，不要贪多嚼不烂，不要狗熊掰棒子，眼大肚子小。要发扬钉钉子精神，不能虎头蛇尾。我们要一诺千金，说到就要做到。务求扎实，开空头支票不行，要同经济发展阶段相匹配，既要积极作为，又要量力而为。

2013年5月，习近平总书记在天津考察时强调："保障和改善民生是一项长期工作，没有终点，只有连续不断的新起点。"面对人民群众对美好生活的需求，要采取针对性更强、覆盖面更大、作用更直接、效果更明显的举措，实实在在帮群众解难题、为群众增福祉、让群众享公平。

脱贫致富不仅仅是贫困地区的事，也是全社会的事。要更加广泛、更加有效地动员和凝聚各方面力量。要强化东西部扶贫协作。东部地区不仅要帮钱帮物，更要推动产业层面合作，推动东部地区人才、资金、技术向贫困地区流动，实现双方共赢。不仅要推动省级层面协作，而且要推动市县层面协作。近些年来，中央和国家机关各部门、人民团体等承担定点扶贫任务的单位，围绕扶贫做了不少事情，为扶贫开发作出了重要贡献。今后要继续努力，同时要更加重视制度建设，明确各单位责任，建立考核评价机制。承担定点扶贫任务的中央企业，要把帮扶作为政治责任，不能有丝毫含糊。守望相助、扶危济困是中华民族的传统美德。要研究借鉴其他国家成功做法，创新我国慈善事业制度，动员全社会力量广泛参与扶贫事业，鼓励支持各类企业、社会组织、个人参与脱贫攻坚。同时，要引导社会扶贫重心下沉，促进帮扶资源向贫困村和贫困户流动，实现同精准扶贫有效对接。①

2016年7月20日，习近平总书记在东西部扶贫协作座谈会上指出："形势逼人，形势不等人。西部地区要增强紧迫感和主动性，不以事艰而不为，不以任重而畏缩，倒排工期、落实责任，抓紧施工、强力推进。东部地区要增强责任意识和大局意识，下更大气力帮助西部地区打赢脱贫攻坚战。要加强组织领导，双方党政主要负责同志要亲力亲为推动工作，每年要召开高层联席会议，把实现西部地区现行标准下的农村贫困人口如期脱贫作为主要目标，加大组织实施力度。要搞好政策设计，坚持精准扶贫、精准脱贫，科学编制帮扶规划，细化帮扶举措，把帮扶资金和项目重点向贫困村、贫困群众倾斜，扶到点上、扶到根上。要加大投入力度，东部地区要根据财力增长情况，逐步增加对口帮扶财政投入，并列入年度预算；西部地区要整合用好扶贫协作和对口支援等各类资源，聚焦脱贫攻坚，形成脱贫合力。"

---

① 《十八大以来重要文献选编》（下），中央文献出版社2018年版，第50—51页。

第二章
全国共富"大棋局"

习近平总书记在庆祝改革开放40周年大会上深刻指出:"我们要着力解决人民群众所需所急所盼,让人民共享经济、政治、文化、社会、生态等各方面发展成果,有更多、更直接、更实在的获得感、幸福感、安全感,不断促进人的全面发展、全体人民共同富裕。"经过新中国成立70年来的接续奋斗,中国人民已经站在决胜全面小康、迈向"两个十五年"现代化新征程的新起点,正沿着促进人的全面发展、全体人民共同富裕的伟大目标奋力前行。这是一个世界上最大规模群体迈向共同富裕之路的"大棋局",是一部必将深刻影响乃至改写人类历史进程的文明史诗,不仅直接影响每一名中华儿女的福祉，也必将成为人类文明进步的光辉典范。

第一节　共同富裕的中国方案

一、中国特色社会主义道路：引导共富正确方向

共同富裕作为人类伟大的理想目标，必须找到合适的实现道路，沿着正确的道路方能踏平坎坷、行稳致远。马克思深刻指出："人们自己创造自己的历史，但是他们并不是随心所欲地创造，并不是在他们自己选定的条件下创造，而是在直接碰到的、既定的、从过去承继下来的条件下创造。"① 中国人民追求共同富裕理想目标，不可能脱离国情和发展阶段，必然要在传承历史、立足当下、面向未来的情况下加以推进。

实现共同富裕的大同社会境界，是中华民族古老的千年梦想，但在以往的社会道路下都只能走入死胡同。在漫长的封建社会，中华民族创造了光辉灿烂的文明成果，但普通民众的生活水平长期徘徊在生存线上下，无法实现质的提升。在半封建半殖民的旧中国，中国古代社会创造的物质财富被帝国主义无情地掠夺践踏，遭受到毁灭性的破坏，人民生活在水深火热之中。广大民众面对的只有共同贫困、生活无继的悲惨遭遇，温饱既不

---

①《马克思恩格斯选集》（第一卷），人民出版社1995年版，第585页。

可得，小康、大同社会更是遥不可及、无从谈起。只有新中国成立，中国人民拥有了自己的独立政权，并经过社会主义改造步入社会主义道路，千百年来中国人民梦寐以求的温饱问题才有了解决的现实可能。新中国成立70年，特别是改革开放40多年的实践证明，只有建立稳固的人民政权，并最终走上一条符合中国国情的发展道路，共同富裕才有了在中华大地生根发芽、成长壮大的可能性。

中国特色社会主义道路是伴随着改革开放伟大实践而开创的，也是在中国革命已经取得胜利、新中国已经建立起社会主义基本制度并进行20多年建设的基础上开创的，是在一代又一代共产党人不忘初心、继续前进的接力探索和接续奋斗中坚持和发展的。[①] 习近平总书记在庆祝改革开放40周年大会上总结道："改革开放40年的实践启示我们：制度是关系党和国家事业发展的根本性、全局性、稳定性、长期性问题。我们扭住完善和发展中国特色社会主义制度这个关键，为解放和发展社会生产力、解放和增强社会活力、永葆党和国家生机活力提供了有力保证，为保持社会大局稳定、保证人民安居乐业、保障国家安全提供了有力保证，为放手让一切劳动、知识、技术、管理、资本等要素的活力竞相迸发，让一切

---

① 中共中央党史研究室理论研究中心：《坚定中国特色社会主义道路自信》，《求是》，2017年第19期。

创造社会财富的源泉充分涌流不断建立了充满活力的体制机制。"走上充满活力、人民共建共享的社会主义道路，共同富裕就走上了一条基础坚实、充满希望、前景无限的康庄大道。

二、中国特色社会主义制度：激发共富内生活力

制度是关系党和国家事业发展的根本性、全局性、稳定性、长期性问题。理论和实践一再证明，有什么样的社会制度，就有什么样的生产方式、生活方式、分配方式，而不同性质的社会制度从根本上决定共同富裕实现的可能性。在资本主义以前的社会制度中，原始共产主义制度所能实现的最低限度的生存也难以维系。在生产条件极端落后的情况下，平均分配、共渡难关，是原始人类让种族得以延续的极限生存的最优策略；在奴隶社会制度下，奴隶消耗最少的物质财富、创造身体条件允许的最大社会财富，是让一小部分奴隶主过上小康或富裕生活的条件，也使得一部分人得以有闲暇从事精神文化层面的探索；在封建主义社会制度下，人类社会生产力水平得到前所未有的重大发展，在一些王朝的繁盛时期，在以王朝首都或贸易港为代表的部分地区会阶段性出现经济发展、市场繁荣景象，人民生活水平实现了相对性的巨大跃升。《清明上河图》所刻画的北宋市井繁华就是一个艺术缩影。但即便是最强盛的封建王朝、最发达的都市，所能达到的经济繁荣都是很有限的，普遍

贫穷仍是大多数社会成员的现实写照。

在资本主义制度条件下，无论是处于全球体系顶端的霸权国如英国、美国，或者是被认为社会主义色彩颇浓的北欧国家，都没有也不可能解决社会性的贫困特别是内生性的贫富差距问题，根本不可能实现真正的共同富裕。另一方面，在资本主义制度条件下，共同富裕从来不被认为是一种有必要追求的理想目标，因为资本主义内在的竞争必然带来阶级、阶层以及不同群体之间的贫富差距。总之，只有在社会主义制度条件下，不仅共同富裕成为必然的社会共同理想，社会主义制度条件下政治制度、组织制度、经济制度等制度也才为实现共同富裕提供了制度保障。中国特色社会主义制度是社会主义制度与中国国情相结合的产物，为解放和发展社会生产力、解放和增进社会活力、永葆党和国家生机活力提供了有力保证，为保持社会大局稳定、保证人民安居乐业、保障国家安全提供了有力保证，为放手让一切劳动、知识、技术、管理、资本等要素的活力竞相迸发，让一切创造社会财富的源泉充分涌流不断建立充满活力的体制机制。有了这些坚强保障，共同富裕在中国特色社会主义制度下才有了实现的现实基础。

三、基本经济制度和分配制度：创造共富直接制度条件

在社会主义市场经济条件下，坚持和完善社会主义

基本经济制度和基本分配制度，是形成体现公正、富有效率的收入分配格局的根本保障。收入分配是民生之源，是改善民生、实现发展成果由人民共享最重要最直接的方式。因此，推进共享发展，必须构建有利于包容性发展的收入分配制度。由基本经济制度决定的所有制状况是影响收入分配的根本性制度安排。不同的所有制形式决定不同的收入分配状态。马克思在《〈政治经济学批判〉导言》中提出，占主导地位的生产关系（所有制）是一种"普照的光"，影响并决定其他不占主导地位的生产关系（所有制）。在资本主义所有制形态中，收入分配以有利于资本的方式展开，工人在劳动中不断生产"异己"的力量，"生产的对象越多，他能够占有的对象越少，而且越受到自己的产品即资本的统治"。① 法国经济学家托马斯·皮凯蒂在《21世纪资本论》中运用近300年的长时代历史数据，对主要资本主义国家的收入分配状况进行实证分析，结论并不支持西蒙·库兹涅茨提出的"倒U形曲线"假说。皮凯蒂认为资本主义的收入分配具有不断扩大的内在趋势。② 可见，在资本主义制度环境下，整体社会是难以实现共享发展的。我国实行公有制为主体、多种所有制经济共同发展的基本经济制度，决定了按劳分配为主体、多种分配方式并存的社会主义收

---

① 《马克思恩格斯全集》（第四十二卷），人民出版社1965年版，第91页。
② ［法］托马斯·皮凯蒂：《21世纪资本论》，巴曙松等译，中信出版社2014年版，第167页。

入分配制度，进而决定了我国广大劳动者有条件避免异化、实现对"自己本质的占有"，通过劳动分享经济社会发展成果。在新的历史条件下，落实共享发展需要坚持和完善社会主义基本经济制度和基本分配制度，不断丰富其内涵，为共享发展提供强有力制度保障。

四、社会主义市场经济：构建共富最优经济体制

社会主义市场经济理论是中国共产党人对马克思主义政治经济学的创新与发展，在世界思想史上第一次提出并系统阐述社会主义与市场经济相结合的可能性、必然性。改革开放以后，我国逐步打破"一大二公"的所有制局面，商品经济逐步兴起，在指导思想上，从实行严格的计划经济转变为实行有计划的商品经济。党的十四大明确提出建设社会主义市场经济体制的改革目标，十四届三中全会通过的《中共中央关于建立社会主义市场经济体制若干问题的决定》提出，"建立社会主义市场经济体制，就是要使市场在国家宏观调控下对资源配置起基础性作用"。在当时的历史条件下，由于市场主体不发达、市场机制不健全、市场秩序不完善，虽然传统计划手段逐步退出经济领域，但是市场手段配置资源在广度、深度和运用手段上都受到很大限制。随着经济体制改革的深入，特别是非公经济的快速发展，我国经济市场化程度不断增强，也为市场在资源配置中发挥作用奠定了必要条件。十六届三中全会将原文进一步修改为

"更大程度地发挥市场在资源配置中的基础性作用",将此前"在国家宏观调控下"的前置条件删去。十八大提出要"更大程度更广范围发挥市场在资源配置中的基础性作用"。十八届三中全会提出"使市场在资源配置中起决定性作用",相对于之前的论述,前置条件越来越少,地位作用却越来越重。

习近平总书记在关于党的十八届三中全会报告说明中指出:"作出'使市场在资源配置中起决定性作用'的定位,有利于在全党全社会树立关于政府和市场关系的正确观念,有利于转变经济发展方式,有利于转变政府职能,有利于抑制消极腐败现象。"习近平总书记明确提出:"市场决定资源配置是市场经济的一般规律,市场经济本质上就是市场决定资源配置的经济。"市场在配置资源中的决定性作用不是自动形成的,需要政府"有形之手"的有力保障,既不越位也善于补位,弥补市场失灵。习近平总书记深刻指出,政府和市场的作用不是对立的,而是相辅相成的;也不是简单地让市场作用多一些、政府作用少一些的问题,而是统筹把握,优势互补,有机结合,协同发力。要划清政府和市场的边界,凡属市场能发挥作用的,政府要简政放权,要松绑支持,不要去干预;凡属市场不能有效发挥作用的,政府应当主动补位,该管的要坚决管,管到位,管出水平,避免出问题。在处理政府与市场关系上,我国出现了深刻教训,其他国家也有很多经验教训,关键是要找准市场功能与政府行为的最佳结合点，切实把政府与市场的两个优势充分发挥出来，形成市场作用与政府作用的有机统一，做到相互补充、相互协调、相互促进，合力推进共富的实践进展。

五、以经济建设为中心：夯实共富物质基础

坚持以经济建设为中心是马克思主义唯物史观的根本体现，是中国特色社会主义政治经济学最具特色的论断之一。改革开放以来，邓小平同志反复强调坚持以经济建设为中心的重要性。他明确指出："现在要横下心来，除了爆发大规模战争外，就要始终如一地、贯彻始终地搞这件事，一切围绕着这件事，不受任何干扰。"[1] 2013年8月，习近平总书记在全国宣传思想工作会议上进一步指出："党的十一届三中全会以来，我们党始终坚持以经济建设为中心，集中精力把经济建设搞上去、把人民生活搞上去。只要国内外大势没有发生根本变化，坚持以经济建设为中心就不能也不应该改变。这是坚持党的基本路线100年不动摇的根本要求，也是解决当代中国一切问题的根本要求。"

坚持以经济建设为中心不动摇，是坚持中国特色社会主义政治经济学必须长期坚持的重大原则，这是由我国的基本国情、主要矛盾和发展环境"三个没有变"所

---

[1]《邓小平文选》（第二卷）：人民出版社1994年版，第249页。

决定的。习近平总书记在庆祝中国共产党成立95周年大会上明确指出:"发展是党执政兴国的第一要务,是解决中国所有问题的关键。我国仍处于并将长期处于社会主义初级阶段的基本国情没有变,人民日益增长的物质文化需要同落后的社会生产之间的矛盾这一社会主要矛盾没有变,我国是世界上最大发展中国家的国际地位没有变。这是我们谋划发展的基本依据。""三个没有变"决定了我国仍需坚持以经济建设为中心,这是国家发展的根本任务所在,也是全体人民的根本利益所在。首先,我国仍处于并将长期处于社会主义初级阶段的基本国情没有改变,我国生产力相对落后的局面尚未根本改变,生产力与生产关系的不相适应的状况仍然普遍存在,必须从基本国情出发,一心一意搞好经济建设,这是解决当代中国一切问题的根本途径。其次,我国人民日益增长的物质文化需要同落后的社会生产之间的矛盾这一社会主要矛盾没有变,特别是经济新常态下,传统供给结构、供给水平不能适应人民群众物质文化新需求,必须坚持以经济建设为中心,改善经济结构、提高经济动能,不断提高经济发展质量与水平,满足人民群众新增长的物质文化需求。再次,我国是世界上最大发展中国家的国际地位没有变,虽然在经济总量上已经成为世界第二大经济体,但经济发展整体水平特别是人均收入水平还比较低,尚未跨越"中等收入陷阱",必须毫不动摇坚持以经济建设为中心,推进社会生产力不断迈上新台阶。在社会主义初级阶段的历史进程中，除非发生大规模战争等极端事件，中国都将扭住经济建设这一中心不动摇，持续创造更大规模、更高质量、更可持续的物质财富，夯实实现共同富裕的现实物质基础。

六、以人民为中心：坚守共富的价值向度

马克思主义认为，人是生产力中最活跃的因素。在社会主义改革与建设的整个过程中，必须充分调动人的积极性，包括调动中央和地方两个积极性，从而形成推动社会前进的动力。调动人的积极性，必须对人的利益进行合理分配。收入分配本质是利益分配。马克思指出，"'思想'一旦离开'利益'，就一定会使自己出丑"。列宁提出："物质利益问题是马克思主义整个世界观的基础。"马克思认为，利益首先是一个关系范畴，它反映的是人与人之间的社会关系。"共同的利益不是仅仅作为一种'普遍的东西'存在于观念之中，而是首先作为彼此分工的个人之间的相互依存关系存在于现实之中。"① 可见，马克思主义不仅不回避利益问题，而且把利益问题置于极其重要的位置。我国改革开放和社会主义现代化建设事业能否不断取得新成就，关键是要保护、尊重并激发广大干部群众的切身利益，构建合理的激励机制，调动各方面的积极性，形成共同干事创业的良好氛围。

---

① 《马克思恩格斯选集》（第三卷），人民出版社1965年版，第37页。

客观来说，当前我们的干部队伍素质不断提高、结构明显改善，总体上适应事业发展需要。同时干部队伍也存在种种复杂情况，一个突出问题是部分干部思想困惑增多、积极性不高，存在一定程度的"为官不为"。这一问题的出现，除了一些干部自身素质不适应新形势新任务要求外，也有我们工作上的原因，还有社会上种种复杂因素的影响。2016年1月，习近平总书记在省部级主要领导干部学习贯彻党的十八届五中全会精神专题研讨班上指出："要更广泛更有效地调动干部队伍的积极性。这个问题极为重要，现在看来也十分紧迫。"要不等不拖、辩证施策，充分调动党员干部干事创业的积极性、主动性、创造性，推动形成想作为、敢作为、善作为的良好风尚。为此，要坚持"三个区分开来"的要求：要把干部在推进改革中因缺乏经验、先行先试出现的失误和错误，同明知故犯的违纪违法行为区分开来；把上级尚无明确限制的探索性试验中的失误和错误，同上级明令禁止后依然我行我素的违纪违法行为区分开来；把为推动发展的无意过失，同为谋取私利的违纪违法行为区分开来，保护那些作风正派又敢作敢为、锐意进取的干部。要明确相关的具体情形和政策界限，完善容错纠错机制，健全激励保障制度，最大限度调动广大干部的积极性、主动性、创造性，形成有利于干部奋发有为的社会环境，激励他们更好带领群众干事创业。只有把各方积极性特别是广大干部群众的积极性调动起来，改革才有最深层次的澎湃动力，我国社会主义现代化建设事业才有不竭的发展动力。

第二节 共同富裕的中国定位

一、实现共富导向的现代化

实现现代化与实现共同富裕是两个紧密相连、共同成长的实践进程。中国特色的共同富裕的道路，就是一条谋求、推进中国特色社会主义现代化的道路。在我国社会主义建设"三步走"的目标定位中，第一步是实现温饱，这是我国迈向共同富裕具有里程碑意义的关键一步，全民实现温饱，意味着我国在5000年文明史上第一次告别贫困，从而开启了迈向共同富裕的崭新篇章。第二步是达到小康，就是让我国人民过上温饱有余、较为殷实的生活。在邓小平理论体系中，"小康"是"中国式的现代化"的另一种表述，既易于为群众所理解，也便于与国际通行的现代化标准相衔接，是融贯中西、把"现代社会价值观与传统社会理想结合起来的睿智的创造"[1]。邓小平的小康目标，在国家层面，是国民生产总值达到一万亿美元；在个人层面，是人均收入达到800

---

[1] 中央文献研究室小康社会研究课题组：《小康目标的提出和小康社会理论的形成》，《党的文献》，2010年第1期。

美元，基本生活有保障；在社会层面，是收入分配较为合理公平、消灭赤贫现象、社会事业和公共福利事业有安排、人们的精神面貌有大变化等等。实现小康，标志着我国向实现共同富裕前进了一大步。第三步是实现现代化，到时中国将在历史上第一次初步实现现实意义的共同富裕。党的十九大对我国实现现代化提出了"两个十五年"的战略部署，在第一个"十五年"，我国将基本实现现代化，在物质文明维度，表现为经济实力、科技实力、综合竞争力的跃升；在政治文明维度，表现为公民权利、法治建设达到高水平，国家治理体系与治理能力现代化基本实现；在精神文明维度，表现为社会文明程度、文化软实力和影响力达到新高度；在社会文明维度，表现为人民生活、公共服务水平大幅改善，共同富裕、社会治理达到新境界；在生态文明维度，表现为跨越环境库兹涅茨曲线拐点，生态环境实现根本好转。① 达到这一目标，将意味着我国共同富裕第一次有了现实模样。到第二个"十五年"，我国将建设成为富强民主文明和谐美丽的社会主义现代化强国，共同富裕将达到更高的全新水平。

二、形成高质量共富动力群

实现共同富裕离不开强劲的发展动力，在新时代直

---

① 夏锦文：《基本现代化的区域探索：理论阐释与江苏实践》，《现代经济探讨》，2019年第3期。

接表现为高质量发展动力群。所谓高质量发展动力群，就是不仅为实现共同富裕提供富有竞争力、质量效益更高的经济动力，同时积极构建社会动力、文化动力等广义动力。其中，自主创新动力是共同富裕的关键动力。中国不可能买来一个现代化。同样，也不可能依靠别国提供核心技术来实现共同富裕。当前，我国发展面临一系列"卡脖子"问题，根源在于我国自主创新能力与发达国家仍有巨大差距。面对差距，中国唯有迎头赶上，全面提升自主创新水平，才能奠定高质量发展的创新基础，才能将实现共同富裕构建在坚实根基之上。习近平总书记一贯高度重视创新问题，提出创新是引领发展的第一动力。必须把创新摆在国家发展全局的核心位置，不断推进理论创新、制度创新、科技创新、文化创新等各方面创新，让创新贯穿党和国家一切工作，让创新在全社会蔚然成风。纵观人类发展历史，创新始终是推动一个国家、一个民族向前发展的重要力量，也是推动整个人类社会向前发展的重要力量。习近平总书记在关于制定"十三五"规划建议的说明中特别强调，我国同发达国家的科技经济实力差距主要体现在创新能力上。推进科技创新，要紧扣发展大势，跟踪全球科技发展方向，坚持问题导向，明确我国科技创新主攻方向和突破口，着力攻克一批关键核心技术，加速赶超甚至引领步伐。要深化改革，建立健全体制机制，加快推进产学研深度融合，继续深化科研院所改革，推进政府科技管理体制改革，让机构、人才、装置、资金、项目都充分活跃起来，形成推进科技创新发展的强大合力。同时，要重点强化科技同经济对接、创新成果同产业对接、创新项目同现实生产力对接、研发人员创新劳动同其利益收入对接，形成有利于出创新成果、有利于创新成果产业化的新机制。只有构建以创新为引领的高质量发展动力群，才能牢牢掌握实现共同富裕的战略主动权，将共同富裕建立在我国高质量发展的坚实基础之上。

三、打造"橄榄型"社会结构

在社会生产力较为发达的现代社会，让一部分人先富裕起来并不难，难的是让大多数人一起富裕起来，形成以中等收入群体为主体的"橄榄型社会"。2016年5月，习近平总书记在中央财经领导小组第十三次会议讲话中提出，扩大中等收入群体，关系全面建成小康社会目标的实现，是转方式调结构的必然要求，是维护社会和谐稳定、国家长治久安的必然要求。扩大中等收入群体，是形成"橄榄型"社会的重点。投资银行瑞士信贷2018年10月发布的《全球财富报告2018》显示，我国中等收入群体人数为1.09亿人，位列全球第一。虽然绝对数量不低，但我国中等收入群体仅占全国成年人口的11%，与西方发达国家30%以上的比例相比差距明显。形成"橄榄型社会"的核心是扩大中等收入群体规模，为此，必须构建与之相适应的"橄榄型"分配结构。基尼系数是国际通行的衡量居民内部收入差距状况的指标。据国家统计局公布的数据，改革开放以来，我国基尼系数从处于全球最低水平的初始状态，经历了一个迅速上升又稳步回落的过程。我国居民人均可支配收入基尼系数在2008年达到高点，随后进入下行通道，表明我国收入分配差距状况有所缓解，但仍高于0.4的国际警戒线。进入新常态以来，我国基尼系数有望进一步降低。首先，国有企业薪酬分配制度改革，特别是关于国企主要负责人的限薪举措，大大消除了部分国有企业薪酬畸高的格局。其次，我国反腐斗争深入推进，并逐步建立起一整套行之有效的防治腐败的制度体系，有利于从根源上消除腐败行为造成的收入差距过大。再次，市场化改革的深入，特别是生产要素市场化改革的推进，使得农村土地等生产要素的稀缺价值逐步得到更为真实的体现，收入分配的内生机制更加合理、更为公正。最后，大众创业、万众创新的深入推进，为广大民众直接参与社会财富创造提供了巨大空间，相应的收入分配也将向有利于创新创业者的方式转变，不仅将带来我国新一轮社会财富格局的调整，也将带动个人收入格局的调整。国际经验表明，"橄榄型"格局是较为理想的收入分配格局，也是得以兼顾公平与效率、相对稳定的收入分配格局。推进我国收入分配格局从"金字塔型"向"橄榄型"转变，是我国收入分配改革的总体方向，也是非公有制经济收入分配改革的基本方向。而且，非公经济收入分配制度改革是推动我国建立"橄榄型"收入分配格局的关键。当前,我国进入全面建成小康社会决胜期,在较短时间内改变中等收入群体比重偏低、总体规模过小的现状,是事关小康决胜的关键因素,而非公经济分配涉及的人数最广,他们中的多数成员能否进入"中产收入阶层"行列,是决定我国能否形成"橄榄型"分配格局、建成"橄榄型社会"的关键。随着我国逐步建成"橄榄型社会",将形成最有利于实现共同富裕的社会结构,进而保障共同富裕获得最多数人的衷心支持。

四、物质共富、精神共富不可偏废

考察共同富裕的内涵,需要树立物质文明与精神文明相互协调的"两点论"思维,谨防把对共富的理解局限在经济层面的狭义认知,同时,结合我国发展实际,树立共同富裕的全局观,从物质、精神等多个维度来把握共同富裕的丰富内涵。在新的发展阶段,中国推进共同富裕,一是在整体要求上,要实现人民群众物质生活富足、精神生活丰富,其中,精神生活丰富是决定共同富裕实现程度的难点和关键点。精神富裕不会在实现物质富裕之后自动实现,丰富人民群众精神生活必须及早动手,逐步提升,久久为功。二是在实现途径上,要让人民群众更多、更公平地分享改革发展成果。坚持以人为本、民生优先、共享发展,实施民生共享战略,作出更有效的制度安排,使全体人民在共建共享发展中有更多获得感,增强发展动力,增进人民团结,朝着共同富裕方向稳步前进。三是在具体目标上,要让人民群众有更好的教育、更稳定的工作、更满意的收入、更可靠的社会保障、更高水平的医疗卫生服务、更舒适的居住条件、更优美的生活环境、更安全的社会治安环境,为共同富裕创造全方位的社会保障。

第三节 共同富裕的中国路径

一、公有制经济引领共享共富

习近平总书记在中央政治局就马克思主义政治经济学基本原理和方法论进行第二十八次集体学习中明确指出:"公有制主体地位不能动摇,国有经济主导作用不能动摇,这是保证我国各族人民共享发展的制度性保证,也是巩固党的执政地位、坚持我国社会主义制度的重要保证。"我国确立公有制为主体、多种所有制共同发展的基本经济制度,本质上是由我国生产力发展状况决定的,也是进一步解放和发展生产力的客观要求。就初次分配而言,公有制经济的重要作用是为以工人阶级为领导的广大劳动者提供直接占有生产资料的物质条件。因为劳动者通过国家直接占有生产资料,从根本上消除了资本主导的"强资本、弱劳动"分配状况,劳动力与生产资料结合所创造的社会财富不再以"异己"的方式存在。

通俗地讲，劳动者在对自身创造财富的分配中有了更大"话语权"，自然获益更多。就再分配而言，公有制经济意味着国家在税收收入之外，还可以获得国有企业利润等国有资产收益，这无疑将增强国家实施再分配的物质基础。从世界范围看，国有经济并非社会主义国家独有的现象，西方发达国家均存在一定比重的国有经济。国有经济在西方发达国家占比不高，但在提供基础设施和服务、维护国家对战略部门的控制、调节经济运行、缓解社会矛盾中发挥着其他所有制形式不可替代的独特作用。我国坚持公有制经济在多种所有制的主体地位，可显著增强国家再分配能力，为共享发展、共同富裕提供有力支撑。

二、非公有制经济促进共享共富

纵观全国各地发展，一个普遍的现象是，越是民营经济发达的地区，人民生活水平就越高。例如，浙江是我国民营经济最为发达的省份之一，人民生活水平处在全国前列，全面小康社会实现程度位居全国各省市区第一。带动就业是非公经济促进共享发展最为重要的渠道。就业是民生之本，非公经济作为吸纳、创造就业岗位的主渠道，已成为我国多数劳动者获取收入的重要来源。进入经济新常态以来，在经济持续下行的巨大压力之下，我国就业实现了总体稳定，服务业带动就业岗位的增加是重要原因，非公经济在其中扮演了主力军作用。再如，在小康攻坚阶段需要破解的诸多难题具有顽固性、易反复性，例如重点片区、重点人群脱贫难度很大，但传统"扶贫"模式边际成本递增、边际收益递减甚至失效。破解这一难题的关键是如何更好调动以当事人为主的各方积极性。实践证明，就业创业是最好的扶贫模式，也是最佳的小康路径。一些深度贫困人群特别是农村贫困人口致贫的重要原因在于隐性失业。近年来，农村淘宝、乡村旅游等农村创业形式的兴起，在很大程度上弥补了传统农业人口无法参与市场经济活动和社会分工的缺陷，事实上增加了农村劳动力的有效工作日，脱贫致富效果可谓立竿见影。当前，大众创业、万众创新蓬勃兴起，不仅为非公经济大发展注入了新动力，也为更好发挥民众创造创新潜力、通过自己努力收获发展成果提供了现实途径，这正是我国实现共同富裕的有效路径。

三、收入分配构筑共富基本格局

收入分配本质是利益分配。马克思主义不仅不回避利益问题，而且把利益问题置于极其重要的位置。马克思认为，利益首先是一个关系范畴，它反映的是人与人之间的社会关系。"共同的利益不是仅仅作为一种'普遍的东西'存在于观念之中，而是首先作为彼此分工的个人之间的相互依存关系存在于现实之中。"[1] 可以说，收

---

[1]《马克思恩格斯全集》（第三卷），人民出版社1979年版，第37页。

入分配制度从来都是任何相关主体最直接、最敏感、最现实的利益问题。无数的社会实践一再证明，好的收入分配制度能够激发调动人的积极性，而不合时宜的收入分配制度则成为人的积极性的束缚。由于收入分配制度涉及众多利益主体，是影响公共利益的制度安排，因此，相关改革必须充分体现各方的利益诉求，不能对一部分人"过度激励"，而对另一部分人的利益视而不见。当前，社会上存在着一些值得关注的社会思潮。例如，有观点认为，既然搞市场经济，就应当是物质刺激当家，任何人、任何要素的贡献都应也只能通过获得当前的物质报酬来体现。这一种观点的偏颇在于忽略了精神激励、跨期的股权激励等其他激励方式的作用，可能助长收入分配差距的扩大。事实上，任何人、任何要素在促进生产、创造财富的合作中所扮演的角色既具有一般性，也具有特殊性，许多贡献难以观察也难以量化，凡事都与物质刺激挂钩，特别是与当期物质刺激挂钩，不仅损害了分配制度应有的完整性，也无法做到公正分配。有观点认为，现在我国经济总量稳居世界第二，我国已经具备建立福利社会或准福利社会的条件，这也是实现共享发展最便捷的方式。改革开放以来，特别是近年来，我国高度重视编织社会保障网，发挥社会保障的"兜底"功能。但是，当前及今后很长时间内，我国仍将处于社会主义初级阶段，我国经济底子薄、发展水平相对落后的局面并未改变，并不具备建立西方福利国家的条件。

从国外福利社会的实践看，欧洲特别是西欧、北欧的福利社会遭遇重大挫折，难以为继；一些拉美国家搞过度福利，陷入了民粹主义泥潭，无法跨越"中等收入陷阱"。这些教训，必须汲取。因此，要坚持从实际出发，将收入提高建立在劳动生产率提高的基础上，将福利水平提高建立在经济和财力可持续增长的基础上。新时期收入分配制度改革必须在兼顾公平与效率的基本框架内进行，找准"发展""共享"与"共富"的黄金平衡点。

四、再分配调节增强共富实效

初次分配是在生产领域进行的分配，是收入分配的基础环节。初次分配机制是否合理，不仅直接影响生产效率，也在很大程度上决定社会收入分配状况。如果初次分配出现过度平均化或差距过大等状况，那么再分配、第三次分配依然很难实现收入分配合理化目标。因为，初级分配机制发生在生产领域，具有再生性和自我强化性。初级分配决定的收入格局一旦形成，既定的分配秩序会随着社会生产的重复进行而不断得以巩固。政府再分配则是一个"慢变量"，再分配效应受制于政府调控能力、社会发展水平等因素，其调节作用需要较长时间才能体现。因此，在初级分配领域即需要引入政府调节。为此，政府要充分找准定位，既要发挥好对再分配的调节作用，也要注重作用前置，深入推进市场化改革，为发挥市场机制在要素配置和初次分配中的决定性作用创造条件。第三次分配是指国民收入经过市场化主导的初级分配、政府发挥重要作用的再分配之后，进行的以慈善捐助为主要内容的社会公益性分配。第三次分配具有强烈的社会自主性和道德性，是公民在自主资源的基础上在社会成员内部进行的财产直接或间接转移，是社会成员在道德力量影响和支配下进行的资源调配行为，体现了公民主体的社会责任感，是对初次分配和再分配的重要补充。发达国家的经验表明，第三次分配的广泛存在，不仅在很大程度上弥补了初次分配和第二次分配的内在缺陷，而且对于缓解收入分配矛盾、促进社会和谐具有独特作用。初次分配、政府再分配以及社会第三次分配，共同构筑起有利于实现共同富裕的分配机制。

五、跨越"中等收入陷阱"夯实共富基础

"中等收入陷阱"的概念最早出现在 2006 年世界银行的《东亚经济发展报告》中，指的是一个经济体在人均收入达到中等收入水平后，由于不能顺利实现经济发展方式的转变，导致经济增长动力不足，最终出现经济停滞的一种状态。后发经济体迈向现代化，首先要打破低水平均衡的"贫困陷阱"，实现经济起飞；其次要通过社会生产力的持续扩张，达到中等收入状态；然后，跨越"中等收入陷阱"实现经济现代化。在世界经济史上，顺利完成以上三次跨越的经济体为数不多，其中非西方

经济体更是凤毛麟角。世界银行相关研究显示，1960年全球101个中等收入经济体中，仅有13个国家在2008年国际金融危机爆发前进入高收入行列。习近平总书记高度重视"中等收入陷阱"问题，多次表态强调中国对跨越"中等收入陷阱"的重视和信心。2014年10月，习近平总书记在北京出席亚太经合组织领导人同工商咨询理事会代表对话会时说道："对中国而言，'中等收入陷阱'过是肯定要过去的，关键是什么时候迈过去、迈过去以后如何更好向前发展。我们有信心在改革发展稳定之间以及稳增长、调结构、惠民生、促改革之间找到平衡点，使中国经济行稳致远。"中国避免"中等收入陷阱"具有坚实的发展基础，2015年9月22日，习近平总书记在接受《华尔街日报》采访时指出："我想特别强调，无论发生什么情况，中国都将坚定不移全面深化改革，不断扩大开放。我们将统筹稳增长、促改革、调结构、惠民生、防风险，加强和创新宏观调控，促进经济平稳较快发展。中国新型工业化、信息化、城镇化、农业现代化持续推进，居民储蓄率高，消费潜力巨大，人民工作勤奋，中等收入者比重在提高，服务业发展势头强劲，市场空间和潜力都很大，今后一个时期保持经济中高速增长有基础也有条件。""十三五"时期，既是我国全面建成小康社会的决胜阶段，也是我国跨越"中等收入陷阱"的关键时期，我国顺利完成规划确定的发展目标，到2020年人均GDP将达到1.2万美元左右，按照世界银行的标准,接近高收入国家水平,将为成功跨越"中等收入陷阱"打下具有决定性意义的基础。跨越"中等收入陷阱",意味着我国将成功转入创新驱动和高质量发展轨道,这将成为我国实现共同富裕的可靠基础。

第四节 共同富裕的中国境界

一、天下情怀

中国自古以来就有"天下为公"的天下情怀。在儒家典籍中,修身、齐家、治国、平天下,是儒家理想人格的本真追求。在马克思主义历史观看来,人类社会从"地域史"转入"世界历史"以后,各民族、各地区的人们的命运就被日益紧密地联系在了一起。马克思提出"工人无祖国"的论断,不是让工人阶级抛弃自己的祖国,而是强调工人阶级的命运与全人类的命运紧密联系在一起,"无产阶级只有解放全人类,才能最后解放自己"。中国共产党作为马克思主义武装的政党,从一开始就树立了广阔的全球视野,中国共产党的初心是为中国人民谋幸福、为中华民族谋复兴。在中国被动进入全球化进程、被迫纳入全球资本主义体系的情况下,中国人民的幸福必然是要建立在打破半封建半殖民社会的枷锁之上的,中华民族实现伟大复兴,也必然是在新的全球格局中来实现的。同样，中国人民实现共同富裕的进程，也必然是在全球化进程中、在开放环境中才能达到。中国特色社会主义进入新时代，我国面临"百年未有之大变局"，这要求中国要更加积极地处理好自身发展与对外开放的关系，把促进世界和平与发展、构建人类命运共同体、为世界谋大同视为自己的崇高使命，积极参与全球治理体系改革和建设，为解决世界性难题贡献中国智慧、中国力量，推动各国人民齐心协力，建设持久和平、普遍安全、共同繁荣、开放包容、清洁美丽的世界。中国人民推进共同富裕的伟大实践，在人类历史上是史无前例的，必将深刻影响人类文明进程。在这一过程中，中国必然要将天下情怀深深融入中国与外部世界的全面互动之中，以共同富裕的中国实践为构建人类命运共同体做出精彩诠释、提供有力支撑。

二、人民中心

与许多思想流派宣传"价值中立"不同，中国特色社会主义理论体系始终体现鲜明的人民立场，就是站在最广大人民群众一边，为维护、实现、增进人民利益提供思想武器。2016年7月1日，在庆祝中国共产党成立95周年大会上，习近平总书记指出："人民立场是中国共产党的根本政治立场，是马克思主义政党区别于其他政党的显著标志。"坚持以人民为中心，是中国特色社会主义政治经济学最鲜明的价值取向，也是保持强大生命力的重要保障。在十八届中央政治局常委同中外记者见面时，习近平总书记代表党中央作出庄严承诺："我们的责任，就是要团结带领全党全国各族人民，继续解放思想，坚持改革开放，不断解放和发展社会生产力，努力解决群众的生产生活困难，坚定不移走共同富裕的道路。"以人民为中心的发展思想在我国发展实践中进一步贯彻落实，我国经济增长更具有共享性和包容性。习近平总书记在庆祝中国共产党成立95周年大会上的讲话再次重申我们党全心全意为人民服务的根本宗旨，充分肯定人民是创造历史、成就梦想的伟大力量，并号召全党坚守人民立场、永葆赤子之心，坚持不忘初心、继续前进，"坚信党的根基在人民、党的力量在人民，坚持一切为了人民、一切依靠人民，充分发挥广大人民群众积极性、主动性、创造性，不断把为人民造福事业推向前进。"以人民为中心的发展思想，不是一个抽象的、玄奥的概念，不能只停留在口头上、止步于思想环节，而要体现在经济社会发展各个环节。坚持以人民为中心，就是要坚定发展依靠人民，尊重人民主体地位，发挥人民首创精神，推进人民共建共享，通过自身努力创造属于自己的富裕美好生活。长期以来，由于生产力水平低下，受到物质总量匮乏的约束，人民群众不具备获得富裕生活的条件，共建共享也无从谈起。只有在社会主义生产关系中，且社会生产力达到较高水平，人民群众开始具备摆脱资本逻辑支配所导致异化现象的条件，恢复了自身在社会财富创造的主体作用和分配中的主导作用，共建共享才第一次成为人民群众追求共同富裕、共享美好生活的现实途径。

三、脚踏实地

实现共同富裕是无比崇高而又异常艰巨的任务，需要一代又一代人付出持续艰辛的努力。梦想放在心中，道路就在脚下。回顾新中国追求共同富裕的历程，就是一部脚踏实地的奋斗史。新中国成立以后，我国在社会主义道路探索上走过一条曲折的道路，有成果也有挫折。其中，我国建立了相对独立的工业体系和国防体系，建立了普惠性的国民教育系统和卫生健康系统，大大提升了中国人民的教育水平和健康水平，这些都为改革开放以来的经济腾飞、全面发展奠定了基础。改革开放以来，我国沿着共同富裕的目标继续奋进，经过10年左右的奋斗，我国总体上跨过温饱线，在中国数千年文明史上第一次根本解决了人的吃饭问题，结束了广大民众长期在温饱线挣扎的苦难史。解决温饱问题意味着我国结束了贫困恶性循环形成的"贫困陷阱"，开始具备后发经济体经济起飞的基础条件，印证了邓小平同志提出"头十年为后十年打基础"思想的深谋远虑。告别温饱之后，在20世纪90年代，以邓小平南方谈话和党的十四大召开为标志，我国经济社会发展进入前所未有的新一轮高速增长周期。进入21世纪，我国紧紧抓住加入WTO的历史机遇，成为经济全球化的重要受益者，其中的实现机理是中国依托独特的"低价格竞争优势"，成功地嵌入全球产业分工体系中的加工制造环节，加入到国际经济大循环当中。与此同时，经过20世纪末的国企改制、税制改革等重大改革和制度创新，在市场大潮洗礼中，我国涌现了一批具有较强竞争力的国企、民企等市场主体，在以地方政府主导的开发区建设中形成了一批富有竞争优势的产业集群，为我国经济新一轮发展提供了重要条件。经济建设的新成就有力支撑了小康社会的新发展。党的十八大以来，以习近平同志为总书记的新一届中央领导集体准确把握国内外发展环境和条件的深刻变化，积极适应、把握、引领经济发展新常态，不断创新和完善宏观调控，全面小康建设取得重大进展，人民生活水平有了新的大幅提升，国家竞争力、国际竞争力持续增长，全社会共同富裕水平有了显著提升，共富取得了阶段性成效。新中国70年的奋斗历程，就是我国向着共同富裕目标持续奋斗的过程，是脚踏实地把共同富裕理想不断转化为现实的过程，必将永载史册，并激励中国人民在实现现代化、民族复兴、共同富裕的新征程中拼搏进取、勇往直前。

四、胸怀梦想

实现共同富裕本身就是中国人千百年来孜孜以求的

伟大梦想。中国人追求共同富裕有着自己的独特智慧，既体现为对"天下为公""天下大同"的至高追求，也体现为提出小康社会等更为务实的现实追求。中国人建设小康社会的伟大实践，符合经济社会发展水平由低到高的一般规律，反映了中国人对生活殷实、可安然度日的理想状态的独特追求，体现了中国人进取而有节制的积极务实的生活哲学。尽管中国人在对小康社会的最初谋划中，就把小康设定为不同于"大同社会"的既可望也可即的理想状态，但是由于数千年来中国普通民众始终生活在求温饱而不得的贫困或准贫困状态，因此，小康是直到新中国成立之后才真正具备实现条件的奋斗目标，小康实践只有到了改革开放以来才真正展开。在新的历史条件下，中国人民即将迎来全面建成小康社会，进入迈向基本现代化新征程，距离实现共同富裕更近了一步。中国实现现代化、中华民族实现伟大复兴的梦想与实现共同富裕的梦想相互激荡，让共富的中国探索有了别具一格的魅力。习近平总书记在庆祝改革开放40周年大会上的讲话中指出："我们现在所处的，是一个船到中流浪更急、人到半山路更陡的时候，是一个愈进愈难、愈进愈险而又不进则退、非进不可的时候。……在这个千帆竞发、百舸争流的时代，我们绝不能有半点骄傲自满、固步自封，也绝不能有丝毫犹豫不决、徘徊彷徨，必须统揽伟大斗争、伟大工程、伟大事业、伟大梦想，勇立潮头、奋勇搏击。"面对困难和挑战，中国人民胸怀梦想、奋力拼搏，必然能不断取得共同富裕新成果，不断开创共同富裕新境界，创造人类发展史上一个又一个新的奇迹。

第三章

江苏共富的进阶之路

在全国共富"大棋局"中,江苏以其战略地位、率先之势,始终占据重要地位。新中国成立以来,江苏一直是全国的经济重镇、人文高地,人民生活水平长期处在全国前列。改革开放以来,江苏在全国发展大局中的地位更加凸显。2014年12月,习近平总书记在考察江苏重要讲话中明确提出,"为全国发展探路是中央对江苏的一贯要求",江苏"要在扎实做好全面建成小康社会各项工作的基础上,积极探索开启基本实现现代化新征程这篇大文章"。中央对江苏在全国先行发展、率先探路的要求,既是对江苏的殷切期盼,也赋予江苏沉甸甸的使命职责。在全国迈向共同富裕的进程中,江苏稳扎稳打推进共富实践、作出共富实效,是履行"为全国发展探路"使命的重要体现。

第一节 江苏共富 1.0 版:从贫困到温饱

一、富庶之地的温饱难题

江苏在旧中国的经济版图中,长期处于相对领先地位。其中,苏南所在的江南地区被公认为中国的富庶之地。"苏湖熟、天下足",是对江南繁华的生动刻画。鸦片战争之后,处于全国经济发展前沿的苏南等地,较早受到西方列强的冲击。明清时代萌发的所谓江南资本主义萌芽被帝国主义的坚船利炮冲垮。特别是以棉纺织业为代表的江南手工业一度呈现繁盛景象,但在更具竞争力的英国棉纺织业的冲击下走向衰败。费孝通在《江村经济》一书中以苏南的一个村落为案例,系统分析了当时经济社会状况,从一个侧面可以了解当时的人民生活状况。费孝通指出,现代制丝业的先进技术进入日本、中国之后,乡村丝业开始衰退。工业革命影响丝织业的力量同样使国内蚕丝市场随之缩小。市场缩小带来了农村地区传统家庭蚕丝手工业的破产。① 清朝末期、民国初

---

① 费孝通:《江村经济——中国农民的生活》,江苏人民出版社 1986 年版,第 11—12 页。

年，以张謇、荣氏家族为代表的江苏先贤探索实业救国道路，为日后苏南乡镇企业勃兴埋下了伏笔。但在旧中国，无论是江宁机器局、金陵制造局等早期军事工业，或是徐州利国驿煤铁矿开采等近代采掘业，抑或民族资本设立的丝厂、纱厂以及缫丝、食油、面粉等工厂，都逃脱不了衰败的命运。可以说，新中国成立以前，江苏人民和全国人民一样，总体上处于温饱不足的悲惨境地，共同富裕无从谈起。

二、为跨越"贫困陷阱"蓄积能量

从世界各经济体的成长历程看，打破最初的"低水平均衡发展陷阱""马尔萨斯陷阱"等各类"贫困陷阱"需要同时具备许多条件，许多经济体长期陷入其中难以自拔。我国古代社会虽然创造了光辉灿烂的文明，但广大民众在整体上始终没有摆脱如影随形的"贫困陷阱"。中华人民共和国成立后，江苏经济虽然走过一段弯路，但总体上取得了长足进步，人民群众变成了国家的主人，得以分享经济社会发展成果，逐步跳出千百年来难以摆脱的"贫困陷阱"。

一是通过对农业、手工业和资本主义工商业的社会主义改造，建立了社会主义制度，奠定了打破"贫困陷阱"、推进共同富裕的制度基础。以南京市为例，1952年2月，南京市郊区的土地改革胜利完成。土地改革彻底摧毁了中国封建制度的经济基础，使广大农民获得了土地等基本生产资料和当家作主的政治权利,极大地调动了农民的生产积极性,农民的生活也有所改善。1953年,按照党在过渡时期的总路线要求,南京市委、市政府在南京市全面展开了对农业、手工业和资本主义工商业的社会主义改造,迅速将这座过去为官僚服务的、臃肿庞大的消费城市,改造成为人民服务的、新型的生产城市。到1956年底,南京资本主义工商业的社会主义改造工作基本结束。随着农业、手工业和资本主义工商业社会主义改造的完成,南京初步建立起以生产资料公有制及按劳分配为主体和基本特征的社会主义经济制度,社会主义基本制度初步确立,广大劳动人民真正成为国家的主人和社会生产资料的主人。①

二是建立新的劳动制度,确立劳动者的主体地位。在国民政府时期,企业用工均实行雇佣劳动制度,存在较浓厚的封建专制色彩。新中国成立后,江苏企业的劳动制度,从多种用工形式并存和有进有出的劳动制度,逐步变为实行以固定工为主的用工制度。国家相关政策在1959年规定,凡用劳动指标从社会招收的人员都实行固定工制度。至此,江苏全省各行各业均以固定工制度为用工的主要形式,固定工人数占到职工总数的80%左右。直至1990年固定工仍占到职工总人数的67.8%。新

---

① 王宇:《建国初期南京的社会主义三大改造》,《档案建设》,2012年第1期。

型劳动制度的建设，使劳动者直接获得劳动工资福利，并成为企业主人翁，有效地调动了劳动者积极性，为增加社会财富、跨越"贫困陷阱"提供了条件。

三是商品经济顽强存在。在计划经济占据主导地位的情况下，江苏仍然存在商品经济的元素，社队经济是代表性经济形态。"文革"前后，江苏社队经济有了新的发展，到1978年底，已办各类企业7.2万个，其中工业企业5.2万个。① 作为乡镇企业重镇，无锡县到1976年共有县办、社办、队办工厂1800多个，工业产值为解放初期的28倍，占工农业总产值的63%。② 无锡县最早在1970年代初提出"以工促农"的发展战略，后来被苏南社队企业广泛借鉴。1971年至1976年，无锡县社队工业共积累19252万元，其中44.7%用于农业，达8606万元，平均每年1436万元；1976年为1749万元，相当于当年国家对农业投资的7倍。③ 1965年至1976年间，无锡县粮食生产总产量从83662万斤提高到119227万斤，增幅达43.5%。农业收入也从10889万元提高到13671万元，增长25.55%。以无锡县为代表的苏南社队企业在"文革"前后的迅速发展，从一定意义上讲，是一场历史

---

① 《关于我省社队企业调整、发展的意见》（1979年11月10日），江苏省档案馆馆藏，档号：4002-6-868。
② 《县革委会关于文教、卫生、民政、劳动工资、外事活动的请示报告、通知》（1976年），无锡市档案馆馆藏，档号：xc10-1-241。
③ 《关于无锡县发展社队工业若干问题的调查报告》（1978年修正稿），江苏省档案馆馆藏，档号：4002-4-159。

传统与制度变迁的互动、近代工商业文明与传统农耕文明的互动、政策外部推动与村落内部需求的互动。① 社会经济带动社会生产力的扩展,为苏南率先跨越"贫困陷阱"创造了物质条件。

四是修建大量水利工程、兴办大量厂矿,为国民经济发展奠定基础。根据《江苏省志》记载,从新中国成立到改革开放前夕,江苏在农业领域的投资主要用于水利骨干工程,在 20 世纪 70 年代之前占总投资的比重较大。在工业领域,"一五"时期投资主要用于原有轻纺、农用机械、化肥和能源企业的扩建和改建;"二五"时期重工业投资猛增,占总投资比重达 44.38%,轻工业投资比重降至 2.18%;三年调整时期,轻工业投资比重恢复到 8.30%,重工业投资比重降为 38.66%,形成了小钢铁、小化肥、小水泥、小煤矿、小农机"五小"工业群;"四五"时期,加强冶金、矿山、能源、化肥、水泥等工业建设,逐步形成一批产量上规模的企业。1976 年以后,为改善人民生活,增加市场生活用品供应,在增加非生产性建设投资的同时,调整了轻、重工业投资比例;"五五"期间轻工业投资比重增至 11.06%,"六五"期间又增至 12.52%,重工业投资比重则降为 47.47% 和 38.52%。到 1978 年,江苏人均 GDP 为 430 元(计 174 美元),相当

---

① 朱万悦:《"文革"前后苏南社队企业发展原因的历史考察——以无锡县为例》,《档案建设》,2017 年第 5 期。

于美国人均 GDP 的 1.6%，在世界银行公布的 134 个国家（地区）中，江苏与第 129 位国家水平相当。总之，从旧中国到新中国，江苏第一次具备实现共富的制度条件；从新中国成立到改革开放前夕，江苏发展虽经历曲折但仍取得历史性进步，为跳出"贫困陷阱"、实现温饱创造了基础条件。但江苏真正跳出"贫困陷阱"仍需到改革开放以后才得以实现。

三、在全国率先实现温饱

1987 年 10 月，党的十三大提出中国经济建设分三步走的总体战略部署。其中第一步目标，是 1981 年到 1990 年实现国民生产总值比 1980 年翻一番，解决人民的温饱问题。实现这一目标，意味着在古老的中国大地将第一次告别贫困，人民群众第一次过上吃饱穿暖的生活。江苏发展基础较好，在改革初期的高速发展进程中走在全国前列，率先解决了人民的温饱问题，为迈向共同富裕奠定了坚实基础。

一是率先推进农村体制改革，释放农民生产积极性，农民生活水平历史性迈过温饱门槛。江苏农村改革从泗洪上塘起步。"黄粘土，水不淌，十家九户都缺粮；破草屋，漏风墙，扯把稻草就当床"，是当年上塘人的生活写照。1978 年，大旱，上塘公社人无粮、牛无草、地无种。作为上塘最穷的生产队，垫湖大队第五生产队小麦亩产 20 公斤，不到往年的一半。为渡过难关，上塘实施包产到户探索。1979年，第五大队出售余粮1.25万公斤，还清1000多元集体贷款。1958年后，这里年年吃救济粮。直到1979年，生产队才第一次靠自己解决口粮①。江苏"农村改革第一村"就是江苏农民靠改革"挖穷根"的鲜活案例。从1978年到1990年，江苏粮食产量从2400.65万吨上升到3264.15万吨，农林牧副渔总产值从105.87亿元上升到580.53亿元，第一产业产值从68.71亿元上升到355.17亿元，江苏农村常住居民人均可支配收入从155元上升到884元，江苏农民生活水平总体上实现温饱，其中，苏南农村农民由于从社队经济和乡镇企业发展中获得较多的非农收入，整体生活水平跨越温饱、进入小康区间。

专栏1 完善联产承包责任制的江苏贡献

江苏对完善联产承包责任制的最大贡献在于，探索了经济发达地区、高产地区也可以包产到户。上世纪80年代初，我国绝大多数贫困地区农业都已"大包干"。发达地区农业到底能不能包，"大包干"是否具有普遍的适应性？当时需要回答。

宜兴县在1982年推行农业包干到户生产责任制，当年粮食增产7000万公斤，工副业产值增长10%，农民人

---

① 孙巡、徐明泽、季铖：《重访"江苏农村改革第一村"：春到上塘新篇》，《新华日报》，2018年6月14日。

均收入增加 50 元。新华社记者周振丰深入宜兴农村调查，采写出题为《经济发达地区的农业也可以包干到户》的调查报告。上报后，受到当时国务院总理的称赞，说苏南的问题解决了，全国农业生产责任制问题就能迎刃而解，调查报告被分发到全国各省、市、自治区参阅。《人民日报》在 1983 年 1 月 23 日发表这篇调查，并配发《大包干不要再堵》的评论员文章，引起全国轰动。就这样，"大包干"在苏南太湖地区、珠江三角洲和胶东半岛等经济发达地区迅速推开。当时有人认为，宜兴县农民带头建立适合发达地区的农业经营体制，是继小岗村率先实行"大包干"后，农村改革的又一声春雷。

  江苏推行联产承包责任制的可贵之处，在于从实际出发，采取多种形式，不搞"一刀切"。苏南地区更多采取专业承包、包干分配的办法，淮北地区更多采取大包干的办法。据当时统计，包干分配占 50.9%，包产到户占 46.8%，还有 1.4% 生产队保持原来的经营管理形式，继续由大队或生产队统一核算。华西村老书记吴仁宝说，宜统则统，宜分则分。华西村生产条件好，集体经济发达，就没有分，上面也没有指责。

——诸记录：《农村改革的江苏贡献》，
《世纪风采》，2018 年第 8 期

  二是深入城市经济体制改革，激发城市发展动能，城镇居民生活水平率先超越温饱。改革开放以前，江苏国营企业特别是大中型国营企业实施严格的计划经济管理，企业自主权很小。20 世纪 80 年代初，江苏在推进农村体制改革的同时，逐步在城市推进以搞活企业为中心的改革试点。1982 年，国务院批准常州市进行城市综合改革的试点；1984 年，南京市被列入全国大城市综合改革试点，促进了江苏以扩大企业自主权为重点的企业改革。1987 年 7 月起，全省企业承包经营责任制广泛推开。1992 年，江苏在进一步完善企业承包经营责任制的同时，有 1000 多个大中型企业进行其他形式的企业经营改革试点。企业改革的推进，调动了企业积极性，提升了企业生产经营效益，激发了城市发展动能，带动城镇居民生活水平进入高速增长新阶段。从 1978 年到 1990 年，全省主要工业产品产量大幅增长，其中，钢材产量从 60.31 万吨上升到 203.1 万吨，发电量从 126.42 亿千瓦时上升到 404.47 亿千瓦时，农用化肥产量从 72.18 万吨上升到 145.90 万吨，水泥产量从 444.10 万吨上升到 1532.89 万吨，化学纤维从 2.11 万吨上升到 40.76 万吨，彩色电视机从 0.03 万台上升到 36.64 万台，家用电冰箱从零起步上升到 83.18 万台，汽车产量从 15079 辆上升到 46291 辆，轻工业产品、生产用产品产量呈现快速跃升的势头；第二产业产值从 131.09 亿元上升到 692.59 亿元，职工平均工资从 513 元上升到 2129 元，城镇常住居民人均可支配收入从 288 元上升至 1464 元，均呈现快速上升势头。这一期间，江苏城镇居民生活水平在全国率先越过温饱线，进入了迈向小康社会的新阶段。

专栏2 徐州率先"砸三铁"

1992年初，徐州市开始对企业三项制度改革：改革干部管理制度，搬掉"铁交椅"，干部能上能下；改革用工制度，端掉"铁饭碗"，职工能进能出；改革工资分配制度，搬掉"铁工资"，职工收入能高能低，引起很大反响。后进一步总结完善为"四改"、"四建"。"四改"即改革干部人事制度，以效益定升迁，能上能下；改革工资分配制度，以效益定收入，能高能低；改革劳动用工制度，以合同制为主要形式，能进能出；改革企业内部机构设置，强调"与市场对口"，不强调与上级部门对口，力求精简、高效。"四建"即以资产增值为目标建立企业积累机制、激励机制、约束机制和科技进步机制。中共江苏省委、省人民政府及时总结推广了徐州的这些经验和无锡等市国营企业引进乡镇企业灵活机制的经验。

——江苏省地方志编纂委员会：《江苏省志·综合经济志》"城市经济体制改革"，江苏古籍出版社1999年版

三、乡镇企业异军突起，成为共建共享共富的时代典型。20世纪70年代，我国经济属于城乡分割的二元经济，农村经济实行"三级所有、队为基础"的人民公社集体经济制度。在高度集中统一的计划经济体制束缚下，

同全国其他地区一样，苏南农村经济以粮食生产为主，产品实行统购统销，农民生活难以维持温饱。在人多地少的压力下，苏南农村干部群众利用生产大队、生产队的集体农业积累，利用手工业匠人、下乡回乡知识青年，利用与城市企事业单位千丝万缕的联系，顶着"走资本主义道路"的政治风险，在全国率先兴办和发展了以工业为主的社队企业。至1978年，苏南乡镇企业总产值达25.94亿元，占农村社会总产值的52.51%，实现了由以农业经济为主向以工业为主的历史性转变。1983年的中央1号文件和1984年的中央1号、4号文件，提出要大规模发展农村商品经济，于是苏南乡镇企业乘改革开放之风而异军突起。到1990年，苏南农村工业企业个数增至33813家，职工人数达到279.57万人，总产值734.77亿元，发放职工工资40.02亿元，实现利税25.11亿元，固定资产原值197.11亿元，以上各项指标1980—1990年年均增长幅度分别为14.31%、15.59%、37.60%、27.09%、14.69%、37.96%；苏南乡镇企业创造的价值在农村社会总产值中已经占到了60%。高速发展的苏南乡镇企业，引发农村经济社会的巨大变化。

专栏3 堰桥"一包三改"

1983年，原无锡县堰桥乡（现惠山区堰桥街道）率先在企业中实行"一包三改"。"一包"就是实行以厂长、经理为主的经济承包制，承包者承担企业经营成果的全部责任，有权指挥企业的一切经营工作。在完成和超额完成承包指标后，其报酬可高于本人工资的30%，有特殊贡献的可高于本人工资一倍以上。如完不成任务，则与工人一样按比例扣除基本工资。"三改"则是改企业干部由"任免制"为"聘用制"，聘用期为1年，可以连聘连任，完不成承包合同的，一律就地免职；改工人由"录用制"为"合同制"，不端"铁饭碗"，对表现不好、教育无效者，厂长有权将其改为临时工，甚至辞退；改干部工人的"基本工资"为"浮动工资"，充分体现多劳多得、不劳动者不得的分配原则。"一包三改"改革如星星之火，迅速在全乡点燃。当年，除机关、供销社、影剧院外，"一包三改"在全乡各行各业全面推开，广大农民的改革热情被彻底激发，全县第一个私人购买拖拉机的社员、第一个私人组建的建筑队、第一个私人承包农场等一批"改革先锋"在全乡迅速涌现。

短短一年间，全乡就出现了"亏本企业扭亏为盈，盈利企业突飞猛进"的大好局面。与1982年相比，全乡工农业总产值增长74%，人均收入504元，增长了一倍多。"一包三改"，犹如石破天惊，在全国激起了巨大的反响。1984年2月，时任无锡市委副书记郁谦带领市委政策研究室人员前来调研，将堰桥9大改革归纳为"一包三改"。无锡县和无锡市委先后发文，推广堰桥乡的做法。4月13日，《人民日报》发表了《堰桥乡乡镇企业全面改革一年见效》的消息，并配发了《把"包"字引向乡镇企业》的评论员文章，肯定了堰桥人民的首创精神，这也让"一包三改"经验正式从堰桥公社走向全国。

——马悦：《堰桥"一包三改"改革创新回访》，《无锡日报》，2018年10月25日

苏南乡镇企业是共建共享共富的典型，这得益于其特殊的制度安排和时代特色。在投资与产权结构上，苏南早期乡镇企业的投资主体是社区集体，因而苏南乡（镇）村企业的所有权属于社区劳动农民，即乡（镇）办企业属于全乡（镇）劳动农民共同所有，村办企业属于全村劳动农民共同所有。在就业结构上，苏南乡镇企业采用"离土不离乡、进厂不进城"的就地转移方式进行，本地农民在乡镇企业就业，在获得传统农业收入的同时，增加工资收入；同时，外来劳动力的大量涌入，也带动了外地劳动者的收入提升。20世纪80年代末，无锡县有外地劳动力30万人，江阴市18万人，据估算苏南农村外地劳动力在高峰期曾达300万人左右。苏南本地劳动力外出务工经商的极少。苏南广大群众成为乡镇企业发展的直接受益者和共建共享者。

专栏4 "碧溪之路"

1984年2月25日，《人民日报》头版头条刊发《碧溪乡发展农副工建成新型集镇》。两天后，新华社播发长

篇通讯《碧溪之路》，对改革开放以来碧溪"离土不离乡，进厂不进城，亦工又亦农，集体同富裕"的做法给予充分肯定。这一改革开放初期中国农村的创新性实践，成为领先全国发展的"苏南模式"的重要源头。

历史上的碧溪，因濒临长江，土质多沙，是个纯棉区。1958年，碧溪诞生第一家社办厂。从此，社队企业如石缝中的小草，不屈不挠，顽强生长。党的十一届三中全会作出改革开放的历史性决策，碧溪干部群众大力发展乡镇企业，短短几年，乡镇工业经济呈现爆发式增长。从现象上看，"碧溪之路"是产业结构调整之路。原来农村产业结构单一，以农业为主，碧溪乡从实际出发，在搞好农业生产特别是棉花生产的同时，因地制宜发展社队工业，率先迈出了农村产业结构的调整步伐；"碧溪之路"是农村劳力转移之路。农业联产承包责任制大大解放了生产力，推动了农村产业结构的调整和非农产业的发展，农村富余劳动力亦从农业转向工业，从田头走向工厂，从单纯务农趋向亦工亦农；"碧溪之路"也是集镇建设之路。工厂开办了，农民进来了，集镇热闹了，需求丰富了，农村集镇建设也就提上了议事日程。订规划、搞开发、抓管理，工厂、商店、集贸市场、文化中心、中小学校、医院等布局比较合理，水、电、路等基础设施逐步上马，乡村与集镇的配套建设成为"碧溪之路"的重要内容。以上情况也表明，碧溪乡实际上是上世纪八十年代苏州乃至苏南发展的一个典型、一个缩影，

"碧溪之路"从某种意义讲也是苏州发展之路、苏南发展之路。

——赵洪生：《也谈"碧溪之路"的传承与创新》，《群众》，2009 年第 11 期

第二节　江苏共富 2.0 版：从总体小康到高水平全面小康

一、下好小康时代共富"先手棋"

改革开放之初，邓小平根据中国国情并参考世界各国现代化的进程，深入思考中国能否实现"在 20 世纪末实现四个现代化"的既定目标。通过与世界先进水平的对比，邓小平提出了小康社会的伟大构想。1983 年 2 月，邓小平视察江苏，听取了江苏省和苏州市领导同志汇报。他关心的问题主要有"小康"目标能不能实现；到 2020 年，工农业总产值能不能在 1980 年的基础上"翻两番"。江苏负责人汇报说，1977 年至 1982 年的 6 年，江苏工农业总产值翻了一番，照这样的速度，就全省而言，用不了 20 年就有把握翻两番。当时，苏州的经济发展处于江苏前列，人均工农业生产总值接近 800 美元。照 1978 年至 1982 年间的发展速度，到 1995 年就能翻两番。邓小平提出：国民生产总值达到人均 800 美元之后，社会上是

一个什么面貌？苏州负责同志从吃穿用、住房、就业、人口流动、教育文化、精神面貌六个方面作了回答。苏州之行给邓小平留下深刻印象。回京后，1983年3月2日，邓小平以苏州为例，描绘了达到小康后的社会状况："第一，人民的吃穿用问题解决了，基本生活有了保障；第二，住房问题解决了，人均达到20平方米，因为土地不足，向空中发展，小城镇、农村盖二三层楼房的已经不少；第三，就业解决了，城镇基本上没有待业者；第四，人不再外流了，农村的人总想往大城市跑的情况已经改变；第五，中小学教育普及，教育、文化、体育和其他公共福利事业有能力自己安排；第六，人们的精神面貌变化了，犯罪行为大大减少。"①

苏州所取得的发展成绩，生动地诠释了物质共富与精神共富的互动性和同步性，是江苏进入小康阶段之后下好共富"先手棋"的直接体现。在小康社会建设中，江苏高度重视小康社会的内涵与标准建设，从根源上赋予小康以共富的基因与特色。江苏省于2003年制定出台《江苏省全面建设小康社会主要指标》，在全国率先明确提出有关"全面建设小康社会"的社会指标，对小康社会的内涵及标准进行了界定。在这个包括四大类18大项25个子项的指标体系中，既有人均GDP、产业结构、城市化水平等经济发展指标，又有城乡居民人均收入、就

---

①《邓小平文选》（第三卷），人民出版社1993年版，第24—25页。

业、社会保障、住房、恩格尔系数等民生指标，有科技、教育、文化、卫生等社会发展指标，还有森林覆盖率、环境质量等生态环境指标和社会治安满意率、村民依法自治率等政治文明指标。江苏省提出，采用全面建设小康社会的四大类18项指标，对全省和省辖市2003年全面建设小康社会的进程进行考评，目的是引导和激励市县领导干部自觉地把科学发展观和富民优先的方针落实到"两个率先"的全过程，促进大家以科学的态度，研究解决改革发展稳定中的重大问题，研究解决群众生产生活中的紧迫问题，多干群众急需和群众受益的事，多干打基础和长远起作用的实事，努力为后人多留赞叹，少留遗憾。为了更好地发挥指标体系的导向、激励和监测作用，真正使江苏"两个率先"成果具有更高质量、更高水平、更高满意度，江苏省在2013年正式发布《江苏全面建成小康社会指标体系（试行）》。此次对小康社会指标体系进行了较大幅度的修改调整，由原来的四大类18项25个指标扩展到五大类22项36个指标。一是新增了部分指标，主要包括现代农业发展水平、文化产业增加值占GDP比重、单位GDP能耗、城乡居民收入达标人口比例等；二是强化了部分指标，主要包括研发经费支出占GDP比重、城镇化率、居民收入水平等；三是替换了部分指标，替换成信息化发展水平、居民住房成套比例、现代教育发展水平等。从监测指标看，江苏小康社会建设水平提升迅速，整体水平走在全国前列，反映了江苏加快发展，自觉下好共富"先手棋"的远见卓识。

二、锚定"百姓富"构建共富顶层设计

"百姓富"是江苏进入较高发展阶段面临的重大现实课题，受到江苏比较优势、产业竞争力、收入分配结构等复杂因素影响，同时牵涉到江苏在全球价值链中的地位、在区域竞争中的角色以及江苏内部不同区域、部门、群体之间的切身利益。在此背景下，江苏按照党的十八届三中全会报告提出的"顶层设计要和摸着石头过河相结合"的改革方法论，既鼓励各个地区、部门和社会主体的自发探索，同时也注重加强顶层设计上的制度创新与政策供给。在推进"百姓富"新江苏的顶层设计中，除了"强富美高"新江苏的整体谋划，有针对性的战略谋划主要有：其一，实施民生幸福工程，构建终身教育、就业服务、社会保障、基本医疗卫生、住房保障、社会养老服务"六大体系"，持续办好各项民生实事。"十二五"期间，直接用于民生及与民生密切相关的财政支出达3万亿元，占全省公共财政支出75%以上。其二，实施居民收入倍增计划，突出农民、企业职工、中低收入者和困难家庭"四个群体"增收，着力增加居民工资性、经营性、财产性、转移性收入，拓宽就业、创业、投资、社保和帮扶"五大增收渠道"，普遍提高居民收入水平与生活质量。到2015年，城乡居民人均可支配收入分别达到37173元和16257元，比"十一五"末增长66.9%和

79.4%。此外，江苏注重发挥顶层设计与基层探索的有机结合，既注重加强实现"百姓富"的整体部署，也鼓励各地因地制宜选择路径，不禁锢基层创新和"摸着石头过河"的选择空间。

三、高水平拓展共富渠道

人民群众是"百姓富"新江苏建设的主力军和根本依靠。江苏注重调动人民群众创造社会财富的积极性和主动性，解除制约百姓创富的各类束缚，形成百姓创富的澎湃动力。其一，拓展农民的创富渠道。聚焦制约农民增收的关键点，鼓励农民自主创业，从新产业、新技术、新业态和新模式中获得更多收入；引导异地输出和就地转移就业并重，帮助更多农民在家门口就业，获得更多工资性收入，江苏城乡居民收入之比由2010年的2.52∶1缩小到2015年的2.3∶1。其二，鼓励大众创富探索。加快推进"创业中国"苏南创新创业示范工程，以构建众创空间等创业服务平台和提升创业孵化服务能力为突破口，通过整合创新资源、重构创业政策制度，进一步激发创业创新潜力、释放创业创新活力，为深入实施创新驱动战略提供新动能。其三，解除科技人才创富瓶颈。江苏围绕建设具有全球影响力的产业科技创新中心，注重强化市场在人才资源配置中的主体地位，保障科研机构和科技人才创新成果收益权，建立健全科技创新人才薪酬制度和符合科研事业单位特点的绩效工资制度，鼓励企事业单位对紧缺急需的高层次、高技能人才实行协议工资、项目工资等，激发广大科技工作者的积极性。

四、高标准搭建共富政策体系

江苏历届省委、省政府十分重视解决民生问题，坚持把保障改善民生放在经济社会发展全局中来谋划，形成了民生建设的政策支持体系。其一，就业支持体系。坚持就业优先战略，实行有利于促进就业的产业政策、财政政策、税收优惠政策、金融支持政策，实现经济增长和扩大就业的良性互动。其二，社保支持体系。江苏坚持全覆盖、保基本、多层次、可持续方针，以增强公平性、适应流动性、保证可持续性为重点，社会保障体系不断完善，居民低保、医疗、养老保障水平进一步提高。其三，教育支持体系。江苏教育现代化建设成效显著，学前教育全面普及，在全国率先实现县域义务教育基本均衡全覆盖，高中阶段毛入学率达到99.1%，高等教育主要发展指标位居全国前列，职业教育创新发展持续推进，终身教育体系进一步完善。其四，医药卫生支持体系。新型农村合作医疗人均财政补助提高到380元，基本公共卫生服务免费项目增加到12类45项，医疗卫生服务能力明显增强。其五，脱贫支持体系。江苏全面完成扶贫开发扎实推进，农村411万低收入人口整体实现4000元脱贫目标。

五、有针对性补齐共富短板

实现"百姓富"的美好蓝图,从一定意义上说,取决于民生改善的程度、托底保障的质量。其一,织牢民生保障底线,着力补齐"百姓富"短板。围绕促进社会公平正义,不断完善救助制度,织牢底线民生保障网。探索低保标准与人均消费支出挂钩,推进解决"支出型"贫困难题。进一步缩小城乡低保标准差距,苏南以市为单位、苏中苏北以县为单位在2020年前全面实现城乡低保标准一体化。其二,发展适度普惠福利。例如,提升城乡标准化社区居家养老服务中心覆盖率,大力发展居民区内的嵌入式养老机构,就近就便为社区老年人提供专业化服务。其三,落实优抚安置政策。例如,为重点优抚对象提供短期疗养或医疗巡诊服务,推进普通高等学校对退役士兵实行"单招"或"注册入学",建立技能培训与学历教育并重的新型教育培训体系,等等。

第三节 江苏共富3.0版:迈向基本现代化

一、高质量发展推进高水平共富

高质量发展是一场涉及发展方式、经济结构、增长动力等诸多方面的系统性重大变革。从"高速度"转向"高质量"体现的是发展规律,为江苏经济标明了发展航向;从"有没有"转向"好不好"体现的是发展追求,为江苏发展明确了价值导向;从"中低端"转向"中高端"体现的是发展水平,为江苏转型升级提供了根本遵循。对江苏来说,不仅要努力实现高质量发展,更要在这场变革中走在全国的前列。江苏放眼未来必须打好战略主动仗。从经济社会发展的规律看,江苏已经到了向更高层次迈进的关键阶段。江苏追求的"走在前列",不是简单的速度领先、指标超前,而是在新发展理念的指引下,围绕建设现代化经济体系,用改革的办法解决好实践探索中的问题,用创新的理念、思路、方法推动发展质量的全面突破,努力创造更多高质量发展成果,形成江苏新的特色和优势。在具体工作中,就是重点推进"六个高质量"。[①]

江苏高质量发展走在全国前列,必然要从最具现实优势和未来潜力的领域入手,塑造参与未来竞争、赢得长远发展的新优势。江苏选择"六个高质量"来破题,彰显了江苏具备多元化的基础优势,有基础、有条件在系统推进中塑造面向未来的综合竞争优势。推动"六个高质量"发展,就是要以增强高品质供给为着力点推进经济发展高质量,以增创体制机制新优势为动力推进改革开放高质量,以统筹城乡一体化发展为支撑推进城乡建设高质量,以培育文化吸引力、竞争力和软实力为依

---

① 娄勤俭:《推动江苏高质量发展走在前列》,《求是》,2018年第7期。

托推进文化建设高质量，以美丽江苏建设为牵引推进生态环境高质量，以保障和改善民生为基础推进人民生活高质量。通过在六个方面的系统发力，为江苏高质量发展走在全国前列提供可靠支撑，同时也为江苏推进共富奠定高质量发展基础。

创新是"六个高质量"发展的灵魂，主要体现在三个方面。其一，"六个高质量"本身就是江苏推进高质量发展的创新举措，既体现了中央要求，也融入了江苏特色，是紧扣江苏现实发展需求的实践探索。其二，创新是高质量发展的第一动力。在日趋激烈的区域竞争中，靠创新立足当下、赢得未来，是江苏推进高质量发展的"不二选择"。江苏在全国最早确立创新驱动发展战略，实施这一战略就是要最大限度解放和激发科技作为第一生产力所蕴藏的巨大潜能。新形势下，要采取更加有力、更有针对性的措施，集聚创新要素、壮大创新产业、培育创新动能，用人才"第一资源"激活创新"第一动力"，持续优化创新体制、精心营造创新生态，从根本上破解江苏科技创新成果产业化的"阿喀琉斯之踵"，塑造江苏创新的引领性优势，为高质量发展提供充沛创新动能。其三，要将创新精神、创新方法融入"六个高质量"发展的全过程。例如，在城乡建设高质量发展中，着眼江苏城市体系完整、城乡协调度高的优势，大胆探索城市群建设、乡村振兴的创新路径，塑造城乡高质量空间形态；在生态文明高质量发展中，探索保持较高的重化工业占比同时面临环境容量紧约束条件下的高质量发展路径创新；在人民生活高质量发展中，大胆探索新形势下的"创富"途径，让财富在江苏大地更加充分涌流，让人民共享高质量发展成果，带动江苏共富达到新水平。

二、创新引领提升共富质量水平

江苏苏南等地已整体达到高水平全面小康状态，带动全省进入建设高水平小康社会与进行基本现代化探索的同步发展阶段。在此阶段，作为"中国式现代化"的小康建设与基本现代化探索之间存在诸多同步面临的问题。集中体现在三个方面：一是城乡协调。江苏是城乡差距较小的地区，苏州城乡一体化水平更是全国领先。但深入分析，对于外来人口占全市人口一半的苏州来说，城乡差距正以另外一种方式存在，就是外来农业转移人口与本地城乡居民之间的差距。农业转移人口市民化的本质是权利和福利与城镇户籍人口均等化，农业转移劳动力一旦获得城镇户籍，就能够实现完全的市民化。推进外来转移人口市民化是"人的城镇化"的内在要求，也将为苏南基本现代化探索提供充裕的人口资源。二是生态保护。苏南地区人口密度大、开发强度高，属于人类活动、工业活动密集区，环境容量有限，自我修复能力脆弱。同时，虽然根据产业结构动态演进的一般规律，苏南等发达地区已到了着力提升服务业水平和自主创新能力的发展阶段，但是，由于重化工业具有投资大、周期长，沉没成本高等特点，其发展具有很强的延续性，而且在相当长的时间内，我省仍具有发展重化工工业的优势和动力，这在客观上形成了经济增长对重化工业的结构性依赖，以致一定程度上形成了产业结构的"锁定效应"。如何突破在能源、生态等领域的发展瓶颈，推进环境库兹涅茨曲线向环境优化的方向延伸，需要创新发展方式，实现经济增长方式由粗放型向集约型转变。三是社会治理。高水平小康与基本现代化内在要求提高区域和城市综合治理水平。以治理体系与治理能力现代化的标准衡量，江苏综合水平处于全国前列，但仍面临不少突出问题，如城市管理精细化、品质化水平不高，社会治理水平与群众期待存在差距等。推进区域治理体系与治理能力现代化既是全面小康的内在诉求，也是基本现代化的重要内涵，体现全面小康与区域基本现代化的关联性和一致性。

基本现代化是全面小康的升级版，是建设社会主义现代化强国的必经阶段。与小康社会相似，基本现代化同样是在中国语境中使用的具有鲜明中国特色的创新性概念，既遵循现代化共性规律，也拥有独特的内涵特征。根据党的十九大报告，基本现代化在物质文明维度，表现为经济实力、科技实力、综合竞争力的跃升；在政治文明维度，表现为公民权利、法治建设达到高水平，国家治理体系与治理能力现代化基本实现；在精神文明维度，表现为社会文明程度、文化软实力和影响力达到新高度；在社会文明维度，表现为人民生活、公共服务水平大幅改善，共同富裕、社会治理达到新境界；在生态文明维度，表现为跨越环境库兹涅茨曲线拐点，生态环境实现根本好转。

江苏面向基本现代化推进共富实践，重点围绕历史交汇期重点难点率先突破。当前，我国正处于"两个一百年"的历史交汇期。只有在"第一个百年"顺利完成全面建成小康社会的战略目标，才能为在"第二个百年"建成社会主义现代化强国筑牢根基。在这一承前启后的历史交汇期，我国既面临小康攻坚"啃硬骨头"的考验，也面临高质量构建现代化新动能的挑战。习近平总书记在庆祝改革开放40周年大会上的讲话中深刻指出："我们现在所处的，是一个船到中流浪更急、人到半山路更陡的时候，是一个愈进愈难、愈进愈险而又不进则退、非进不可的时候。"面对"两个一百年"历史交汇期的机遇挑战，江苏有条件也有必要围绕"两个一百年"历史交汇期重点难点先行探索。例如，在突破重大障碍中率先突破，重点在破除发达国家"专利壁垒""技术封锁"上先行发力，为我国产业迈向中高端提供战略支撑；在推进重大改革中先行探索，着力推进产权制度和要素市场化配置为关键领域改革，率先形成新的体制机制优势；在锻造重大优势上先行探索，依托江苏产业基础优势特别是制造业领先优势，先行探索构建现代化经济体系，打造世界级先进制造业集群,构筑支撑基本现代化建设的产业基础。通过重点突破与全面发展,持续提升江苏共富的整体发展水平。

第四章
区域协调优化共富空间

区域共富是共同富裕的重要体现，区域协调是区域共富的战略路径。毛泽东在《论十大关系》中，深入阐述了沿海工业与内地工业的关系，强调好好地利用和发展沿海的工业老底子，可以使我们更有力量来发展和支持内地工业。邓小平在"两个大局"的构想中明确提出："沿海地区要加快对外开放，使这个拥有两亿人口的广大地带较快地发展起来，从而带动内地更好地发展，这是一个事关大局的问题。内地要顾全这个大局。反过来，发展到一定时候，又要求沿海拿出更多力量来帮助内地发展，这也是个大局。那时沿海也要服从这个大局。"① 他设想，我国达到小康水平的时候，就要突出地提出和解决先富起来的地区支持贫困地区的问题。审视江苏共富实践进程，生动地体现和印证了"两个大局"构想。江苏各个板块在空间层面的协调发展，有效优化了江苏共富空间，成为江苏共富实践的鲜明特点和优势。

第一节 区域非均衡发展实现先富

一、区域致富"锦标赛"

从非均衡发展转向均衡发展，是后发国家或后发地区迈向共同富裕的必由之路。在发展基础薄弱和资源条件有限的情况下，大国经济体很难做到各个地区同步发展，必然要集聚优势资源向有条件的地区集中，形成区域率先发展态势。改革开放以后，我国创造了举世瞩目的经济奇迹，其成功之道的关键一环，就是采取了鼓励区域间竞争的"锦标赛"。区域间"为增长而竞争"被视为我国经济高速增长的有效制度安排。新中国成立后，受重化工业优先发展战略等复杂因素影响，东北地区成为我国国家资源倾斜的重点地区，上海、北京等少数城市则集中了全国优质资源，特别是上海集聚大量畅销品牌，整体发展水平处在全国领先地位。改革开放以后，

---

①《邓小平文选》（第三卷），人民出版社1993年版，第278页。

在东部沿海地区率先发展的非均衡战略引领下,广东、江苏等东部省份率先发展,一跃成为全国经济先行区,是全国区域"锦标赛"中的优等生。江苏在乡镇企业、开放区经济、县域经济发展等领域表现尤为突出,不仅让区域共富实现了质的跃升,也为全国提供了大量经验示范。此外,江苏省域中不同区域从非均衡逐步转向均衡发展的竞争,也成为江苏践行"两个大局"构想的鲜活样本,为全国共富实践贡献了江苏经验与江苏智慧。

二、乘势而上率先发展

区域非均衡发展战略在实践层面首先表现为有条件地区的率先发展,这是后发地区跳出低水平均衡陷阱的关键一步。共同富裕不是同步富裕,也不可能实现同步富裕,有条件地区的率先发展,构成共富实践的重要一环。

江苏在改革开放之后,抓住历史性机遇推进"两个率先",赋予江苏共富以特色内涵。改革开放以来,江苏人民自觉担当起率先探索、率先发展的时代重任。20世纪80年代,苏州六个方面的探索和成就得到邓小平同志的高度评价,并由此坚信"四个现代化希望很大",为邓小平同志提出小康社会理论提供了实践依据和现实参考,苏南地区也成为小康社会这一"中国式现代化"的先行探索者。进入新世纪以来,江苏立足全国发展大局,牢记江泽民同志、胡锦涛同志要求实现"率先全面建成小康社会，率先基本实现现代化"的殷切期望，在全国率先制定省一级全面小康指标体系，为全国小康社会建设探索新路。

2011年，江苏省率先制定《江苏基本实现现代化指标体系（试行）》，2013年根据党的十八大精神以及习近平总书记在全国"两会"期间对江苏工作新要求，形成《江苏基本实现现代化指标体系（试行）》，为区域现代化探索提供指引。2014年12月，习近平总书记在视察江苏时指出，"从目前条件看，江苏可以率先实现全面建成小康社会目标"，"要在扎实做好全面建成小康社会各项工作的基础上，积极探索开启基本实现现代化新征程这篇大文章"；同时提出江苏目前主要精力还是要放在推动全面小康建设上，可在全面建成小康社会阶段做一些基本现代化建设需要做的事情，但不能匆匆忙忙往基本现代化赶，再回过头来补课。江苏遵循习近平总书记重要指示精神，把主要精神放在决胜全面小康上，以高水平全面建成小康社会的过硬成果夯实区域现代化的建设基础。党的十九大之后，江苏省委提出，要努力探索符合客观规律、具有中国特色、体现江苏特点的区域现代化之路，这标志着江苏区域现代化探索进入新的历史发展阶段。江苏探索小康之路和区域现代化之路，同时也是探索先富带动后富之路，是实践区域非均衡战略实现区域先富的成功探索。

三、苏南成为先富典型

苏南地区发展基础好，改革开放之后抓住发展乡镇企业、外向经济以及转向创新型经济等重大机遇，实现了区域发展的多次跃升，成为我国区域先富的典型样本。共同富裕是现代化的重要内容，反过来，区域现代化水平也影响区域共富的发展程度。从现代化标准衡量，苏南地区作为我国唯一以现代化命名的国家级示范区，在区域现代化实践中已取得阶段性成效。相关研究表明，苏南大多数指标已达标或接近达标。《苏南现代化建设示范区规划》提出的"基本实现区域现代化"的44个三级指标中，2017年已经有31个指标达到目标值，包括每万人发明专利拥有量、自主品牌企业增加值占地区生产总值比重、耕种收综合机械化水平、城镇化率、村庄环境整治达标率、人均预期寿命、互联网普及率、每千人拥有执业医师数、基尼系数、每万人社会组织数、人均拥有公共文化体育设施面积、党风廉政建设满意度、公共交通服务、居民住房水平、基本社会保障、绿化水平、主要污染物排放量（其中包括17个三级指标）；5个指标将如期达标或基本达标，包括科技进步贡献率、研发经费支出占地区生产总值比重、高新技术产业产值占规模以上产值比重、文化产业增加值占地区生产总值比重、主要劳动年龄人口平均受教育年限。以上两类指标超过指标总数的80%。此外，少数指标相对滞后。人均GDP目标值是18万元，2017年苏南区域总体达标程度为80%左右；服务业增加值占生产总值比重的目标值为60%，2017年苏南区域总体达标程度为86%左右，其中南京已达到59.7%，但其他市只达到52%；城市空气质量达到优于二级标准的条数比例目标值为90%，单位地区生产总值能耗目标值是小于0.45吨标准煤/万元，这些指标达标程度为80%左右。分领域看，苏南现代化实现程度由高到低排序为：社会现代化、政治文明、经济现代化、生态文明、城乡现代化。[1] 党的十九大从经济实力、科技实力、人民权利、社会文明、人民生活、现代社会治理、生态环境等角度，对到2035年我国基本实现社会主义现代化的目标进行了阐述。对照这些目标要求，苏南现代化建设目标需要进一步优化拓展。在新的目标指引下，苏南现代化建设必将不断呈现新内涵、新气象。

第二节 区域协调发展带动共富

一、区域协作做强共富基底

共同富裕表现为不同群体之间生活富裕水平的"收

---

[1] 宋林飞：《苏南现代化建设阶段性特征与高质量发展》，《学海》，2018年第4期。

敛",也表现为区域发展水平的高水平均衡。在一个大国经济体中,各区域间发展水平千差万别,从传统社会的共同贫困转向高水平均衡发展,需要一个十分漫长的过程。从历史的长时段审视,在早期发展的特定历史阶段,为打破低水平均衡陷阱,让一部分有条件的地区先富裕起来是各地区实现共同富裕的睿智选择,具有历史合理性。但各区域实现共同富裕并不需要等到一部分地区率先富裕之后才能展开;事实上,正如"罗马不是一天建成的",区域间实现共同富裕也需要建立在持续的区域协作基础之上,有了长期积累的滴水穿石,才有区域共富的水到渠成。

1. 区域协作的深厚基础

江苏天然形成的南北差异、江河联通的地理格局,从资源禀赋互补的角度为区域协作提供了内生需求;在漫长历史过程中形成的共同文化、共同市场以及共同行政区划,为江苏各区域板块内部的密切协同以及不同区域板块之间的相互协作,奠定了更加深厚的历史基础。人口流动是区域联动的特殊表现形式。在江苏历史发展进程中,南北人口流动古已有之。明代洪武年间,明太祖朱元璋将苏南地区大量人口迁移至当时人烟稀少的苏北沿海地区,苏州阊门被认为是当年数十万移民出发之地,史称"洪武赶散"。民国时期,张謇发起"废灶兴垦",30多万启海人北迁至盐城,垦荒植棉。近代,由于苏南地区相对发达,大量苏北移民到苏南、上海等地谋生，形成了规模较大的人口流动现象。从产业层面看，苏北地区资源丰富，但产业层次较低，主要为苏南发达地区提供纺织、煤炭等原材料或初级产品，形成了较为紧密的区域分工。计划经济时期，江苏区域分工受到国家计划管理约束。改革开放以后，伴随计划经济体制的转轨，在一定时期内出现了南北分工减弱的趋势，但随着商品经济的发展，区域间的交流分工迅速恢复并发展，形成推进江苏内部区域协作的强大市场动力。

2. 区域协作的政策演进

在计划经济时期，江苏不同区域之间遵照计划指令开展生产、进行分工，在更大范围内，则受华东局督导，参与以上海为龙头的华东经济协作区的区域分工体系。改革开放以后，江苏积极加强政策引导，构建区域协作的新型动力。1984年1月，江苏省政府召开全省计划经济工作会议，提出了"积极提高苏南，加快发展苏北"的战略方针。1989年12月，江苏省委第八次党代会进一步提出"积极提高苏南，加快发展苏北"是江苏要长期坚持的重大区域发展战略，必须有一个通盘的规划和具体的配套措施。要扬长避短，合理利用资源，将地区倾斜与产业倾斜结合起来，优化生产力的区域布局，继续重点扶持少数贫困地区加快发展经济。1994年12月，江苏省委第九次党代会提出"没有苏北的小康就没有全省的小康，没有苏北的现代化就没有全省的现代化"的思想，明确将"区域共同发展战略"列为三大战略之一，加大了对苏北地区的扶贫攻坚力度。2001年11月，江苏省委第十次党代会提出，要继续坚持"提升苏南发展水平、促进苏中快速崛起、发挥苏北后发优势"的方针，认真落实促进区域共同发展的政策措施。苏南要充分发挥先发效应和牵引作用，建成全省现代化的先导区、高新技术产业密集区、开放型经济高增长区和区域经济的强大辐射源；苏中要充分发挥承南启北的区位优势，尽快成为江苏经济增长的新动力、开发开放的新亮点，并积极创造条件，力争跟上苏南发展步伐，加速形成沿江经济板块；苏北要充分发挥比较优势，继续搞好基础设施建设，加快工业化进程，着力优化发展环境，深入实施"海上苏东"工程，加快徐连经济带建设，尽快成为资源加工基地、现代农业基地、海洋产业基地和陆桥枢纽中心、边界商贸中心，依靠科技进步，实现跨越式发展。2011年，江苏省委第十二次党代会提出，支持苏南转型升级，增强科技创新能力和国际竞争力，继续当好全省科学发展的排头兵。支持苏中加快崛起，更大力度推进江海联动开发和跨江合作开发，促进苏中尽快融入苏南经济板块。支持苏北全面振兴，继续推进财政、产业、科技、人才"四项转移"和南北共建开发园区，实行"一市一策"，支持宿迁发展实现更大突破、徐州老工业基地振兴和淮安苏北重要中心城市建设。2013年11月，江苏省委第十三次党代会提出，苏南地区要着眼形成更多引领型发展，在新技术、新产业、新业态、新机制上率先突破，为全省转型发展提供示范。苏中地区要重融合、创特色，深入推进陆海统筹、跨江融合、江海联动发展，加快融入苏南、融入长三角核心区。苏北地区要深度挖掘和利用各自资源禀赋，摆脱传统路径依赖，积极探索生态优先、绿色发展的新路子。在统筹推进沿沪宁线、沿江、沿海、沿东陇海线发展的同时，加快推进淮海经济区、淮河生态经济带规划建设，对沿宁杭线地区的发展做出谋划和推进。

江苏积极推进区域协作，推动形成区域协调发展的格局。1985年7月至9月，江苏省根据省内不同区域之间的联系程度，先后成立苏、锡、常、宁、镇、扬、通、盐、泰（州）和徐、淮、连4个省内的经济技术协作区，加强省内邻近区域协作。1986年，《江苏省人民政府贯彻国务院〈关于进一步推动横向经济联合若干问题的规定〉的实施办法》颁布，打破条块分割的掣肘，推动多形式、多层次的横向经济联合。与此同时，江苏先后参与建立淮海经济区、南京经济区等跨省经济协作，并积极加强与上海合作，主动参与长三角一体化进程。上海科技、人才等支持促进了苏南乡镇企业的崛起，浦东开发开放带动了苏南外向型经济的腾飞。进入新时代，江苏更加主动谋划省内区域协作，提出"1+3"功能区的战略构想，并在更高站位融入长三角高质量一体化、长江经济带等区域战略，区域内外协作水平持续提升，有力推动了江苏经济社会的全面发展。从区域共富的视角看，省内区域协作以及跨省区域协作的密集开展，有力促进了区域分工的深化与广化，一方面填补本地发展所需的要素短板，另一方面则释放本地具有比较优势的要素价值，在助推本地发展的同时也为合作区域的发展贡献了自身价值，实现了多方共赢。这一过程本身就是区域间走向共同富裕的过程。

专栏1　苏宿工业园区：江苏区域协调的典型样本

江苏省委、省政府2001年作出"南北挂钩"战略决策，确定苏州与宿迁挂钩合作。2006年，省委、省政府提出将共建园区作为推动区域协调发展的抓手，筹建苏州宿迁工业园提上日程。省里要求将苏宿工业园建成产业转移的集聚区、现代化新城的示范区、外向引导的先导区、机制创新的示范区。到2018年底，苏宿工业园入驻企业达210家，总投资达389亿元，园区亩均投资强度560万元、亩均纳税56万元，均居45个南北共建园区之首。苏宿工业园区这个样板也很快推向全省。可以说，苏南苏北共建开发区，顺市场规律而为，突破了行政壁垒，创立了区域合作的新机制、新模式，引导苏南的资金、技术、人才向苏北流动，形成了很强的扩散效应。苏北的开发区接受苏南开发区的辐射带动，不仅引进了投资项目，而且移植苏南开发区的成功经验，提高了开发区建设管理水平，产生"1+1>2"的效果。

——孙巡、徐明泽、季铖：《苏宿工业园区十二年建成微缩版"洋苏州"——解读区域协调发展的江苏样本》，《新华日报》，2018年12月27日

二、南北共建成效显著

1. 由来已久的南北差距

江苏区域发展差异由来已久。苏北地区历史上开发较早，在隋唐以前的整体发展水平高于苏南。1194年黄河夺淮入海之后，苏北地区的自然环境显著恶化，难以形成稳定的财富积累，区域发展陷入衰退，大量人口难以维持温饱，被迫迁徙。

苏南地区则承接了北方人口的大量转移，逐步成为中国当时历史条件下的富庶之地。经济的发展带动了市场的繁荣和文化的繁盛，富庶江南成为中国漫长封建社会最具标识性的地域符号之一。其间形成的实业、商贸、市镇、人文等诸多元素经过岁月淘沥之后，依然成为当代苏南地区创造新时代繁荣的宝贵资源。解放初期，苏北大力加强水利基础设施建设，并在水利综合治理的基础上，大面积进行耕作制度和粮食作物布局的调整，旱改水、沤改旱，使粮食总产大幅提高，一跃成为江苏新的商品粮基地。但受到发展基础等影响，江苏南北差距依然存在。《江苏志·综合经济志》记载，按可比价格

（1980年不变价格）计算，1949年苏北工农业总产值中，农业占88%，工业占12%；而苏南工农业总产值中，农业占69.6%，工业占30.4%，工业在苏南地区经济中的占比更高，体量更大。尤其重要的是，苏南地区近代以来形成的工商业传统在计划经济体制下仍然顽强存在，显示出惊人的生命力。

2. *南北差距的持续扩大*

新中国成立以后，我国工业化步伐加快，工业基础较好的苏南地区依托先发效应，工业发展态势好于苏北地区。1949年到1978年，苏北地区工业产值占地区工农业总产值的比重从12%提高到57.87%，苏南地区则从30.4%提高到82.63%，苏南地区工业化水平明显高于苏北地区。1978年，苏北地区以占全省69%的人口，生产占全省51.1%的国内生产总值；苏南地区以占全省31%的人口，生产占全省48.9%的国内生产总值。人均国内生产总值，苏南为668.7元，超过苏北（314.43元）一倍多。改革开放以来，我国采取了基于比较优势的市场化改革，有条件的地区率先发展，为全国发展探索新路。在这一过程中，苏南地区强化比较优势，大力发展市场导向的乡镇企业和外向型经济，经济实现迅猛发展。苏北地区受到历史基础、区位因素特别是交通短板的影响，发展相对滞后，与苏南地区拉开了新的差距。1992年，江苏全省工业总产值达4673.57亿元，按可比价格计算，比1978年的337.65亿元增长9.73倍，其中：苏南地区

3219.55亿元,占全省的比重从1978年的61.8%提高到68.9%;苏北地区1454.07亿元,占全省的比重从1949年的37.6%、1978年的38.2%降低到31.1%。1992年江苏国内生产总值达1971.60亿元,比1978年增加3.37倍,其中:苏南地区占全省的比重从1978年48.9%提高到56.8%;苏北地区占全省的比重从1978年的51.1%降低为43.2%。苏南人均国内生产总值达5461.2元,苏北人均国内生产总值为1858.03元,为苏南的34.02%。

江苏区域发展进程比较

年份	国内生产总值		工业总产值		农业总产值		粮食产量	
	苏南	苏北	苏南	苏北	苏南	苏北	苏南	苏北
1949年			62.4	37.6	34.2	65.8	37.1	62.9
1978年	48.9	51.1	61.8	38.2	32.0	68.0	36.2	63.8
1992年	56.8	43.2	68.9	31.3	30.7	69.3	26.5	73.5

资料来源:"苏南(江南)地区与苏北(江北)地区",载《江苏地方志·综合经济志》

3. 南北差距在波动中收敛

为改变苏北地区相对落后的局面,江苏省委省政府先后出台了一系列支持举措,为苏北地区发展注入强劲的政策动能。1984年,江苏省委、省政府提出"积极提高苏南、加快发展苏北"的方针,对苏北地区从政策、资金、物资、技术、人才等方面给予适当支持,对苏北13个财政补贴县给予扶持,推动了苏北地区特别是贫困地区的经济发展。江苏还把促进区域共同发展作为全省经济发展的主战略之一。实施这一战略以来,在全省人民的共同努力下,区域共同发展取得重要进展,苏南发展水平加快提升,苏中快速崛起端倪渐显,苏北后发优势逐步发挥。但区域共同发展的内在推动机制和良性互动机制还未形成,区域经济发展仍面临较多的问题。

一是经济总量和人均水平在扩大。20世纪90年代前五年,苏南、苏中、苏北经济发展水平的级差迅速增大,后五年有所趋缓,但进入"十五"以后,差距又趋扩大。2000年苏南GDP、人均GDP分别是苏中的2.98倍和2.40倍、苏北的2.44倍和3.55倍,到2002年上升为苏中的3.22倍和2.55倍、苏北的2.58倍和3.74倍。2002年苏南人均GDP为28594元,比全省平均水平高出98.7%;苏中、苏北人均GDP分别为11232元和7643元,较全省平均水平分别低了22.0%和46.9%,苏北比全国平均水平还低354元。二是产业结构与工业化进程的差距更加明显。2002年苏南、苏中和苏北工业增加值比重分别为48.5%、42.6%和35.8%,农业比重分别为4.7%、14.5%和24.0%,非农劳动者比重为77.8%、59.7%和47.6%。苏南高新技术产业已具相当规模,苏中和苏北传统产业的比重还比较大。根据经济发展理论和国际经验判断,苏南已经进入较发达经济阶段,接近工业化高级阶段的初期;苏中处在从工业化初期向工业化中期的迈进阶段,尚未实现从轻工业向重化工业的转换;苏北则处于从初级产品生产向工业化初期的过渡阶段。三是在经济增长动力上存在较大差异。苏南经济的内生动力和外部推力较强，投资、消费和净出口三大需求对经济增长的支撑强度均高于苏中和苏北。特别是在外需方面，2002年苏南外贸依存度达82.1%，比2000年上升23个百分点；苏中、苏北为25.4%和7.1%，仅分别上升1.2和0.9个百分点。2002年苏南外商直接投资为91.2亿美元，分别相当于苏中、苏北的13.5倍和15.8倍；占全社会固定资产投资的比重为31.6%，分别比苏中、苏北高23.2个和26.8个百分点。四是生财聚财的能力和"富民"程度悬殊较大。2002年苏南财政总收入达916.3亿元，分别相当于苏中和苏北的4.67倍和4.75倍。苏南财政收入占GDP的比重达14.6%，比苏中、苏北分别高4.5个和6.7个百分点。城镇居民可支配收入和农民纯收入，2002年苏中比苏南分别低1443元和1305元，苏北则比苏南分别低2167元和1825元。淮北地区部分农户的生活还较为贫困。①

二、各展其长各美其美

江苏地处我国东部沿海，属于国防第一线，在"五五"计划实施之前，中央很少在江苏安排重大建设项目。在国家实施重化工业赶超战略的进程中，实施"156"工

---

① 江苏省统计局：《加速推进江苏省区域经济共同发展的几点思考》，中国统计信息网，2003年11月27日。

程等重大工程的地区获得更多的国家资源和机会,相对而言,江苏发展更多依靠自然的持续性积累。正是由于较少获得国家重大项目的落地,江苏广大干群在建设实践中不等不靠、发扬主观能动性,走出了一条自力更生、因地制宜的发展道路,涌现出为数众多的发展样式、发展路径。苏南在迈向小康和现代化探索中走在前列,率先开始乡镇企业和开放型经济的探索。苏北等地并没有简单照搬苏南走过的路径。改革开放初期,苏北发展乡镇企业的条件远不及苏南,苏北地区从小项目抓起,采取滚雪球的办法进行资本积累,积极探索乡镇企业的苏北路径。宿迁耿车乡借鉴苏南和温州等地经验,创造了以户办、联户办企业为主体,以乡、村企业为骨干,"四个轮子"一齐转的"耿车模式":在经济欠发达地区,以户办和联户办企业为重点,带动乡办、村办企业发展,叫做"后轮驱动前轮";在经济比较发达地区,利用乡办、村办企业已有优势,扶持户办、联户办企业的发展,叫做"前轮带动后轮"。江苏不同地区因地制宜发展乡镇企业,带动了乡镇企业的全面发展,成为江苏共富实践的鲜明时代主线。进入新世纪以来,江苏各地特别是苏北地区积极探索非公致富道路,逐步趟出了一条有别于苏南传统的工业化道路。总之,在追求共同富裕的道路上,江苏各地积极探索,各展其长,各美其美,形成了江苏各地推动本地发展的有效路径,也是江苏推进区域共富的个性化路径。

三、深度协同积蓄共富势能

1. 构建集约高效国土空间开发新格局

牢固树立空间结构也是生产力的理念，坚定不移实施主体功能区制度，优化空间组织、明确开发方向、加强用途管控，构建大区域均衡、小区域集聚的科学开发新格局。发挥主体功能区作为国土空间开发保护基础制度的作用，沿江等优化开发区域率先转变经济发展方式和空间开发方式，重点提高节约集约用地水平，实现建设用地增量逐年下降。沿海、沿东陇海线等重点开发区域加快人口和产业集聚，成为新型城镇化和工业化的新兴区域。限制开发区域与资源要素禀赋匹配发展，农产品主产区突出现代农业产业体系建设，打造农产品生产核心区；重点生态功能区适时拓展覆盖范围，加快生态保护与修复，增强生态公共服务产品供给。编制实施海洋主体功能区规划，全面划定自然岸线格局，促进陆海协调、人海和谐发展。

2. 提升新型城镇化和城乡发展一体化水平

以城市群为主体形态，加快完善新型城镇化空间布局，推动形成支撑全省经济社会发展、带动区域协同并进、参与区域竞争合作的重要载体。强化省会城市南京的区域性经济文化、科技创新、金融商务中心地位和省辖市区域中心城市的高端要素集聚能力，提升现代化和国际化水平。调整城市空间结构，适当疏散中心城区非核心功能,合理调控人口规模。注重加强城市治理,优化公共资源配置,塑造特色核心文化,增进居民认同感和归属感。推进与周边城镇基础设施连接和公共服务共享,提升辐射带动区域发展的能力。增强中小城市节点支撑功能。主动融入中心城市产业链布局,培育壮大符合资源禀赋和比较优势的特色产业,大力发展县域经济,创造更多的就业岗位和创业机会。加快推进国家中小城市综合改革试点,推动一批基础条件优、承载能力强、发展潜力大的县(市)发展成为区域次中心城市。分类建设发展小城镇。突出小城镇连接城市和农村的纽带作用,鼓励大中城市周边具备条件的小城镇发展成为新市镇或卫星城,有效疏解中心城市中心城区功能,分担人口和公共服务压力。发展一批产业主导型、生态养生型、文化旅游型、商贸物流型等特色小镇,服务农村发展。增强重点中心镇产业发展能力和交通节点功能,吸引更多农业转移人口。支持符合条件的经济发达镇发展成为小城市。

3. 在更高层次上推进区域协调发展

充分发挥"一带一路"建设、长江经济带发展和长三角区域一体化发展三大国家战略的叠加优势,紧紧抓住重大发展机遇,在落实国家战略中提升江苏竞争力,推动高质量发展走在前列。积极融入长三角区域一体化发展。主动与国家层面对接,加强谋划,做好规划。认真落实《淮河生态经济带发展规划》,加快推动宁杭生态经济带发展，积极做好推进一体化的各项工作，努力在区域一体化发展中实现更高质量发展。扎实推进新型城镇化。按照"1+3"重点功能区规划，大力推进扬子江城市群建设，优化完善城镇体系建设，推动小城镇多元特色发展，积极构建大中小城市和小城镇协调发展的格局。提升南京省会城市功能和中心城市首位度，加快建设徐州淮海经济区中心城市，支持南通通州湾长江经济带战略支点建设。加快推进宁镇扬、苏锡常一体化发展，扎实推进苏南苏北共建园区建设。进一步提高城市规划建设管理水平，加快生态园林城市建设，加快老旧小区改造，推进地下综合管廊、海绵城市建设，扎实开展城市"双修"，加大城市地下空间规划和开发利用，以"绣花"功夫精细化管理，不断提升城市功能和品质，努力创造更加宜居的环境。加快构建现代综合交通运输体系。大力发展枢纽经济，以交通基础设施的互联互通促进区域更高质量一体化发展。

第三节 区域新格局涵养共富

一、提升南京首位度引领省域共富

提高南京首位度既是中央的要求，也是江苏经济社会发展到一定阶段的客观要求；不仅有利于提高南京综合发展水平，也有利于增强南京对全省发展的辐射力、带动力。在江苏共富实践中，提升南京首位度对于提升全省共富整体发展水平具有不可替代的战略作用。

江苏省委对提升南京首位度做出系统部署，要求南京要从历史、现实和未来相交汇的高度确定发展定位，紧紧抓住"一带一路"建设、长江经济带发展、长三角一体化发展国家战略的机遇，从经济实力、基础设施、科技创新、公共服务等各方面提升城市能级，加快建成现代化综合交通枢纽，抓好创新名城和文化名城建设，以舍我其谁的使命感创造无愧于时代的成就。要加强对南京建设发展的支持，在创新发展、产业提升、交通建设等方面拿出含金量更高的政策举措。省级机关各部门在谋划工作时，要主动把南京放在重要位置，强化省会意识和服务观念，把支持南京落到实际行动上。南京市要做好"主场"文章，在集聚资源、提升能级上积极作为，并充分发挥牵头作用，注重加强与比邻城市联动发展，切实扛起"省会责任"，体现"省会担当"。一是把南京综合交通枢纽建设放到全省现代交通运输体系建设中来谋划，大力推动南京建设国家综合交通枢纽示范城市。二是集聚全省资源，支持南京创新发展、加快产业转型升级。三是省委专题研究南京发展的重大问题。

2019年4月，南京市制定出台了《南京市加快提升省会城市功能和中心城市首位度实施方案》，总体目标是：到2021年，南京市高质量发展核心指标走在全省首位、全国前列，在江苏的影响度、南京都市圈的辐射度、长三角的中心度显著提升。方案明确了重点任务是实施"六大工程"。一是城市科创能力提升工程，营造更富活力和竞争力的创新生态系统，打造综合性科创中心、建设科技产业创新中心；二是产业支撑能力提升工程，着力建设先进制造业、现代服务业、新经济"三大示范基地"，加快构建现代产业体系；三是资源组织能力提升工程，重点是建构"一枢纽三中心"，即国家综合交通枢纽、国家高层次人才集聚中心、国家东部数据中心和泛长三角区域金融中心，推动人流、信息流、资金流进一步汇聚南京；四是融通辐射能力提升工程，加强与周边区域的优势互补和协同发展，发挥中心城市的集聚辐射作用；五是示范引领能力提升工程，重点是在国家级新区建设、打好三大攻坚战、深化改革上发力，发挥好示范引领作用；六是服务保障能力提升工程，全面提升服务市民群众、服务市场主体、服务党政军学和保障社会稳定的能力水平。

在各级合力推动下，南京首位度和城市综合功能显著提升，特别是创新名城建设快速推进，为打造引领型共富打下重要基础。2018年，南京全年净增高新技术企业1282家，增长近70%，增量和增幅均位居全省第一；高新技术产业产值增长17%，首次突破万亿元大关；新增就业参保大学生34万人，增长60%；发明专利授权量位居全省第一。南京着力打造集聚创新资源"强磁场"经验获国务院通报表扬。交通枢纽地位加快提升。南京铁路枢纽总图规划正式获批，以南京为中心、辐射全国全省的"米"字形高铁网络进入建设实施阶段。禄口机场加快建设全国服务最佳机场，高铁、机场换乘服务体系建成投运。重大交通基础设施建设大力度展开，7条轨道交通线路、6条过江通道同步建设，2018年全市地铁通车里程达到378公里，位居全国第四位。民生事业高标准推进。公共财政支出75%用于民生保障，社区养老、加装电梯等工作走在全国全省前列。2018年，南京在全国最有安全感十大城市中位列第四，连续10年被评为中国最具幸福感城市。

二、"1+3"功能区塑造共富新格局

2016年底，江苏省第十三次党代会提出，江苏要在更高层次上统筹区域发展，重构区域格局。2017年5月，江苏省委正式提出"1+3"功能区的战略构想，其要义是跳出地理上的划分，对全省发展格局进行重构，搭建新的战略载体，实施重点功能区战略，把全省分为几个大的功能区，即"1+3"的功能区。这就是要在全球性经济发展步入要素分工的新阶段，主动打破苏南、苏中、苏北三大板块的自然地理分界和固有行政壁垒，从更加开阔的视角、尊重市场机制的思维和落实生态环境保护的要求来谋划江苏区域长远的发展，打造新的区域功能格局，从而以新的发展布局带动全省发展优势的重塑，促进各地立足不同的基础条件和资源禀赋，转变发展思

路，探索发展新路，实现行政区经济向功能区经济转变、区域同质竞争向协同发展转变，加快高端要素聚集，深度参与全球性价值链分工。

1. 扬子江城市群引领江苏共富

"1+3"功能区中的"1"，就是在江苏沿江两岸打造扬子江城市群，涵盖江苏南京、镇江、常州、无锡、苏州、扬州、泰州、南通沿江八市，作为全省二、三产业尤其是工业经济的主战场，作为全省经济发展的主动力。2017年6月，江苏省委、省政府在宁召开座谈会，深入研究扬子江城市群建设问题。江苏省委主要领导指出，扬子江城市群应具有什么样的战略定位、担负什么样的使命任务，要放在更广的视角下来考量：在省内，应是全省经济的"发动机"和增长极，将苏南与苏中进一步融合起来，通过转型升级，加快集聚高端要素，高端嵌入全球价值链，形成高端发展的新经济板块，支撑全省、带动其他区域发展；在国内，应是长三角城市群北翼核心区和长江经济带绿色发展示范区，从产业发展、创新驱动、城市建设等各方面注重内涵发展，提升整体竞争力，强化与外部区域的整体交流，共同建设长三角世界级城市群，同时在绿色发展、转型发展、集约发展上下更大功夫，建成长江经济带示范性的绿色城市群；在国际上，应是竞争力强、影响力大的重要开放门户和标志性区域，优化法治化、国际化、便利化营商环境，推动生产要素有序流动、资源高效配置、市场深度融合，在更高层次上参与国际竞争和合作。

在共富维度上,扬子江城市群形成合力、抱团发展,牢固树立新发展理念,打造江苏新时代共享发展的示范区;力争在推进区域协调创新、提升产业整体竞争力上求得突破,提升区域共富的创新力和产业支撑力;力争在推动基础设施互联互通、建设绿色城市群、加快国际化进程、提高城市群能级等方面求得突破,构筑区域共富的高质量基础。

2. 沿海经济区推进特色共富

2009年6月10日,国务院第68次常务会议审议并原则通过《江苏沿海地区发展规划》,标志着江苏沿海地区发展正式上升为国家战略并付诸实施。江苏沿海地区着力推进综合交通枢纽、新型工业基地、土地后备资源开发区、生态环境优美的宜居区建设,沿海地区发展进入快车道,成为全省增长速度最快、发展活力最强、开发潜力最大的区域之一。近年来,江苏沿海三市发展态势较好,区域共富呈现快速发展之势。

南通市紧盯重点产业,着力培育先进制造业集群,不断提升产业发展能级;优化城市空间和城市功能,进一步加大教育、医疗、科研、文化等优质资源供应,不断提升城市服务能级;加快推进北沿江高铁、南通新机场、通州湾海港等重大工程,努力构建空铁枢纽、江海联运枢纽、互联网枢纽,不断提升交通枢纽能级;突出共建共享,深入推进富民增收,制定"富民50条"政策，2018年全市人均GDP达到115320元，首次超出全省平均水平（115168元）。

盐城市以"一带一路"交汇点建设为最大机遇，在更高层次统筹谋划沿海开放，激活沿海动能；全力突破重大产业，围绕全产业链合作，实施产业、企业、项目、技术、团队"五位一体"重点培育，推动沿海产业进一步向先进制造业、战略性新兴产业和现代服务业等领域拓展，打造转型发展新高地；加快推动机制创新，发挥中韩产业园区在投资、贸易等领域机制创新"压力测试"平台作用，加快投资贸易便利化改革，打造公平公正、透明可预期的国际一流营商环境；主动提升合作能级，以产业合作为纽带，与"一带一路"沿线国家和地区密切人文交流、畅通经贸廊道，以产城融合核心区和临港产业配套区"点"的突破，带动沿海经济带"线"的隆起，实现全市开放合作"面"的形成，提升盐城在国家开放战略中的参与度和影响力。

连云港市深入实施"以港兴市、产业强市、创新驱动、绿色发展、协调共进"五大战略，以"高质发展、后发先至"为主题主线，强调既要经济增长，更要社会进步；既要物质富裕，更要精神富有；始终把握协调发展主方向，进一步强化系统思维，在守住稳定、安全、生态、廉政底线的前提下，统筹抓好深化改革、城乡建设、改善民生、文化建设等各方面工作，真正做到经济快速发展、社会全面进步、百姓安居乐业、各项工作齐头并进。

3. 淮海经济区打造区域共富高地

2017年6月23日,国务院批复《徐州城市总体规划(2007—2020)》(2017年修订),明确徐州是国家历史文化名城、全国重要的综合性交通枢纽、淮海经济区中心城市。为推进落实全省"1+3"重点区域功能区战略布局,江苏出台《省委省政府关于支持徐州建设淮海经济区中心城市的意见》。2018年1月,江苏省发改委正式公布《支持徐州建设淮海经济区中心城市意见重点任务分解方案》,提出争取国家层面支持徐州建设淮海经济区中心城市等70项重点任务分解方案。其中,明确提出聚焦富民增收、增强公共服务供给,对布局完善公共服务设施、优化教育资源配置、巩固提升区域医疗服务供给能力、完善社会保障、住房保障和养老服务体系、精准扶贫、精准脱贫等提出具体要求。

徐州市委、市政府提出坚定不移坚持加快淮海经济区中心城市建设,提升中心城市首位度,全面优化城市功能品质,大力推动区域协同发展,持续增强城市发展能力;突出富民优先,着力提高百姓富裕程度。以实施八项富民工程为龙头,加快建设"富足徐州""宜业徐州""温暖徐州""颐养徐州",让人民生活得更加富裕、更有保障、更有尊严;突出民生共享,着力提升公共服务水平。坚持以标准化推动公共服务均等化,加快建设"优教徐州""文化徐州""健康徐州""活力徐州",让人民群众真切感受到发展有温度、幸福有质感、共享有保障；突出功能完善，着力营造一流人居环境。加快建设"宜居徐州""畅行徐州""绿色徐州""平安徐州"，尽快创成"中国人居环境奖"，在此基础上争创"联合国人居环境奖"，让全市人民生活得更加安心、顺心、舒心。

2010年，第一届淮海经济区核心区城市市长会议共同签署《关于加快淮海经济区核心区一体化建设的意见》，标志着以徐州都市圈为主体的淮海经济区核心区一体化建设正式启动。2014年，第五届淮海经济区核心区城市市长会议提出以徐州为中心构建淮海城市群并争取上升为国家战略的重大决议。2018年12月，淮海经济区内苏鲁豫皖接壤地区10个地级市联合发表《淮海经济区协同发展宣言》，共同倡议构建区域协同发展新机制，加快城市交通互联互通，深化城市产业协作协同，推动生态环境联防联控，促进社会事业共建共享；通过完善基本公共服务均等化促进机制，强化教育交流合作，提升医疗卫生服务能力和水平，推动文旅融合发展，创新社会治理，积极营造稳定的社会环境、公正的法治环境和优质的服务环境，更好满足区域人民日益增长的美好生活需要。

4. 江淮生态经济区探索生态共富

以淮安、宿迁两个设区市全域和里下河地区的高邮、宝应、兴化、建湖、阜宁5个县（市）为重点，建设江淮生态经济区。这是我省实施"1+3"重点功能区战略，在更高层次上统筹区域协调发展的战略举措。2018年9月18日至23日,《新华日报》在头版发表6篇评论员文章,集中阐述江淮生态经济区的重大意义和建设路径。评论提出,建设江淮生态经济区,不等于不发展,更不等于不要工业,而要看发展什么样的工业。同时,也不能把省里对生态经济区的功能定位与原先的发展定位简单对立起来,而是要作为一个有机整体来考虑并加以推进,在原先的规划基础上优化发展路径、升级发展模式。在这一区域发展工业,必须瞄准"生态+工业",抓住当前颠覆式创新层出不穷的机遇,多做"无中生有"的文章,促进工业从"量"的积累走向"质"的突破。建设江淮生态经济区,要充分利用生态优势"提着篮子选好菜",在有风景的江淮地区发展出一大片生命力强的新经济。

建设江淮生态经济区,着眼点和落脚点都是"人"。江苏的目标,是把这方水土建成生活美好、令人向往的地方,实现人与自然和谐共生,形成"生态越美丽—发展越兴旺—百姓越幸福"的良性循环。生态经济区不仅要生态美,也要生活美。建设生态经济区,必须要让老百姓受益,不能让他们守着生态守穷。要根据各地不同的资源禀赋和发展基础,深入挖掘富民潜力,打通增收渠道,让老百姓的钱袋子更快地鼓起来。相对于就业,创业有着更大的富民空间,要坚持带动就业和扶持创业两条腿走路,为农民自主创业、返乡创业创造更好环境,实现从"打工潮"向"创业潮"转变。与此同时,努力形成各具特色的产业链,依托互联网、物联网等平台技术培育涵养新业态,实现产业链、价值链的有效延伸。

第五章
城乡一体化打造共富品牌

城乡发展一体化是中央解决"三农"问题、消除城乡差距、保持经济社会可持续发展的一项战略任务。作为经济发达的省份,江苏的城镇化、城乡发展一体化水平处在全国的前列。江苏通过新型城镇化、城乡发展一体化改革的实践和创新,积极探索了一条以共同富裕为基本的核心价值,具有时代特征、中国特色和江苏特点的城镇化、城乡发展一体化之路。特别是苏南的城乡发展一体化,始终坚持以人民为中心、以共同富裕为目标的发展思路,构建长效的富民机制,通过一系列改革举措,在实现"农民富"、引领走向"共同富"上探索了一条新路。

第一节 城乡一体化：城乡共富的理论与渊源

一、国外几种具有代表性的经典论述

1. 马克思主义的"城乡融合"理论

在马克思主义的一些经典著作中，如《1844年经济学哲学手稿》《德意志意识形态》《反杜林论》《哲学的贫困》《政治经济学批判》等，均有侧重点不同的关于城乡融合的论述。总体来看，马克思主义认为"城乡融合"是城乡关系发展和城乡形态的最高目标，是共产主义社会的基本特征之一。在马克思主义的论述中，我们可以发现，城乡关系一般是沿着城乡混沌—城乡对立—城乡关联—城乡统筹—城乡融合的历史发展脉络推进的。① 一般认为，马克思主义关于城乡融合的思想应该是源于空想社会主义者对未来社会的美好设想。但与之不同的是，马克思、恩格斯充分运用历史唯物主义的观点，将城与乡的关系推向了一个新的高度。马克思主义认为，城乡融合是城与乡矛盾运动的结果，是符合社会发展规律的。马克思从历史唯物主义的角度出发，还指出城乡对立并

---

① 费利群、腾翠华：《城乡产业一体化：马克思主义城乡融合思想的当代视界》，《理论学刊》，2010年第1期。

不是永恒的现象，城乡关系会随着生产力发展走向分离和对立，但最终结果仍然是会随着生产力的发展走向融合的。

在1847年的《哲学的贫困》中，马克思专门写道："城乡关系一改变，整个社会也跟着改变。"① 在原始社会，城乡一直是混沌一体的，到了奴隶社会出现了城市，逐渐有了人类交换商品和社会交往的中心。这样，城市与乡村在空间上开始逐步分离，但城市仍然需要依附于乡村，依附于乡村运行。这种政治与经济的依附应该一直持续到了封建社会晚期。到资本主义初期，随着生产力的巨大发展、大量的人口和财富的集中，城市发展有了质的飞跃，逐渐成为整个国家政治生活和经济生活的中心。应该说，人口和财富的集中一方面带动了城市的发展，另一方面也带来了农村的相对落后和封闭孤立。马克思生活的时代，城乡对立已经成为比较突出的社会矛盾。马克思洞察到了这一历史发展变化，并对其进行了深入分析。马克思主义将人类历史上城乡关系的发展分为了三大阶段，即城乡"混沌一体"阶段、城乡"分离对立"阶段，最终是走向"相互融合"阶段。

马克思、恩格斯认为，未来的社会决不会是一种固化城乡对立的二元结构，未来社会的状况应该是一种在生产力高度发达基础上的城乡平等与协调的状况，即城

---

① 《马克思恩格斯选集》（第一卷），人民出版社1995版，第157页。

乡融合的状态。有学者认为这种城乡融合就是"把城市和农村生活方式的优点结合起来，避免二者的片面性和缺点"。① 显然，马克思、恩格斯所认为的城乡融合，实际上是一种社会存在与发展的整体性、协调性特征，而这一特征是建立在城乡生活方式互补基础上的。所以，我们对城乡融合的基本含义的理解，更专业一点的话，可以说是整个社会系统（包括城市系统和农村系统）中结构与要素经过协调统一、优化组合后的一种存在状态与发展态势，是社会的整体协调发展。在这里，城乡融合与目前我们提出的城乡一体化具有非常接近的涵义。

2. 刘易斯"以城带乡"模式

以刘易斯为代表的二元经济理论提出了"以城带乡"发展模式。刘易斯在其1954年发表的《劳动力无限供给条件下的经济发展》一文中指出，二元结构是发展中国家在发展过程中最基本的经济特征，二元结构发展的核心问题是传统农业部门的剩余劳动力向现代工业部门的转移问题，经济发展的重心是传统农业向现代工业的结构转换。刘易斯的观点舍弃了新古典经济学中"劳动力不是无限供给"的假设，他把一个国家区分为两个部门——传统经济部门和现代经济部门。他认为，在传统经济部门中，相对自然资源来说，众多的人口使劳动力

---

① 吴冠岑、刘友兆：《我国城乡制度变革的制度变迁理论解析》，《农业经济》，2007年第5期。

的供给成为无限。也可以说，在传统经济部门中，劳动的边际生产力非常低下。正是因为这个部门的存在，现代经济部门在不断增长、扩大的过程中，可以用相对不变的薪资水平，比较自由地获得所需要的劳动力供给。因此，在这种增长模型中，对经济增长有所制约的唯一因素就是资本的积累。按照刘易斯和罗斯托的这种说法，经济发展的核心是什么？就是通过一定的手段和方法，在现代经济部门持续维持特定水平的储蓄率或投资率。也正因为这个情况，发展中国家的经济发展会在很长时间内呈现出一种二元的经济格局。在这种格局中，一方面是以维持基本生存的工资持续不断地提供劳动力的传统经济部门，另一方面是受到积累率制约但仍然不断扩张的现代经济部门。一般来说，这种状态一直会持续到现代经济部门的发展把传统经济部门的剩余劳动力吸收殆尽，从而实现二元经济增长向合成为一体化的和均衡的现代经济增长转变。因此，剩余劳动力被完全吸收的这个时点，一般被称为刘易斯转折点，应该说，经济增长本身才是这个转折点到来的根本原因。

刘易斯认为发展中国家存在"二元经济结构"，因此他极力主张以城市为中心，形成更大的区域统一体，以重建城乡之间的平衡。在这一过程中，可以通过资源要素在城乡之间的流动带动乡村地区的发展，从而使全体居民都享受城市生活带来的好处。但是，有学者认为，刘易斯"以城带乡"的城乡一体化发展模式也是存在问题的，其主要问题一是城市带动农村发展的渠道并不通畅，二是城市带动农村发展的意识并不强。由于我国城市与农村发展水平差距较大，不同城市间发展差距也很大，因此需要在辐射和带动农村发展方面优势互补，分工协作，尽量避免出现城乡发展相互脱节的局面。

3. 以麦基为代表的"城乡融合"发展模式

早期西方空想社会主义者对"城乡一体化"的构想，应该是以圣西门、傅立叶和欧文为代表，他们的观点具有城乡一体化理论的雏形。19世纪初，法国杰出思想家圣西门提出，社会是由从事农业劳动的人和受雇于工厂主和国家的人构成的，这些人是整个社会组织体系中的平等成员。傅立叶提出的名为"法朗吉"的理想社会单元更为具体，在这个理想社会中，重工业和农业不再是划分城市和乡村的标志，这里城乡差别逐渐消失，城市和乡村平等、协调发展。欧文提出，要解决生产私有化与消费社会性矛盾，解决的方式就是组织社会化程度较高的工农业结合的社会化大生产。在城乡关系上，欧文认为的理想社会"能够兼备城市住宅和乡村住宅现有的一切优点，同时又毫无这种社会所必然具有的无数不便与弊端"。总体来看，虽然这些超越了历史发展阶段的美好愿望受到当时经济社会发展条件的制约，在实践中最终都以失败告终，但他们的大胆设想与实践凸现了如何使城市与农村协调融合发展这一核心问题，并为后来的城乡发展理论提供了许多值得参考和借鉴的地方。

专栏1　城乡一体化研究相关理论

赫希曼的极化—涓滴效应学说。世界著名发展经济学家赫希曼提出，如果一个国家的经济增长率先在某个区域发生，那么它就会对其他区域产生作用。为了解释方便，他把经济相对发达区域称为"北方"，欠发达区域称为"南方"。北方的增长对南方将产生不利和有利的作用，分别称之为极化效应和涓滴效应。在区域经济发展初期，由于极化效应大于涓滴效应而使经济相对发达的"北方"占据优势。但从长远来看，最终涓滴效应会大于极化效应，即"北方"的发展将会带动"南方"的经济增长。

区域经济学的中心—外围理论。弗里德曼认为，经济发展是一个不连续但逐步累积的创新过程，而创新起源于区域内少数的变革中心（核心区），并由这些中心自上而下、由里向外地朝着创新潜能较低的地区（外围区）扩散，使创新在中心不断地出现，创新增强了中心的发展能力和活力，并通过主导效应、信息效应和生产效应等更加巩固了中心的有利地位，进而使外围的发展处于不利地位。

——李瑞光：《国外城乡一体化理论研究综述》，
《现代农业科技》，2011年第17期

二、国内的专题研究与习近平同志的论述

从中国城乡发展的实际来看,西方经典的发展经济学理论在中国并没有完全得到验证,即使农村剩余劳动力消失,中国城乡差距仍保持较高水平。但是刘易斯拐点已经有不同程度的体现。随着我国经济体制改革的深入以及十一届三中全会相关精神的落实,在城乡得到巨大改变的同时,从20世纪80年代中期开始,相关研究逐步从"农工一体化"拓展到城乡一体化,以城乡一体化为主题的研究越来越多。国内学者普遍认为,中国城乡一体化的发展,必须与中国发展的实际相结合,有中国特色的城乡一体化理论作为支撑。

1. 城乡一体化的概念研究

从政策的层面提出"城乡一体化"或"城乡发展一体化"是我国政府工作者在改革实践中根据中国特色而提出来的,旨在解决我国经济社会发展过程中长期存在的二元结构问题。为了适应中国城乡发展的实际和解决不断出现的新形势与新问题,不同学科的专家学者针对城乡一体化开展了研究。比如杨荣南等提出,城乡一体化是生产力发展到一定水平,城市与乡村相互促进、相互依赖,以达到共同繁荣、城乡融合的目的。[①] 薛德升等

---

① 杨荣南、张雪莲:《城乡一体化若干问题初探》,《热带地理》,1998年第1期。

指出，城乡一体化是要逐步打破城乡之间相互分割的壁垒，实现生产要素的合理流动和优化配置，城乡经济和社会生活是紧密联系与协调发展的，要逐步缩小直至消灭城乡差别，从而使城乡融为一体。[1] 随着学界对城乡一体化研究的深入，学者们对城乡一体化的理解也不断完善和趋于全面，在与城乡一体相关的内容和范围研究方面逐步细化。有学者指出，城乡一体化的目标是实现城乡融合，并不只是农村城市化、农民市民化、农村和城市一样化。陈伯庚和陈承明的研究指出，中国特色城乡一体化是把工业与农业、城市与农村、市民与农民作为一个整体来谋划，通过体制改革、机制创新以及相关政策调整等，实现城乡的逐步融合和一体化发展。[2]

综上所述，由于城乡一体化涉及社会、经济、空间布局、生态环境、文化生活等多方面的内容，不同的学者对城乡一体化的认知也存在差异，具体体现在各领域的学者分别从其专业视角对城乡一体化的概念、内涵等进行阐释，目前还未形成一个公认的概念，这也正体现了城乡一体化问题本身的复杂性。

---

[1] 薛德升等：《有关"乡村城市化"和"城乡一体化"等几个概念的辨析》，《城市问题》，1998 年第 1 期。
[2] 陈伯庚、陈承明：《新型城镇化与城乡一体化疑难问题探析》，《社会科学》，2013 年第 9 期。

2. 城乡一体化的发展模式研究

发展模式是进入 21 世纪以来城乡一体化研究的一个重要领域。随着各地方城乡一体化实践与探索领域的不断发展，近年来，我国学者对城乡一体化模式做了大量的实证研究，目前城乡一体化发展模式包括珠江三角洲"以城带乡"模式、北京"工农协作，城乡结合"模式、上海"城乡统筹规划"模式、以乡镇企业发展带动城乡一体化发展的"苏南模式"等。

珠江三角洲经过几十年的探索、实践、发展，已经成为一个现代文明城市集聚群，城乡一体化的效果显著，被认为是"以城带乡"的典型模式。珠江三角洲总结出的城乡一体化的标准，推动了城乡基础设施建设，促进了城乡基本公共服务均等化，促进了城乡规划和管理水平的提高，形成了"以城带乡、以工补农"的机制。北京"工农协作，城乡结合"模式，主要强调城市工业支援农村，以乡镇企业发展为主线，形成了城乡"产业统筹布局、合理分工、优势互补、联动发展"的局面。上海"城乡统筹规划"模式起因于中心城区向郊区扩散，是适应产业结构调整和空间布局调整的需要而形成的。1984 年上海提出城乡一体概念，1986 年开始实行城乡试点，最初上海的思路是阶段性的目标选择、综合性的动力选择、多样化的机制选择和差异化的模式选择，以保证上海城乡经济快速、持续、健康发展的战略目标的实现。在持续的推动下，上海已经初步建成由中心城—新城—县城—中心镇—集镇—中心村多个层次构成的城乡一体化体系。

学术界对苏州、无锡、常州地区自20世纪80年代以来经济和社会发展道路的概括和总结，就是以乡镇企业发展带动城乡一体化发展的"苏南模式"。苏州、无锡、常州是传统"苏南模式"的主要发源地，其模式反映了改革开放以来工业化、城市化进程中城乡关系的整合规律。党的十七大以后，在国家提出尽快形成城乡一体化发展新格局的背景下，苏南地区凭着前期累积，通过政府的强力推动，资源配置和利益分配逐渐向"三农"倾斜。其后，经过政策调整和乡镇企业改制，很多的农民深度参与了工业化和城市化，工业化的动力和投资主体变为多元化和混合型，民营经济快速发展，成为全国城乡一体化的排头兵和示范区。后来随着户籍制度改革，城乡居民之间身份的差别逐渐消除，二元社会结构正逐步消失。

三、新时代城乡一体化的探索

2013年7月22日，习近平总书记在湖北省鄂州市长港镇峒山村考察农村工作并同部分村民座谈时说："农村绝不能成为荒芜的农村、留守的农村、记忆中的故园。城镇化要发展，农业现代化和新农村建设也要发展，同步发展才能相得益彰，要推进城乡一体化发展。……我们既要有工业化、信息化、城镇化，也要有农业现代化和新农村建设，两个方面要同步发展。要破除城乡二元结构，推进城乡发展一体化，把广大农村建设成农民幸福生活的美好家园。"习近平总书记的讲话指出了我国广大农村建设的方向。促进工业化、城镇化与发展现代农业、实现乡村振兴是统筹城乡发展、构建新型城乡关系、实现城乡经济社会发展一体化的两个相互关联、相互促进的有机组成部分。

2013年11月召开的十八届三中全会审议通过了《中共中央关于全面深化改革若干重大问题的决定》，习近平总书记就《决定》向全会作出说明时专门论述了城乡发展问题。他指出，城乡发展不平衡不协调，是我国经济社会发展存在的突出矛盾，是全面建成小康社会、加快推进社会主义现代化必须解决的重大问题。改革开放以来，我国农村面貌发生了翻天覆地的变化。但是，城乡二元结构没有根本改变，城乡发展差距不断拉大趋势没有根本扭转。根本解决这些问题，必须推进城乡发展一体化。《决定》提出，必须健全体制机制，形成以工促农、以城带乡、工农互惠、城乡一体的新型工农城乡关系，让广大农民平等参与现代化进程、共同分享现代化成果。《决定》提出了健全城乡发展一体化体制机制的改革举措。在同年12月召开的中央城镇化工作会议上，习近平总书记指出："城镇化与工业化一道，是现代化的两大引擎。走中国特色、科学发展的新型城镇化道路，核心是以人为本，关键是提升质量，与工业化、信息化、农业现代化同步推进。……要以人为本，推进以人为核心的城镇化，提高城镇人口素质和居民生活质量，把促进有能力在城镇稳定就业和生活的常住人口有序实现市民化作为首要任务。"习近平总书记的讲话为新型城镇化发展道路指明了方向。

2015年4月30日，中共中央政治局就健全城乡发展一体化体制机制进行第二十二次集体学习。习近平总书记强调，加快推进城乡发展一体化，是党的十八大提出的战略任务，也是落实"四个全面"战略布局的必然要求。全面建成小康社会，最艰巨最繁重的任务在农村特别是农村贫困地区。我们一定要抓紧工作、加大投入，努力在统筹城乡关系上取得重大突破，特别是要在破解城乡二元结构、推进城乡要素平等交换和公共资源均衡配置上取得重大突破，给农村发展注入新的动力，让广大农民平等参与改革发展进程、共同享受改革发展成果。推进城乡发展一体化，是工业化、城镇化、农业现代化发展到一定阶段的必然要求，是国家现代化的重要标志。与全面建成小康社会这一阶段性任务相比较，推进城乡发展一体化是一个伟大而长期的历史任务。从本世纪头20年实现全面建成小康社会的目标，到本世纪中叶我国基本实现现代化，推进城乡发展一体化进程、建立城乡融合的体制机制，真正实现发展现代农业、建设新农村与工业化、新型城镇化进程协调发展、互惠一体，仍需要经过几十年的艰苦努力。

第二节 江苏特色的城镇化：走向城乡一体化

改革开放以后，江苏的城镇化基本上是从费孝通提出的"小城镇"开始的。从社队工业到乡镇企业，再到民营企业，从小城镇到开发区建设，从都市圈建设到新型城镇化，再到城乡发展一体化，走了一条具有江苏特色的城镇化道路。

一、富有特色的小城镇发展

江苏的小城镇在江苏乃至全国城镇化进程中发挥过历史性作用。传统的苏南模式，是指以苏南乡镇企业驱动的小城镇快速发展。

1. 乡镇企业带动小城镇的繁荣

从20世纪70年代开始，江苏省苏南地区很多的乡镇利用靠近上海的区位优势、抓住当时商品短缺的契机，因陋就简地办起了社队工业。到了20世纪80年代后期，伴随农村改革的深化，国家把发展乡镇企业作为振兴我国农村经济的必由之路，出台了允许农民进城务工经商和在集镇落户的政策，同时也调整了建制镇设置标准。这就为乡镇企业异军突起、大量农村剩余劳动力"离土不离乡""进厂不进城"创造了条件，进而"以工带农""以工建镇"，带动了乡镇地区的快速发展和小城镇数量急剧增长，形成了"小城镇、大发展"的城镇化发展格局。

在这个发展过程中，乡镇企业的发展奠定了小城镇繁荣发展的基础，也成为小城镇发展的动力。一方面，乡镇企业发展、集聚推动了小城镇的基础设施建设，形成了人口集聚、小城镇快速发展的局面；另一方面，乡镇企业带来了非农人口就业，是农村剩余劳动力就地转移的直接推进者；此外，乡镇企业发展增加了农村居民的收入，带来了农村物质文明和精神文明的提升。不仅如此，乡镇企业的发展还显著地推动了低成本的工业化与城镇化，小城镇的成功在很大程度上使其成为中国城镇化进程的缓冲地带。在这段时期，江苏城镇化水平不断提升，1978年江苏的城镇化率仅为13.7%，比全国平均水平低约4个百分点，全省100万人以上的城市仅南京1个，大部分城市在20万人以下；1999年全省城镇化水平已与全国平均水平基本持平，达到34.9%，建制镇数量从1983年的34个增加到1997年的855个。[1]

2. 小城镇得到持续发展

虽然在20世纪90年代，苏南的乡镇企业因为"村村点火、处处冒烟"、过于分散，导致环境污染且竞争力下降，从而出现了发展的困境，但江苏小城镇的发展并没有停滞。不仅如此，江苏的小城镇始终在城镇化过程

---

[1] 徐鸣：《江苏城镇化和城乡发展一体化实践》，《行政管理改革》，2014年第10期。

中占据着重要地位。进入新时代，江苏更加注重对特色小镇的政策引导和技术指导，各市县也积极从传统产业升级和新兴业态等方面探索特色镇的创新路径。2017年初江苏省政府发布了《关于培育创建江苏特色小镇的指导意见》，提出重点培育高端制造、新一代信息技术、创意创业、健康养老、现代农业、历史经典等特色优势产业小镇，聚力打造旅游资源独特、风情韵味浓郁、自然风光秀丽的旅游风情小镇。江苏省住建厅也发布《江苏省小城镇空间特色塑造指引》，从城镇空间格局、与周边自然环境关系、地域文化传承、空间尺度等方面着手分类指引，引导小城镇的特色发展和风貌塑造。从我国入选第一批中国特色小镇的名单来看，江苏特色小镇分别是南京市高淳区桠溪镇、无锡市宜兴市丁蜀镇、徐州市邳州市碾庄镇、苏州市吴中区甪直镇、苏州市吴江区震泽镇、盐城市东台市安丰镇、泰州市姜堰区溱潼镇。

  江苏已有的特色小镇主要是基于建制镇提升产业发展水平、创新业态，增强城镇吸纳农村剩余劳动力水平，有传统优势工业镇、旅游小镇，也有新兴的生态小镇、互联网+镇等类型。当前的特色小镇已经成为国家战略，承担了带动乡村地区发展、促进由候鸟型城镇化向本地型城镇化转型的载体职责，其建设具有产业发展、特色风貌塑造等内涵要求，是新型城镇化的重要抓手，是提升城乡发展一体化水平的关键。当前的特色小镇建设受到政府和社会的关注，住建、发改、旅游等多部门也在推进，社会资本也在密切关注，有望成为一个新经济增长点。

3. 小城镇探索产业升级之路

截至2018年末，江苏建制镇城镇人口已经占全省城镇人口总数的1/3，成为城镇化的重要载体空间，也是江苏推进城乡发展一体化的关键一环。现在，相当一部分小城镇正积极探索着产业升级之路。如江阴市新桥镇是全球最大的纺织服装工业基地、南京市桠溪镇是中国首个国际慢城，它们都在依托农业等生态资源发展旅游业，探索小城镇的生态发展路径。苏北的沙集是中国淘宝村的重要发源地，也是江苏省电子商务示范基地和江苏省服务业集聚区，通过互联网+，带动了传统家具制造升级为设计、生产、销售一体的完整产业链，是信息化、工业化、城镇化互动的成功模式。江苏正在加快建设创新型省份，省政府也明确了特色小镇应是产业特色鲜明、体制机制灵活、人文气息浓厚、生态环境优美、多种功能叠加、宜业宜居宜游的特色小镇，应该成为推进供给侧结构性改革的重要抓手、推动经济转型升级和发展动能转换的重要平台、落实"聚力创新、聚焦富民"的重要载体。江苏的特色小镇遵循资源本底、区位特征，可以因地制宜走不同的特色发展之路。

专栏2 江苏特色小镇各有千秋

新桥时裳小镇：突出"产业+文旅"，打造产业高峰、文旅名品。文旅功能是特色小镇建设的重要要素，江阴市新桥镇围绕"产业总部＋旅游""文化＋旅游""乡村＋旅游""产业＋文旅"四个方面发展。其中，在"产业总部＋旅游"上，小镇依托阳光集团和海澜集团两大知名龙头企业，大力推广工业旅游，如设立精品面料服装展示馆，全面推行私人定制，将工厂变成了卖场。海澜集团全品牌体验店和阳光时尚总部旗舰店累计销售已超4亿元，成为将生产链打造成旅游链的完美典范。

石墨烯小镇：以产业基金为主导，构建完善金融服务体系。金融是特色小镇建设的重要支撑，常州石墨烯小镇一是主导设立产业引导基金，由园区财政全额出资组建了总额1.5亿元的产业引导基金，用于支持招商引进的石墨烯重点项目，单个企业的投资额原则上不超过500万元，以3年为退出期。二是设立对外合作产业投资基金，主要为园区国有公司参股的基金，资金来源，已参股设立14支基金，认缴总额近120亿元。

苏绣小镇：传统与再生，绣品街街区设计与文化挖掘。镇湖街道主任傅曦围绕主题"传统与再生"，介绍了绣品街街区设计与文化挖掘。作为中国四大名绣之首，苏绣距今已有2000多年历史。镇湖，著名的"苏绣之乡"，独特的历史、地理及文化因素使镇湖苏绣保存最为完整并得到成功的保护、传承和发展。

——《经验与启迪：取"十"小镇之所长，扬苏派小镇之名》，新华网，2018年11月29日

二、快速城市化与城乡发展一体化

改革开放以来,江苏工业化、城镇化、国际化进程明显加快,特别是新型城镇化战略的实施,城市经济快速发展,全省城镇人口比重稳定上升,对农村发展的带动作用明显,为城乡发展一体化奠定了良好的基础。

1. 加快推进城镇化

为了加快推进全省城市化进程,2002年底,《江苏省政府关于加快推进城市化进程的意见》颁发,提出要按照《江苏省城镇体系规划(2001—2020)》要求,继续大力推进特大城市和大城市建设,积极合理发展中小城市,择优培育重点中心镇,全面提高城镇发展质量,逐步建立起与现代化进程相匹配,符合省情,大、中、小城市(镇)相互促进、协调发展的城镇体系格局,力争提前实现全省城市化发展的目标。当时提出的目标是,到2005年,全省城市化水平达到45%以上,其中有条件的地区要达到55%以上;到2010年,全省城市化水平达到50%以上,其中有条件的地区要达到60%以上。现在看来,这些目标均已达到并已经远远超过。

2000年以来,江苏的城镇化率发展速度就开始快于全国城镇化率发展速度。在2018年末,江苏省城镇化率为69.61%,比全国平均水平(59.58%)高10.03个百分点。若依城市化三阶段论(城市化水平低于30%为低速增长阶段,城市化水平在30%—60%之间为高速增长阶段，城市化水平高于60%为成熟的城市化社会）判断，江苏城市化水平已开始向成熟的城市化社会迈进；若依城市化六阶段论（10%以下为城市化的史前阶段，10%以上为城市化的起步阶段，20%以上为城市化的加速发展阶段，50%以上为城市化的基本实现阶段，60%以上为城市化的高度发达阶段，80%以上为城市化的自我完善阶段）判断，江苏已达到较高水平的城镇化阶段。①

专栏3 江苏乡村人口持续下降

关于乡村人口，一般有两种统计口径：一种是常住人口城镇化率（常住人口城镇化率就是常住于镇区、城区的人口占常住人口总量的百分比）的统计口径，方法是全省人口减去城区和镇区常住人口；一种是农业普查口径，统计范围包括农业经营户、农业经营单位、居住在农村且有确权（承包）土地的住户。这一统计口径中，部分依然从事农业生产的镇区人口，甚至城区人口也被纳入统计，因此计算出来的乡村人口数较大。以城镇化率口径统计的江苏乡村人口，2017年江苏乡村人口数为2508.4万人，占全省总人口数的比重仅为31.2%，比1990年下降了47.3个百分点。以农业普查口径统计的江苏乡村人口，2017年江苏乡村人口数为4775.1万人，占

---

① 李程骅、郑琼洁：《城市化进程与服务业发展的动态关系探讨——基于江苏省域的样本检验》，《南京社会科学》，2012年第4期。

全省总人口数的比重为59.5%，比2013年下降了1.4个百分点。两种口径的乡村人口数及占比在较长时期内都呈下降态势，反映出城镇化、城乡一体化进程取得的成效。根据第三次农业普查结果，2016年末江苏共有农户1168.47万户、农业经营单位8.45万个；农户又分为普通户1153.51万户和规模户14.96万户。

——《2018年江苏省乡村发展历程和现状分析：乡村人口占比持续下降》，中商产业研究院网，2018年12月5日

2. 城乡发展一体化规划

2014年，《江苏省新型城镇化与城乡发展一体化规划（2014—2020年）》（简称2014年《规划》）颁布，这一规划最大的特点，是将城乡发展一体化与新型城镇化放在一起，体现了江苏的特点和要求。这一规划明确了江苏未来推进新型城镇化和城乡发展一体化的总体目标、重大任务、空间布局、发展形态与发展路径，提出体制机制改革的主要方向和关键举措，是引领全省新型城镇化和城乡发展一体化的基础性、战略性规划。

2014年《规划》明确指出，推进新型城镇化和城乡发展一体化对江苏加快转型发展、实现"两个率先"目标具有重大现实意义和深远历史意义。江苏已经开启基本实现现代化的新征程，迫切要求将推进新型城镇化和城乡发展一体化摆在更加突出的重要位置，为推进经济

持续健康发展和城乡区域协调发展提供强大引擎。以人的城镇化为核心，加快转变城镇化发展方式，统筹谋划、整体设计新型城镇化和城乡发展一体化方略，有利于从根本上解决长期以来城镇化发展模式粗放带来的诸多矛盾和问题，有利于破解城乡二元结构，化解城市内部新的二元矛盾，避免陷入"中等收入陷阱"，实现可持续发展。提高城镇发展质量，增强城镇承载和带动功能，有序推进农业转移人口市民化，实现城乡基本公共服务均等化，有利于转变农业发展方式，加快农业现代化进程，有助于乡村振兴。

当时提出推进新型城镇化和城乡发展一体化的任务主要有五个方面：把有序推进农业转移人口市民化作为推进新型城镇化和城乡发展一体化的首要任务；把优化城乡空间布局形态作为推进新型城镇化和城乡发展一体化的重要方向；把实现城乡可持续发展作为推进新型城镇化和城乡发展一体化的基本要求；把提升城乡社会发展水平作为推进新型城镇化和城乡发展一体化的重点内容；把深化体制机制改革作为推进新型城镇化和城乡发展一体化的强大动力。当时提出的新型城镇化和城乡发展一体化的目标要求是：城镇化和城乡发展一体化质量显著提升，实现城乡基本公共服务均等化、全覆盖。常住人口城镇化率达到72%，户籍人口城镇化率与常住人口城镇化率差距缩小到5个百分点。城乡空间布局形态更加优化，以城市群为主体形态的城镇体系更加完善。

城乡基本公共服务水平进一步提高,"一委一居一站一办"城乡社区服务管理体制全面建立,城乡社区综合服务设施覆盖率达到99%。城乡可持续发展能力稳步提升,生态环境明显改善,绿色生产、绿色消费成为经济社会生活的主流。有序推进农业转移人口市民化,建立以居住证为基础,以就业年限、居住年限和城镇社会保险参加年限为基准的积分制落户政策,到2020年随迁子女与户籍学生在流入地接受义务教育、参加升学考试等方面享受同等待遇的比例达到100%。优化城乡空间布局和形态,提升城乡社会发展水平,增强城乡可持续发展能力。

第三节 城乡发展一体化:苏南的示范效应与苏北的跟进

一、以苏州为代表的苏南城乡发展一体化

苏南是江苏省南部地区的简称,传统的苏南主要是指苏州、无锡、常州地区,简称"苏锡常",现在的苏南地区包括南京、苏州、无锡、常州、镇江。苏南是江苏经济最发达的区域,也是中国经济最发达、现代化程度最高的区域之一。2013年5月,国家发改委正式发布了《苏南现代化建设示范区规划》,标志着苏南地区将在全国率先实现区域现代化,成为全国现代化建设示范区。

其中尤其是苏州的经济社会发展，在江苏乃至全国的表现尤为突出，表现出改革创新、锐意进取的精神。

1. 坚持城乡一体化的规划优先

苏州城乡发展一体化非常强调规划的统一性。一方面，苏州强调开放式、全覆盖、片区发展和多规叠合的全新规划理念。这种规划完全摒弃传统的"城市、农村"二分法，实现统筹城乡一体的全域规划。主要是突破乡镇、村庄行政界限，划分主体功能区，形成以中心城市、产业园区、生态保护区、特色镇、新型社区、自然村落为载体的县（市）城乡空间布局结构。同时打破很多规划各自成一体、相互分割的格局，整体协调规划关系，实现产业规划、城镇规划、土地利用规划和环境保护规划"四规叠合"。另一方面，坚持把规划放在首要地位，其总体思路通俗称为"城市更像城市、农村更像农村、园区更像园区"。按照这一思路，首先就是科学修编土地利用总体规划，然后调整全市城镇总体规划，以县域为单位搞好统筹衔接，盘活土地存量，优化资源配置。在规划中注意科学确定分区功能定位和发展方向，优化城镇、村镇在空间、产业、人口等方面的布局，统筹各项建设，构建市、县（市）、镇、村城乡一体化发展体系。同时以四个"尊重"（尊重农民意愿、尊重生态环境、尊重历史文化、尊重风土民情和地形地貌）为基础，注意因地制宜、突出特色、合理布局，提高"三个集中"的推进水平。

2. 苏州城乡发展一体化的稳步推进

苏州市自2006年起，就把"统筹城乡发展"作为编制规划的指导思想，以完善的各级规划体系拓展城乡发展空间，推进城乡一体化改革。2008年9月，苏州正式成为江苏省城乡一体化发展综合配套改革试验区，在围绕"三区三城"建设目标的同时，加快推进苏州市城乡一体化进程，以总体规划、镇村布局规划和各类村庄规划的编制为抓手，对城乡的经济产业布局、基础设施建设、文化教育发展、社会事业进步等各个方面进行统一规划，为逐步实现"四规合一"的理想目标而不断努力。

2009年，在《关于苏州城乡一体化发展综合配套改革试点方案的批复》中，江苏省委省政府对苏州推进城乡一体化发展综合配套改革提出明确要求，即坚持以人为本、坚持制度创新、坚持尊重实践、坚持统筹兼顾。并提出只要有利于破除城乡二元结构、促进城乡经济社会发展一体化的改革，有利于工业化、城市化和农业现代化协调推进的创新，有利于构建和谐社会的实践，都鼓励支持、放手放开、先行先试，在实践中不断完善。这也成为苏州市城乡一体化发展综合配套改革的总体思路。

按照《中共中央关于推进农村改革发展若干重大问题的决定》报告要求，苏州市委提出"要使城市更像城市、农村更像农村"的城乡一体化建设目标。苏州市认为，"城市更像城市、农村更像农村、园区更像园区"，就是要转变苏州市的经济社会发展方式，实现城乡经济社会一体化发展。"城市更像城市"，主要是指一些县城镇、中心镇应该向中小城市发展；"农村更像农村"，主要是指前面所说的基本定义的农业村，要更像种田的农村，保持优美的田园风光和传统农耕文化；"园区更像园区"，主要是指全市各级各类开发区，特别是县以下工业开发区应当进一步提升产业档次和发展水平。

3. 城乡一体化水平不断提升

城乡规划纵深覆盖。苏州确定"1450"新型城镇化布局，推动大中小城市和小城镇协调发展，产业和城镇融合发展，城镇化和新农村建设协调推进。坚持以规划为引领，全域一体和多规融合。苏州始终把城市和乡村作为一个整体，通盘考虑、统筹谋划、一体设计，打破传统产业规划、城镇规划、土地利用规划和环境保护规划相互分割的局限，实现"四规融合"。目前，苏州小城镇支撑就地城镇化，50个小城镇对苏州经济社会发展起着重要支撑，成为就地城镇化的节点和城乡发展一体化的组织中心。苏式水乡特色凸现，截至2016年底，累计建成16个美丽示范镇、100个美丽村庄示范点、690个三星级康居乡村，建成各类农业休闲观光基地（点）1065家。活力、富足、宜居和美丽的苏式水乡与"繁华都市"交相辉映。

城乡公共服务供给标准不断提升。苏州始终坚持公共服务普惠性原则，完善公共服务均等化供给机制，提高所有社会成员共享公共服务的水平，城乡一体的公共服务机制更加均衡。在社会保障体系建设方面，苏州在率先实现城乡低保、基本养老、医疗保险"三大并轨"基础上，逐年提高社保补助标准。在城乡医疗方面，苏州全市几乎所有的乡镇卫生院都完成了新一轮改造，农村卫生服务人口覆盖率达到了100%，农村居民电子健康档案建档率达90%以上。在公共文化服务体系方面，苏州推动教育、文化、卫生、体育等各项社会事业和公共服务设施向农村覆盖，城乡服务均等化水平实现新跨越。

4. 苏州作为国家试点取得显著成效

苏州是全国经济发展和城镇化水平较高的地区之一，是江苏省唯一的城乡一体化发展综合配套改革试点区，也是国家发改委城乡一体化发展综合配套改革联系点和中澳管理项目四个试点城市之一。苏州的城乡一体化发展综合配套改革，不仅是本地区谋求全面转型升级的内生需求，更承担着为江苏省乃至全国做出示范的历史重任。改革开放以来，苏州市城镇化发展成就显著，城镇化水平从1978年的16.7%，到2005年的63.5%、2009年的66.3%，2017年为75.80%，规划2020年达到80%。目前，苏州城镇化发展已经经过了初期缓慢增长和中期快速增长过程，开始进入中后期的稳定增长阶段。以苏州为核心，昆山、张家港、常熟、太仓四县市为枢纽，若干重点镇为节点的网络状的区域城市群已经愈加体现整体推进的能力，使苏州成为长三角乃至全国城镇化水平最高、经济最发达的城市之一。

专栏 4　苏州城乡一体化达到了很高水平

数据显示，2010年到2016年，苏州农业现代化指数水平连续6年位居全省前列。截至2016年底，苏州农村集体总资产达1720亿元，村均年稳定性收入801万元，农村居民年人均可支配收入2.78万元，城乡居民收入比缩小为1.96∶1，是全国城乡居民收入比最小的地区之一。2018年，苏州全市实现地区生产总值1.85万亿元左右，全年实现一般公共预算收入2120亿元，其中税收收入1929.5亿元。全年实现进出口总额3541.1亿美元，比上年增长12%，其中出口突破2000亿美元，达2068.3亿美元，增长10.5%。一般公共预算支出1952.8亿元，其中城乡公共服务支出1483亿元，占一般公共预算支出的比重达75.9%。2018年底苏州全市常住人口1072.17万人，其中城镇人口815.39万人，城镇化率为76.05%。全市城镇常住居民人均可支配收入6.35万元，比上年增长8%；农村常住居民人均可支配收入3.24万元，比上年增长8.2%。全市最低工资标准上调至2020元/月。城乡最低生活保障标准提高至每人每月945元。这些数据显示，苏州城乡一体化进展迅速，已经达到了很高的水平。

——《砥砺奋进的五年·苏州实践——推进城乡发展一体化，迈向共同富裕新境界》，《苏州日报》，2017年10月23日从全省唯一的城乡一体化发展综合配套改革试点区，到国家发改委城乡一体化发展综合配套改革联系点，再到全国农村改革试验区以及全国城乡发展一体化综合改革试点城市，苏州始终高举城乡发展一体化旗帜，持续推进城乡发展一体化战略，勇于实践，敢于创新，不断深化对城乡发展一体化规律的认识，以共同富裕的指导思想为统领，全面推进城乡发展一体化综合改革试点的"八个示范区"建设，一步一个脚印，着力破除城乡二元结构，有效缩小城乡差距。城乡发展一体化已成为苏州工作的特色、品牌和亮点，是解决苏州"三农"问题的根本途径。高水平全面建成小康社会，离不开高水平的城乡发展一体化作支撑。

二、苏北的城乡一体化：力图在"三集中"的基础上实现超越

总体上来看，苏南城乡发展一体化的新格局已经基本形成，目前正在进一步提高水平和加以完善，而苏北目前正在努力推进城乡发展一体化。① 在 2012 年 4 月中旬召开的全省苏北工作暨扶贫开发工作会议上，省委省政府明确提出，要将城乡发展一体化作为加快苏北发展的一个重要内容。目前，苏北绝大部分市县已经提出

---

① 张春龙：《推进城乡一体化的问题分析——以江苏苏北地区的发展为例》，《信访与社会矛盾问题研究》，2018 年第 4 期。

"城乡发展一体化"的口号或已将之确定为发展战略之一，在"三集中"和"重点工程"（如康居示范村工程、万顷良田建设工程）的推动下，城乡建设初具"一体化"形态。

1. 重点工程建设是推进的主要手段

目前，绝大部分苏北市县并没有按照城乡发展一体化的方向统一部署和推进步骤。由省国土资源厅实施的"万顷良田建设工程"和省住房和建设厅实施的"康居示范村建设工程"，在客观上带动了苏北地区的以土地集中和人口集中为主的城乡一体化建设。

2005 年，江苏开始推行"康居示范村"建设工作，计划在全省 25 万多个自然村的基础上优选基础条件好、发展要素佳的 5 万个左右农村居民点作为规划引导的集中居住点，建 1000 个康居示范村，使全省 1/4 地域的农民集中居住。很多苏北县重点实施了这项工作，建立了大量的以人口集中居住为主的康居示范村。例如涟水县以康居示范村建设为推手，到 2012 年已启动建设农民规划居住点 56 个，总面积 85 万平方米，进驻农户 6000 余户。沭阳县开展农民进城入镇居住和康居示范村创建活动，到 2012 年共启动建设农民集中居住区 179 个，其中城镇 57 个、农村 122 个，共建房屋 35865 套，已有 19260 户农民搬入新居，拆除散乱住宅 7438 户，新增土地 7287 亩。东海县白塔埠镇"新元康居示范村"是 2011 年白塔埠镇着力打造的重点惠民工程，仅一年就建成三层联排

77栋278套、多层8幢260套，可容纳2500人居住，并配套建设社区服务中心、幼儿园、健身广场、配电房、公厕等设施。

  2008年以来，省国土资源厅在全省组织实施了以"有效集聚潜在资源、有序统筹城乡发展"为核心内容的"万顷良田建设工程"试点工作。这项工作推动了苏北地区城乡一体化的发展，成为一些苏北市县土地集中、人口集中的典型示范，有效新增了这些地区的耕地面积，部分缓解了用地矛盾，为农业现代化提供了基础平台，也为城乡一体化拓展了用地空间，而且推动了农村发展方式转变和生产力水平提高，促进了农村居民居住环境改善和生活水平提升。例如如皋通过3年多"万顷良田建设工程"的建设，拆迁5638户，复垦土地5713亩，形成连片土地33870亩，为现代农业、规模农业、设施农业的发展提供了良好平台，有效聚集了建设用地资源，为工业化、城镇化发展拓展了广阔空间。

  应该说，无论是"万顷良田建设工程"，还是"康居示范村工程"，在苏北地区促进了土地的规模化种植和经营，为现代农业和高效农业的发展奠定了基础，同时以更好的交通条件、设施条件、配套条件引导了农民集中居住，有效促进了城乡统筹发展，也使农村正经历着一场前所未有的生活方式变迁。

  2. 逐步形成"三集中"的发展模式

  苏南经济持续高速发展，城市化进程加快，造成土地资源紧张，人地矛盾突出，这一现象催生了以科学集约用地为主线，促使经济步入可持续发展轨道的新型"三集中"发展模式。目前，苏北地区也步入经济社会发展的快车道，也将面临人地矛盾突出的问题。在这种情况下，虽然苏北部分市县只是在近期才正式提出"三集中"，但苏北很多区域，一些县、镇已经在按照"三集中"的模式推进。

目前，苏北的一些市县已经形成了一大批具有较大规模的工业园区，集中了一大批具有较大影响力的知名企业。即使一些乡镇，也正在按照工业向园区集中的要求建立自己的工业园区，集中了一些规模企业。例如赣榆县柘汪镇的产业区通过近几年的发展，基本上形成了以钢铁、石化产业和出口创汇型企业为主体的特色园区发展框架，供水、道路、绿化等基础设施及配套建设不断完善。在土地集中方面，苏北地区的农业一直占有重要的地位，但在劳动力大量外流及土地效益相对下降的情况下，规模化经营成为一种必然趋势。赣榆县的柘汪镇近年来推行并完善土地流转机制，规范土地流转方式，推动农田向规模集中，建设了下驾沟千亩设施农业示范区、西林子苗圃种植示范区600亩、韦岭3000亩优质绿茶示范区、2000亩黄桃种植示范区，促进农业结构调整和农业产业化经营。与此同时，苏北地区的人口集中也正在形成，其推动力主要是城镇区域不断扩大后被征地农民的集体安置和前面提到的康居示范村的建设。例如泗洪县在 2012 年提出，坚持以"三个集中"为统揽，把土地集中经营、人口集中居住以及项目集中发展作为农业农村工作的主题、主线，作为当前新农村建设的重中之重来抓，大力推进乡镇区域的空间发展。

虽然说城乡发展一体化就是要统筹城乡整体发展，涉及城乡发展的方方面面，但苏南地区城乡发展一体化推进的经验表明，"三集中"是实现城乡发展一体化的重要内容和主要手段。虽然苏北地区现有的"三集中"还存在制度、政策、措施的不完善，但"三集中"的路子正在形成。

专栏5 苏北电商小镇的新型城镇化

农村电商的发展顺应了新型城镇化以小城镇为中心的分布式城镇化路径。沙集镇位于徐州市睢宁县，位于镇区东南部的东风村素有"中国淘宝第一村"的美誉。2016 年，全镇 17 个行政村全部被认定为淘宝村。沙集镇城镇空间的布局和建设应适应发展趋势：既要适度延续低成本扩张的态势以保障近期的发展动力，又要提高发展质量为转型升级做好准备，同时更多关注人的需求，稳固好人才这一发展的核心要素。规划以充足的土地供应维持低成本发展的强劲势头实现"以产兴城"，以多种复合功能空间引导产业转型升级实现"以城促产"，以完善的基础设施和公共服务设施固化本地人才和消费实现

"以人为本",走"产、城、人"融合发展之路。
——戴昳雯、张晓婧:《农村电商小镇的空间规划创新——以徐州市沙集镇为例》,《城乡建设》,2017年第7期

第四节 城乡一体化的成效:农村整体水平的提升

江苏城镇化、城乡发展一体化的推进,整体优化了城乡空间格局,使城乡资源和要素得到了更好的集聚,城乡经济机构持续优化,城乡居民收入水平明显提高。在评价城乡一体化成效时,农村整体水平的提升成为最为明显的内容。

一、农民生活水平显著提高

收入提高、生活富裕是农民群众最关切的内容,也是城镇化、城乡一体化的重要目的。近年来,一系列政策特别是"聚焦富民"的政策落实促进农村居民收入和生活质量切实提高,人民群众获得感有所增强。

1. 农村居民收入较快提高,城乡收入差距持续缩小

在"三农"工作持续推进,特别是富民增收"33条"逐步落实的情况下,全省农村居民人均可支配收入得到了较快的提高,2017年为19158元,2018年为20845元,均比上年增长8.8%,增速分别快于当年城镇

居民0.2个百分点、0.6个百分点。自2010年以来，农村居民人均可支配收入增速就持续高于城镇居民，城乡居民收入差距不断缩小，2018年，城乡居民人均可支配收入分别达4.72万元和2.08万元，同比分别增长8.2%和8.8%，农民收入增幅连续9年高于城镇居民，党的十八大以来，城乡居民收入比从2.37:1缩小到2.26:1。从收入来源看，农村居民与城镇居民差距最大的为工资性收入，差距为17914元；差距倍数最大的是财产净收入，城镇居民财产净收入为农村居民的6.90倍。

2. 物质生活条件改善，乡村生活质量水平大幅提高

从住房看，2016年末，99.8%的农户拥有自己的住房，比2006年（第二次农业普查）提高1.5个百分点；其中拥有2处及以上住房的占比为22.1%，比2006年提高16.9个百分点；拥有商品房的占比为17.9%。建筑材料有所升级，2016年末，农户住房为砖混结构的占68.8%，比2006年提高9.1个百分点，为钢筋混凝土结构的占13.2%，比2006年提高9.6个百分点。从饮用水和卫生设施看，2016年末，全省饮用经过净化处理自来水的农户占93.0%，比2006年提高16.8个百分点；使用水冲式卫生厕所的占58.4%。从耐用消费品看，2016年末，平均每百户拥有小汽车33.2辆、彩色电视机159.1台、手机251.2部、电脑53.2台，分别为2006年的7.5倍、1.6倍、2.7倍和7.8倍；此外，每百户还拥有淋浴热水器88.7台、空调130.3台、电冰箱105.1台。

从生活能源看，2016年末，农民做饭取暖对电力、煤气、天然气、液化石油气的使用比重提高，对煤和柴草依赖度下降，并且有3.45万户主要使用太阳能，占0.3%。

二、农业生产经营条件优化

农业是乡村的基础产业。根据第三次农业普查结果，江苏农业生产条件和现代化水平有了很大程度的提高，经营主体和经营方式不断创新，发展势头良好。

1. 农业生产条件大幅改善，农业机械和设施广泛应用

在农业机械拥有量方面，2016年末，全省共有拖拉机147.09万台，耕整机6.12万台，旋耕机47.88万台，播种机11.11万台，水稻插秧机4.64万台，联合收获机7.99万台，机动脱粒机15.5万台，均比第二次农业普查有大幅提高。在农田水利方面，全省4571.15千公顷的耕地面积中，灌溉耕地面积3074.97千公顷，占比为67.3%，其中有喷灌、滴灌、渗灌设施的耕地面积331.65千公顷，占全部耕地面积的7.3%。设施农业方面，全省温室占地面积10.9千公顷，大棚占地面积109.7千公顷，渔业养殖用房面积0.39千公顷。

2. 农业新型经营主体繁荣发展，商品交易市场覆盖面较高

在经营主体方面，2016年末，全省20.8%的普通户和32.7%的规模户参加了新型农业经营组织或采用了新型农业经营形式，包括公司化、农民合作社、专业协会、土地托管等；67.3%的普通户、77.9%的规模户和87.9%的农业经营单位有政策性或商业性农业保险。全省6.7%的规模户和66.7%的农业经营单位开展了餐饮住宿、采摘、垂钓和农事体验等新型经营活动。农产品生产方面，全省23.0%的规模户和73.9%的经营单位实施了设施农业、循环农业或工厂化生产等模式；11.3%的规模户和66.5%的经营单位生产的产品获得了无公害农产品、绿色食品或有机食品认证。在农产品销售方面，全省1.9%的规模户和2.6%的经营单位实现了通过电子商务销售农产品，户均销售额分别为442.1万元和159.9万元。在市场建设方面，全省96.8%的乡镇有商品交易市场，其中有以粮油、蔬菜、水果为主的专业市场，有以畜禽为主的专业市场和有以水产为主的专业市场的乡镇分别占62.8%、17.0%和17.6%。全省73.9%的村有50平米以上的综合商店或超市，4.1%的村开展了旅游接待服务，45.6%的村有获得营业执照的餐馆。

三、农村公共服务全面进步

第三次农业普查显示，江苏乡村区域的基础设施和公共服务已具备较高水平，老百姓的普遍感受是：道路变好变宽了、医疗方便了、上学容易了、环境更好了。

1. 乡村基础设施建设较为完备

在农村交通方面，根据第三次农业普查数据，2016

年末，在乡镇地域范围内，有火车站的乡镇占5.7%，有码头的占20.9%，有高速公路出入口的占30.3%；99.9%的村通公路。在能源、通讯方面，全省100%的村通电和电话，14.2%的村通天然气，99.3%的村通宽带互联网，37.4%的村有电子商务配送站点。在环境卫生方面，99.6%的乡镇实施集中或部分集中供水，98.6%的乡镇生活垃圾集中或部分集中处理；98.9%的村生活垃圾集中或部分集中处理，36.5%的村生活污水集中或部分集中处理，94.5%的村完成或部分完成改厕。

2. 文娱、教育、医疗、养老等服务全覆盖

在文娱方面，2016年末全省99.6%的乡镇有图书馆、文化站，44.1%的乡镇有剧场、影剧院，49.8%的乡镇有体育场馆，89.6%的乡镇有公园及休闲健身广场；79.3%的村有体育健身场所。在教育方面，99.8%的乡镇有幼儿园、托儿所，99.5%的乡镇有小学；36.0%的村有幼儿园、托儿所。在医疗方面，99.9%的乡镇有医疗卫生机构，99.9%的乡镇有执业医师，98.2%的乡镇有社会福利收养性单位；88.9%的村有卫生室，79.3%的村有执业医师。在养老方面，93.5%的乡镇有本级政府创办的敬老院。与此同时，江苏更加注重城乡基本公共服务均等化，养老保险、医疗保险、最低生活保障制度实现了全覆盖，执行标准逐渐提高。

在农村全面发展的同时，江苏农村地区更加注重环境宜居和历史文脉传承，更加注重提升农民精神风貌，

以人为本的城镇化让老百姓的幸福感和获得感进一步提升。截止到 2018 年，江苏共建成中国美丽休闲乡村 29 个，已确定特色田园乡村试点 136 个。休闲农业综合收入年均增幅超过 20%。

第五节　从城乡发展一体化走向城乡融合发展

城乡融合发展是城乡发展一体化的高级阶段。改革开放以来，江苏城镇化取得了令人瞩目的成就。但同时我们也要清醒地认识到，当前江苏城镇化建设仍面临诸多难题和挑战。党的十九大报告指出，要建立健全城乡融合发展体制机制和政策体系。在 2018 年 9 月底颁布的《乡村振兴战略规划（2018—2022 年）》中，城乡融合成为一个重要的规划内容。今年 5 月，中央发布《关于建立健全城乡融合发展体制机制和政策体系的意见》，为新时代的城乡融合发展描绘了路线图，确立了时间表，为江苏城乡融合发展提供了前所未有的机遇。

一、对城乡融合发展的认识及总体部署

1. 城乡融合发展是城乡一体化的高级阶段

城乡融合发展既是以人民为中心的内在要求，也是解决当前城乡发展不平衡问题的必然选择。从农民看，不管城镇化发展到什么程度，农村人口最终还会有相当

大的规模。从城乡关系层面看，城镇化是城乡协调发展的过程，城镇和乡村最终仍然会是互促共进、共生共存的关系。城乡融合发展是破解新时代城乡发展不平衡、农村发展不充分这一矛盾的抓手。我国是工业化、城镇化、信息化、农业现代化"四化"并列推进的过程，处理好"四化"关系，特别是处理好工农关系和城乡关系，在一定程度上决定着现代化能否实现。城乡融合发展是拓展发展空间的一个强劲动力，建立城乡融合发展的体制机制和政策体系是实现乡村振兴的重要制度保障。一般认为，推动城乡融合发展和乡村振兴相对接，能够释放出更多的改革红利。乡村振兴绝不能就乡村来谈乡村，必须走以城带乡、以工促农的路径，在城乡融合发展中破解难题。

目前我国经济社会已经发展到一个新的阶段，城市与农村之间的关系正日益加强，城乡已经由对立、分离走向高级的融合。党的十九大报告明确提出建立健全城乡融合发展的体制机制和政策体系，正是基于我们社会主要矛盾"已经转化为人民群众日益增长的美好生活需要和不平衡不充分的发展之间的矛盾"的判断。城乡关系的不平衡被认为是我国最大的不平衡，乡村发展的不充分被认为是最大的不充分。我们仍然处于并将长期处于社会主义初级阶段的特征，很大程度上就是我国的城乡二元结构仍然明显。解决城乡发展不平衡、农村发展不充分问题，不断满足广大农民群众日益增长的美好生活需要，在很大程度上需要依靠城乡融合发展和乡村振兴。党的十九大报告提到的城乡融合发展应该是一种全新的发展观，是城镇化、城乡发展一体化的高级阶段，是统筹城乡发展，实现农业、农村现代化的必由之路。

2. 城乡融合发展与新型城镇化一脉相承

我国在改革开放后，特别是在20世纪80年代末期，由于历史形成的城乡之间隔离导致各种经济社会矛盾出现，城乡融合思想逐渐受到重视。近年来，许多学者对城乡融合的概念和内涵进行了研究，但由于城乡融合涉及社会经济、生态环境、文化生活、空间景观等多方面，人们对城乡融合的理解有所不同。其中一种观点认为城乡融合就是城乡一体化，是指城镇与乡村这两个不同特质的经济社会单元和人类聚居空间，在一个相互依存的区域范围内谋求融合发展、协调共生的过程，随着生产力的发展，人口、资金、信息和物质等生产要素在城乡间自由流动，城乡经济、社会、文化相互渗透、相互融合、高度依存。另一种观点认为城乡融合发展是城镇化、城乡发展一体化的高级阶段，是生产力发展到一定时期的历史产物。社会学和人类学界从城乡关系的角度出发，认为城乡融合是指相对发达的城市和相对落后的农村，打破相互分割的壁垒，逐步实现生产要素的合理流动和优化组合，促使生产力在城市和乡村之间合理分布，城乡经济和社会生活紧密结合与协调发展，逐步缩小直至消灭城乡之间的基本差别，从而使城市和乡村融为一体。

经济学界则从经济发展规律和生产力合理布局角度出发，认为城乡融合发展是现代经济中农业和工业联系日益增强的客观要求，是指统一布局城乡经济，加强城乡之间的经济交流与协作，使城乡生产力优化分工，合理布局，协调发展，以取得最佳的经济效益。有的学者仅讨论城乡工业的协调发展，可称为"城乡工业融合"。规划学者是从空间的角度对城乡接合部做出统一的规划，即对具有一定内在关联的城乡物质和精神要素进行系统安排。生态、环境学者是从生态环境的角度，认为城乡融合是对城乡生态环境的有机结合，保证自然生态过程畅通有序，促进城乡健康、协调发展。

综观国外对城乡融合发展的相关研究成果，可以归纳为两类：一类是马列主义者从战略高度出发，科学预测未来社会的发展状况和规律，城乡未来必将走向融合；另一类是其他西方学者通过对城乡发展一体化操作层面的探讨形成的"城乡融合""以城带乡"和"以乡促城"三种不同发展模式理论。总体来看，国外城乡融合相关研究的不足之处主要表现在：一是多以城乡分割作为研究的前提条件，大多数理论都处于概念和抽象理论阶段，实证研究较少；二是多以工业革命早期的西方国家和第三世界国家为研究对象，得出的结论是否适用于中国，还有待实践经验研究佐证。

3. 江苏推进城乡融合发展具有良好基础

从党和国家的方针政策来看，21世纪以来，我国开始解决城乡发展不均衡问题，城乡发展政策经历城乡统筹—城乡一体化—城乡融合的演进过程。2003年10月，党的十六届三中全会明确提出统筹城乡发展位于"五个统筹"的首位，核心是要解决城乡收入差距加大、城乡之间发展不平衡、城乡居民享受公共服务不均等问题。政策更侧重于政府行为，由政府指导资源配置。2012年11月，党的十八大报告明确提出"推动城乡发展一体化"，形成以城带乡、城乡一体的新型城乡关系，政策重心依然侧重于城市，以城市带动乡村的发展。党的十九大报告指出，要建立健全城乡融合发展体制机制和政策体系，加快推进农业农村现代化。把乡村作为与城市具有同等地位的有机整体，实现经济社会文化共存共荣，表明我国城乡关系发生了历史性变革，城乡发展进入了新的发展阶段。从统筹城乡发展，到城乡发展一体化，再到城乡融合发展，本质上是一脉相承的，但是从内容上体现出党中央对于城乡发展失衡问题的重视程度不断提高，对于构建新型城乡关系的思路不断升华。

江苏农业农村的发展基础较好，加快城乡融合发展对于实现乡村振兴、推动高质量发展具有重要意义。党的十八大以来，江苏省扎实推进现代农业建设，持续改善农村民生，全面深化农村改革，农业农村发展取得重大成就，为全省经济社会发展提供了有力支撑，也为实施乡村振兴战略奠定了坚实基础。江苏在"十二五"规划中将城市化拓展为城乡一体化发展战略，这是超越城镇化的一个新阶段，以苏州为主的苏南地区率先从城乡规划、产业发展、基础设施、公共服务、就业社保和社会管理"六个一体化"方面进行了一系列探索并取得了良好成效。江苏城镇化已经走上以工促镇、以城带乡的新型城镇化之路，正处于实现高水平城乡一体化也就是推进城乡融合发展的新阶段，必将推动江苏城镇化、工业化、智能化、国际化、生态化向更高水平目标迈进。

二、推进城乡五个方面的融合

如何重塑城乡关系始终是一个难题，在推进城乡融合方面需要建立健全相应的体制机制，通过强化乡村振兴制度性供给引导城乡形成"四个互为"（互为资源、互为市场、互为补充、互相服务）的关系，从而促使城乡在经济、社会、资源、空间、生态等方面发展，最终使乡村成为吸引各类优质资源集聚、乡村经济发展、乡土文化繁荣、人居环境优美的地方。

1. 通过经济融合增加发展的动力

城乡经济融合被认为是城乡融合发展的核心和关键。当然，推进城乡经济融合不是简单地将城市财富转移到乡村地区（其实也没法转移），而是要通过政策努力增强农村经济发展的内生动力。从政策的角度，主要是改变长期以来已经形成的忽视农村的政策环境，制定向乡村区域倾斜的扶持性政策。从乡村自身发展的角度，需要在推进农业供给侧结构性改革方面下功夫，注意利用生态、互联网等开发农业的多重功能，努力延长农业全产业链，推进农业增值高效；努力挖掘乡村资源优势和农业特色，争取通过一段时间的打造，形成一批具有地域特色和品牌竞争力的乡村品牌。

2. 通过社会融合更加惠及民生

社会的融合要注意围绕让乡村生活更美好的理念，因为农村的社会建设一直是农村的短板。要注意因地制宜、因村施策推动农村基本公共服务的提高，实现城乡基本公共服务均等化。在这里要注意的是，要把握当代农村家庭结构变化、人口变化的大趋势，研究制定适宜农村整体布局的基本公共服务清单和建设标准，推动农村教育、养老、就业、社保等基本公共服务，最主要的就是实现在城乡之间布局合理的公共服务布局体系。在推进的过程中，要注意采取分类施策、渐进改善、有机更新的方式，推动乡村道路、供水、供电、通讯、污水和垃圾处理等各方面的基础设施建设，让广大农民群众共享现代物质文明。

3. 通过资源融合不断增强支撑

目前，农村的资源要素亟待公平、合理开发，这就需要完善城乡资源自由流动的通道和途径，要注意统筹、整合、利用城乡的优势资源。在这里首先要注意发挥市场对资源配置的决定性作用，然后要加强对资金、人才、技术等稀缺资源下乡的鼓励。同时还要注意通过制度、机制、政策，如投入保障制度、创新投融资机制、财政优先保障政策、金融重点倾斜政策,使社会积极参与并形成多元投入格局,破解城乡融合发展过程中的资金问题。要注意创新乡村人才培育引进机制,培育职业农民,扶持家庭农场、专业大户、农民合作社、产业化龙头企业等新型主体,鼓励社会各界投身乡村建设,激发乡村内生发展动力。

4. 通过空间融合不断彰显特色

调整和优化城乡空间格局是城乡融合发展的一个重要方面。目前在制度、政策层面仍然存在严重的城乡壁垒。要注意将市、县(区)、镇、村等各级行政单元作为一个整体进行谋划,在城乡全域进行空间规划,要注意整合城乡基础设施、服务设施、生态环境等各类资源,构建定位清晰、功能互补、衔接协调的城乡空间体系。要注意做好重要节点空间、公共空间、建筑和景观的详细设计,引导形成乡村特色风貌。在彰显特色方面,也要注重学习借鉴,特别是注意保护乡村传统空间肌理和传统建筑,传承乡土文化传统,保存乡村景观格局。坚决反对整体照抄照搬别人的设计风格,要积极倡导本土设计理念,重塑"山水田林人居"的田园风光。

5. 通过生态融合不断美化环境

目前,农村和城市形成了两个完全不同的生态环境和生态系统。实现城乡融合发展,生态融合是一个基础保障。在这里要彻底改变城乡生态、环境分割的倾向,从以往的城乡梯度污染向城乡生态环境互促互补转化。

当然，实现城乡生态融合并非易事，但要逐步推进并有相关理念。目前要注意的是划定城市增长边界，抑制大城市无限蔓延；构建生态系统和绿色屏障，实行城乡环境保护统一标准；统筹山水林田湖草系统治理，严格管控和治理农业面源污染，加快农业废弃物源头减量和资源化利用，实施农村河道疏浚、驳岸整治，加强村庄垃圾、污水等生活污染治理，着力营造优美和谐的田园景观。

作为解决城乡发展不平衡不充分的一个途径，城乡融合发展不是一蹴而就的，需要摒弃城乡分割治理的思维定式、路径依赖和体制束缚，用改革和创新的精神推动乡村建设和发展。但从根本上看，乡村振兴战略的实施，一方面要依靠农民积极性的调动，将乡村振兴建立在农民自主决策、自主管理的基础上，另一方面要注意调动全社会的资源，去挖掘乡村资源，发展乡村经济。这就需要我们的政府部门转变现有的工作思路和方法，促进自下而上的内生动力形成，从根本上实现广大乡村地区的发展振兴，让更多的人（既包括城里人也包括农村人）重新认识乡村文明的价值和使命，让新型城镇化成为记得住乡愁的城镇化，让现代化成为有根的现代化。

第六章
提升群众共富水平

为了人民、依靠人民、人民共享，是中国社会主义现代化建设的根本宗旨和最终目的。习近平总书记多次指出，要坚持"以百姓心为心"，倾听人民心声，汲取人民智慧，始终把实现好、维护好、发展好最广大人民群众的根本利益作为一切工作的出发点和落脚点，让发展成果更多、更公平地惠及全体民众。新中国成立以来，在中国共产党的领导下，江苏人民当家作主，确立了生产资料公有制的根本制度，为共同富裕的实现提供了坚强保障；改革开放以来，以惠及最广大人民为目标，江苏率先制定并持续实施"富民强省"战略，积极探索并形成了与社会主义市场经济相适应的发展成果由人民共享的实现机制,人民群众收入水平大幅提升,人民生活实现从"温饱"到总体"小康"的历史跨越,正向全面小康社会迈进。

第一节 增加群众收入:共富的关键所在

共同富裕是社会主义的本质要求,是生产力与生产关系的集中体现,具有两层基本涵义:共同富裕中的"富裕",反映了人民群众对财富的拥有总量,指全社会财富的相对丰裕,社会成员具有较高的收入水平,摆脱了绝对贫困,过上富裕的生活;共同富裕中的"共同",反映了社会全体成员对财富的共同占有,指人民群众之间保持适度的收入差距,不存在贫富悬殊、两极分化。两层涵义相辅相成,缺一不可。为此,党的十九大报告提出了到2035年"人民生活更为宽裕,中等收入群体比例明显提高,城乡区域发展差距和居民生活水平差距显著缩小,基本公共服务均等化基本实现,全体人民共同富裕迈出坚实步伐";到2050年"全体人民共同富裕基本实现,我国人民将享有更加幸福安康的生活"。两个奋斗目标都鲜明地体现了提高收入水平、缩小差距,进而实现共同富裕的根本要求。

一、收入水平与共同富裕

共同富裕的前提和基础是物质财富的不断增长,其现实基础是生产力的提高亦即社会经济的不断进步。邓小平说:"讲社会主义,首先就要使生产力发展,这是主要的。只有这样,才能表明社会主义的优越性。社会主义经济政策对不对,归根到底要看生产力是否发展,人民收入是否增加。这是压倒一切的标准。"可见,人民群众收入水平能否得到提高,是检验经济政策成效的重要标准,也是实现共同富裕的物质基础。党的十八届三中全会指出,要紧紧围绕更好保障和改善民生、促进社会公平正义,改革收入分配制度,促进共同富裕。2015年,李克强总理在政府工作报告中指出:"要以增进民生福祉为目的,加快发展社会事业,改革完善收入分配制度,千方百计增加居民收入,促进社会公平正义与和谐进步。"习近平总书记指出:"广大人民群众共享改革发展成果,是社会主义的本质要求,是我们党坚持全心全意为人民服务根本宗旨的重要体现。我们追求的发展是造福人民的发展,我们追求的富裕是全体人民的共同富裕。"可以说,深化收入分配制度改革,提高人民群众的收入水平,直接关系到人民生活水平的提高和人民生活质量的改善,唯有如此,才能不断满足人民日益增长的美好生活需要,才能筑牢实现共同富裕的强大物质基础。

二、收入差距与共同富裕

共同富裕是人民不懈追求的社会理想,它的要求之一,就是绝大多数人占有一定财富,而非财富仅仅集中在少数人手中。共同富裕必须在普遍富裕的基础上有所差别，因而共同富裕内含着公平分配与社会公正。如果在发展的过程中出现贫富悬殊、两极分化的局面，那么就与共同富裕的目标渐行渐远，就背离了党的宗旨和社会主义的本质要求。为此，党的十八大报告指出："要坚持社会主义基本经济制度和分配制度，调整国民收入分配格局，加大再分配调节力度，着力解决收入分配差距较大的问题，使发展成果更多更公平惠及全体人民，朝着共同富裕方向稳步前进。"然而，共同富裕并不否定人民群众在收入上的差距。由于资源禀赋、能力水平的不同以及由此导致的市场定价的差别，社会成员之间必然存在一定的收入差距，这是社会发展过程中的客观规律，也是市场化机制的客观反映。更为重要的是，在这种收入差距在分配领域不被扭曲的情况下，多劳多得能激发社会成员的劳动积极性，进而促进社会生产力的提升，从而不断增加社会财富，逐步实现共同富裕的"总量"目标，且财富的溢出效应会使绝大多数的社会成员从中获益，不断改善和提高自己的生产水平，这已为我国70年的发展经验和教训所证明。改革开放前的平均主义"大锅饭"，严重挫伤了人民群众的积极性和创造性，阻碍了生产力的发展，其结果是"共同贫穷"；而"多劳多得，少劳少得，有劳动能力不劳动者不得食"的市场机制的引入，充分调动了劳动者和要素所有者的积极性和创造性，极大地促进了生产力的发展和社会财富的增加，保证了最广大人民群众的根本利益和共同富裕目标的实现。因此可以说，适度的收入差距可以促进共同富裕目标的更好实现。

以收入水平为代表的财富总量的增加是一个社会实现共同富裕的前提与基础，但这并非意味着共同富裕的实现；如果因社会分配不公导致社会财富集中在少数人手中，大多数社会成员的生活水平不高，共同富裕的目标也将难以实现。因而，共同富裕是"富裕"和"共同"两层涵义的辩证统一，其中任何一个层面的要求达不到，都不能说实现了共同富裕。历史经验表明，只有大力提升人民群众的收入水平，让大部分社会成员富裕起来，真正消除贫富不均，实现藏富于民，形成高收入阶层和低收入阶层所占比重较小、中等收入阶层所占比重较大的"橄榄型"社会结构，才能最终达到实现共同富裕的目标。

第二节 切实提升群众收入水平

新中国成立以来，尤其是改革开放之后，江苏通过持续的改革创新，促进了制度环境的优化，人民群众的获得感、幸福感、安全感不断增强，生活水平得到极大提升，人民福祉不断增进。1987年江苏省人均GDP实现比1980年翻一番的目标，标志着江苏摆脱贫困进入了温饱阶段；1994年全省基本实现小康；1997年淮北地区

207万贫困人口温饱问题的解决，使江苏告别了贫困县，并于20世纪末以县为单位实现了总体小康。进入21世纪，江苏全面小康社会建设步伐逐步加快。党的十八大以来，江苏全面贯彻落实习近平总书记以人民为中心的发展思想，推动改革发展成果更多、更公平地惠及全体人民，从织密民生保障网到推进脱贫攻坚战，从扩大就业到深化教育、医疗、养老等领域改革，一系列实实在在的惠民措施，显著增强了江苏人民的获得感。

一、畅通就业增收主渠道，城乡居民工资性收入不断攀升

就业为民生之本。江苏始终把扩大就业作为一个重大而艰巨的任务，长期实施积极的就业政策。新中国成立后，江苏各级政府采取了就业介绍、训练转业、以工代赈、组织生产自救等政策措施，使得全省在1957年基本解决了解放前遗留的失业问题。改革开放以后，江苏全面贯彻落实党中央、国务院新形势下关于就业创业的一系列决策部署，始终坚持把促进充分就业作为保障和改善民生的头等大事，作为经济社会发展的优先目标，实现了劳动就业制度由"统包统配"向市场化导向的积极转变。尤其是党的十八大以来，江苏大力推进统筹城乡就业、创业带动就业、重点群体帮扶、就业技能提升、就业失业监测、人力资源服务业发展和公共就业服务强基"七大行动计划"，有力保障高校毕业生等重点群体就

业，织密就业"经纬线"，兜牢就业"底线"，基本建立起适应经济社会发展、覆盖城乡各类群体、满足人民群众需求的就业服务体系，就业总量持续增长，就业结构不断优化，促进了城乡居民收入水平的显著提高，并成为拉动经济增长的新动力。数据显示，1978—2018年，全省就业人口由2777.72万人增加到4750.9万人，就业规模持续扩大，三次产业就业人口构成由69.7∶19.6∶10.7调整为16.1∶42.8∶41.1，三大产业就业比重排序从"一、二、三"的发展模式升级为"二、三、一"的现代模式，就业结构更加合理。破除了"固定工"限制，打破"铁饭碗"，实行劳动合同制度，扩大了用人单位的用工自主权和劳动者的职业选择权，促进了劳动力的合理流动，激发了劳动力市场的活力，就业灵活性和择业主动性逐步增强。城镇单位就业人员年均工资由1978年的615元增加到2017年的74318元，扣除物价因素，实际增长16.7倍，年均实际增长7.65%。城镇居民人均工资性收入由1990年的1183元提高至2017年的26298元，扣除物价指数后，年均增速8.58%；在城镇居民人均可支配收入中所占比重为60.28%，对城镇居民增收的贡献份额为60%。农村居民人均工资性收入由1990年的301元提高至2017年的9513元，扣除物价指数后，年均增速9.28%；在农村居民人均可支配收入中所占比重为49.66%，对农民增收的贡献份额为50.5%。

表1　江苏省城乡居民工资性收入的历史演变　（单位：元,%）

年份	城镇居民			农村居民		
	工资性收入	比重	贡献份额	工资性收入	比重	贡献份额
1990	1183	80.81	—	301	34.05	—
1995	3543	76.46	74.15	822	33.46	33.12
2000	4561	67.08	47.22	1663	46.26	73.90
2005	7760	62.99	58.68	2786	52.81	66.81
2006	8776	62.31	57.56	3076	52.92	54.00
2007	9981	60.94	52.48	3476	52.98	53.48
2008	11406	61.06	61.93	3896	52.96	52.83
2009	12317	59.93	50.04	4239	52.96	52.93
2010	13535	58.99	50.97	4896	53.70	58.98
2011	16150	61.31	76.36	5747	53.19	50.44
2012	17889	60.28	51.89	6474	53.06	52.04
2013	19780	60.79	67.11	7272	53.48	57.16
2014	20721	60.33	57.70	7169	47.93	-24.7
2015	22460	60.42	61.8	8015	49.30	68.8
2016	24214	60.31	58.2	8732	49.60	54.1
2017	26298	60.28	60.0	9513	49.66	50.5

资料来源：相关年份《江苏省统计年鉴》

1953年江苏省农村人口3419万人，占总人口的85.2%。改革开放后，人多地少的资源禀赋特征以及乡镇企业的"异军突起"，极大地促进了农村劳动力向城镇以及非农产业的快速转移，2017年江苏省农村人口比重下降至31.2%，较1953年下降了54个百分点。另据江苏省第二次农业普查数据显示，农村常住劳动力资源总量为3060.4万人，其中农村户籍外出从业劳动力为967.5万人，1995—2011年江苏农村总人口下降了41.4%。与之相比，江苏非农产业劳动力比重不断提高，到2010年已经达到77.7%，比1978年高出40多个百分点。与2000年相比，到2010年底，全省农村劳动力累计转移人数达到3694.39万人，增加约1167.21万人。农村劳动力就业结构的非农化，促进了农村居民工资性收入水平的快速提升，成为农民收入增加的重要来源。数据显示，人均工资性收入在农民人均纯收入中的比重由1990年的34.05%提高至2017年的49.66%，上升了15.61个百分点，1990—2017年工资性收入对农民收入增长的贡献率提高了17.38个百分点。可以说，工资性收入已成为农民收入的主要组成部分和农民增收的重要动力源。

二、积极拓展群众增收途径，城乡居民收入结构不断优化

江苏深入推进创业带动就业，实施全民创业行动计划，推进"创响江苏"系列活动，持续激发全社会创新创业活力；加大职业教育、在职培训等方面的财政投入，广泛开展职业技能培训，实施职业技能提升行动计划，构建终身职业培训制度，提高劳动者尤其是农村劳动力的素质和职业流动能力。在全国率先启动实施重点群体免费接受职业培训行动，2017年共免费职业培训

18.28万人，企业职工岗位技能提升培训147.47万人、城乡劳动者就业技能培训64.48万人、创业培训31.78万人，为25.15万新生代农民工提供了具有针对性的岗前、提升和转岗培训，并由此带来了全省创业活力的提升。据统计，2016年共扶持城乡劳动者自主创业22.82万人，2017年共支持29.1万人成功自主创业并带动就业122.93万人，其中引领大学生创业3.76万人，扶持农村劳动力创业9.39万人；2018年前三季度，由人社部门扶持的城乡劳动者成功创业的有21.82万人，累计实现带动就业87.54万人，通过创业带动的城镇新增就业人数占比达50%以上，逐步成为拉动就业增长的最强动力，也促进了我省城乡居民经营性收入水平的提高。其中，城镇人均经营性收入由1990年的9元提高至2017年的4656元，扣除物价指数后，年均实际增长20.68%，在各项收入中增速最快，其在城镇人均可支配收入中的比重由1990年的0.63%提升至2017年的10.67%；农村居民人均经营性收入由1990年的557元提高至2017年的5620元，扣除物价指数后，年均实际增长4.76%。

专栏1 打造江苏创业政策"升级版"

江苏大力推进"大众创业，万众创新"，致力于打造创业创业政策的"升级版"。注重培育市场经济理念，鼓励自立、冒险和创业精神，打造"鼓励创新、宽容失败"

的良好创新创业氛围，用扎实的政策为创新创业者鼓劲，用丰富的资源为创新创业者加油，用贴心的服务为创新创业者助力。出台了新形势下就业创业、支持农民工等人员返乡创业等114条政策和创新举措。

围绕健全政府激励创业、社会支持创业、劳动者勇于创业的新机制，制定并实施全民创业行动计划，聚焦大学生、农民、科研人员、城镇失业人员、留学回国人员、复员转业退役军人"六大群体"，推进创业政策拓展、创业能力提升、创业载体建设、创业服务优化、创业氛围营造，充分激发全社会创业活力，推动创业向大众化、发展型、全领域转变。充分利用高校创业园、农业示范园、电商创业园、乡村旅游创客基地等各类资源，在全省建成2716家各具特色的创业载体，为城乡劳动者提供创业孵化、创业培训等服务，累计入驻企业达18.95万户，孵化成功率超50%。深化创业型城市建设，南京等6个市被国务院评为"全国创业先进城市"，所有市县均达到省级创业型城市标准。突出品牌化，开展"创响江苏"系列活动，评选表彰江苏省大学生"十大创业标兵"和"十佳创业项目"。十八大以来，江苏省扶持成功创业人数和带动就业人数年均增幅分别达24%和19%。2017年，江苏被国务院通报表扬为促进就业创业工作先进地区。

表2 江苏省城乡居民经营性收入的历史演变 （单位：元，%）

年份	城镇居民			农村居民		
	经营性收入	比重	贡献份额	经营性收入	比重	贡献份额
1990	9	0.63	—	557	63.01	—
1995	39	0.85	0.97	1544	62.84	62.75
2000	319	4.69	12.82	1771	49.26	19.95
2005	951	7.72	10.91	2125	40.28	31.52
2006	1163	8.26	12.05	2300	39.57	32.59
2007	1409	8.60	10.72	2552	38.90	33.69
2008	1851	9.91	19.29	2813	38.23	32.70
2009	1954	9.51	6.04	2939	36.72	19.60
2010	2301	10.03	14.47	3215	35.26	24.78
2011	2753	10.45	13.16	3781	34.99	33.55
2012	3122	10.52	11.15	4180	34.26	28.63
2013	3303	10.15	5.48	4521	33.25	24.36
2014	4063	11.83	14.20	5030	33.63	38.60
2015	4134	11.12	0.1	5046	31.04	-5.6
2016	4411	10.99	8.5	5283	30.01	14.1
2017	4656	10.67	6.0	5620	29.34	20.0

资料来源：相关年份《江苏省统计年鉴》

改革开放以来，在对私人财产权利合法性的认可下，鼓励居民的财产投资与增值，是我国市场化改革的一项重要内容。在这种政策背景下，江苏城乡居民的投资渠道不断拓宽，城乡居民的投资理念不断更新，住房制度改革的实施促进了房地产价格的持续上涨，江苏城镇居民的财产性收入增速较快。数据显示，城镇居民人均财产性收入由1990年的20元提升至2017年的4625元,扣除物价指数后,年均实际增速17.14%,在城镇居民人均可支配收入中的比重由1990年的1.4%提升至2017年的10.6%,对城镇居民人均可支配收入增长的贡献率由1995年的1.41%提升至2017年的14.5%。从农村居民来看,在集体资产收益、土地征用补偿以及房租经济拉动下,农民人均财产性收入增长势头强劲,在农民人均纯收入中的比重逐年提高。农村居民人均财产性收入由1990年的4元增加至2017年的680元,扣除物价指数后,年均实际增速16.31%,在各项收入构成中增速最快,在城镇居民人均可支配收入中的比重由1990年的0.45%提高至2017年的3.55%,对农民增收的贡献份额上升了9.4个百分点。经验表明,居民收入结构中财产性收入的比例,是衡量一国公民富裕程度的重要指标。资料显示,欧美中等发达国家居民财产性收入占其可支配收入比重约为40%,而2017年江苏省财产性收入在城镇居民、农村居民收入结构中占比分别为10.6%和3.55%,且部分财产性收入的稳定性、普遍性不强。可以说,提高我省城乡居民财产性收入依然任重而道远。

表3 江苏省城乡居民财产性收入的历史演变　（单位：元,%）

年份	城镇居民			农村居民		
	财产性收入	比重	贡献份额	财产性收入	比重	贡献份额
1990	20	1.40	—	4	0.45	—
1995	65	1.41	1.41	26	1.06	1.40
2000	87	1.28	1.01	48	1.34	1.93
2005	222	1.80	2.36	150	2.85	28.93
2006	239	1.70	1.00	179	3.08	5.33
2007	373	2.28	5.83	217	3.31	5.08
2008	284	1.52	-3.87	254	3.45	4.59
2009	349	1.70	3.21	326	4.07	11.19
2010	431	1.88	3.41	399	4.38	6.55
2011	606	2.30	5.08	477	4.41	4.56
2012	629	2.12	0.65	563	4.61	6.16
2013	706	2.17	2.83	646	4.75	6.02
2014	3373	9.82	7.75	473	3.16	-32.6
2015	3682	9.91	11.2	545	3.35	11.1
2016	4151	10.34	18.2	606	3.44	8.7
2017	4625	10.60	14.5	680	3.55	10.8

资料来源：相关年份《江苏省统计年鉴》

江苏各级政府高度重视民生工作，加大民生领域的投入力度，社保体系逐步完善，公积金、养老金、离退休金标准不断提高，逐步建立并完善了城乡社会保障一体化制度，促进了城乡居民转移性收入的快速增长。数据显示，2017年底，企业退休人员基本养老金、城乡居民养老保险基础养老金最低标准、失业保险金水平分别比 2012 年提高 50.7%、78.6% 和 65.7%，全省城乡居民基本医保人均财政补助标准不少于 470 元，比 2012 年提高 95.8%；城镇职工和城乡居民医保政策范围内住院医疗费用报销比例分别稳定在 85% 和 70% 左右。

江苏城乡居民社保体系逐渐完善。早在 20 世纪 80 年代，江苏就率先探索以劳动合同制职工基本养老保险及固定工退休费用社会统筹为主要模式的企业职工养老保险制度改革，为国家层面统一推进企业职工养老保险制度改革提供了宝贵经验。20 世纪 90 年代起，按照社会统筹与个人账户相结合的要求，江苏逐步统一完善企业职工基本养老保险制度。2009 年江苏全面开展新农保试点，并在 2010 年底基本实现农村适龄居民参保和老年居民基础养老金发放全覆盖。2013 年，江苏整合新农保和城镇居民养老保险制度，在全省建立统一公平的城乡居民社会养老保险制度。截至 2018 年三季度，全省企业职工基本养老保险参保人数达 2896.33 万人，其中在职职工参保人数 2141.33 万人，离退休人数 755 万人。江苏医疗保障制度实现跨越式发展，具有江苏特色的多层次、广覆盖的全民医保体系初步形成。2007 年，江苏出台城镇居民基本医保制度，将城镇职工医保制度覆盖范围以外的城镇居民（包括少年儿童和中小学生）纳入城镇居民医保，实现了医保制度对所有人群的全面覆盖。2016 年，江苏在国内率先整合新农合和城镇居民医保两种制度，建立统一的城乡居民基本医保制度。在基本实现全民医保的基础上，江苏全力打造医疗保障发展先导区。2017年江苏省率先实现与全国各省、市异地就医住院费用的直接结算。2018年南通、徐州、盐城作为试点城市与上海实现异地就医门诊直接结算。截至2018年10月，全省基本医疗保险参保人数已达到7711.25万人，综合参保率稳定在97.5%以上。各项再分配制度的利好，促进了我省城乡居民转移性收入水平的提高。其中，城镇居民人均转移性收入由1990年的251元提升至2017年的8043元，扣除物价指数后，年均实际增速8.87%。

从农村居民来看，2002年以来，江苏各级政府在取消农业税和农业特产税的基础上，对种粮农民进行直接补贴、良种补贴、农机具购置补贴和农业生产资料综合补贴。农业支持政策和农村社会保障制度的不断完善，使得农村居民获得的转移性收入快速增长。数据显示，农村居民人均转移性收入由1990年的4元提高至2017年的680元，扣除物价指数后，年均实际增速15.83%，在农村居民人均可支配收入中的比重由1990年的0.45%提升至2017年的3.55%，对农村人均可支配收入增长的贡献率由1995年的1.4%提高至2017年的10.8%。

表4 江苏省城乡居民转移性收入的历史演变　　（单位：元，%）

年份	城镇居民			农村居民		
	转移性收入	比重	贡献份额	转移性收入	比重	贡献份额
1990	251	17.17	—	22	2.49	—
1995	986	21.28	23.48	65	2.65	2.73
2000	1833	26.96	38.97	113	3.14	4.22
2005	3386	27.49	28.05	215	4.08	99.61
2006	3905	27.73	29.41	259	4.46	8.19
2007	4615	28.18	31.00	316	4.82	7.62
2008	5137	27.50	22.64	396	5.38	10.06
2009	5931	28.86	40.69	501	6.26	16.20
2010	6677	29.10	31.13	608	6.67	9.61
2011	6833	25.94	5.39	801	7.41	11.44
2012	8037	27.08	36.32	983	8.06	13.10
2013	8749	26.89	24.57	1159	8.52	12.54
2014	6189	18.02	20.28	2286	15.28	103.7
2015	6897	18.55	26.9	2651	16.31	30.8
2016	7376	18.37	15.1	2985	16.95	26.9
2017	8043	18.44	19.4	3345	17.46	24.5

资料来源：相关年份《江苏省统计年鉴》。

各项惠民政策的实施，促进了我省居民收入结构的优化。其中，农村居民收入来源由单一的家庭经营收入转为家庭经营、工资、转移收入多头并进，呈现明显的多元化发展趋势和非农产业主导的格局。从农村居民收入结构来看，非农收入在农民收入中的比重不断提高，家庭经营收入逐渐失去主体地位。1990—2017年，江苏农民人均家庭经营收入对农民增收的贡献下降了42个百分点,其在农民人均纯收入中的比重由1990年的63.01%下降到2017年的29.34%,下降了33.7个百分点,基本丧失主体地位。与之相比,农民人均工资性收入在农民人均纯收入中的比重提高了15.6个百分点,1995—2017年其对农民收入增长的贡献率提高了15个百分点。可以说,工资性收入已成为农民收入的主要组成部分和农民增收的重要动力源。从城镇居民来看,经济体制改革推动了城镇居民收入结构变化,呈现工资性收入比重下降、家庭经营性收入与财产性收入快速增长的特点。其中,工资性收入在城镇居民收入结构中的比重由1990年的80.81%下降至2017年的60.28%,下降了20.6个百分点,对城镇居民增收的贡献率下降了近15个百分点。与工资性收入相比,人均经营性收入在城镇居民收入中的比重提升较快,1990—2017年提高了10个百分点,对城镇居民增收的贡献率提升了5个百分点;财产性收入比重1990—2017年提高了9个百分点,对城镇居民增收的贡献率提高了13个百分点。

三、多效并举,切实提升城乡居民收入水平

改革开放以来,平均主义"大锅饭"制度的破除以及"先富带动共同富裕"的个人收入分配制度的确立,有效地破解了生产经营中激励不充分的问题,江苏人民就业创业的积极性得到极大激发,农村地区出现了一大

批专业户，城市地区涌现了一大批懂管理、善经营的人员，人民群众的劳动生产率得到极大提高，由此推动了城乡居民收入水平的快速提升。2017年，江苏农民人均纯收入19158元，较1954年（88元）实际增长27.01倍，年均实际增速5.4%；城镇居民人均可支配收入由1951年的99.6元增加至2017年的43622元，实际增长48.64倍，年均递增6.1%。

表5 改革开放以来江苏省居民收入的增长情况 （单位：元,%）

年份	城市居民人均可支配收入		农民居民人均纯收入	
	绝对数	实际增长	绝对数	实际增长
1978	288	—	155	—
1980	433	—	218	—
1985	766	11.6	493	0.5
1990	1464	3.2	884	6.3
1995	4634	5.5	2457	9.5
2000	6800	4.0	3595	3.5
2001	7375	8.3	3785	4.0
2002	8178	12.7	3996	5.9
2003	9263	12.3	4239	5.2
2004	10482	9.1	4754	7.2
2005	12319	15.2	5276	8.4
2006	14084	12.5	5813	8.4
2007	16378	11.7	6561	7.7
2008	18680	8.5	7357	6.2
2009	20552	10.5	8004	9.4

续表

年份	城市居民人均可支配收入		农民居民人均纯收入	
	绝对数	实际增长	绝对数	实际增长
2010	22944	7.8	9118	9.2
2011	26341	9.2	10805	11.9
2012	29677	9.9	12202	10.1
2013	32538	7.1	13598	8.7
2014	34346	8.7	14958	10.6
2015	37173	6.41	16257	7.06
2016	40152	5.54	17606	6.51
2017	43622	6.70	19158	7.22

资料来源：相关年份《江苏省统计年鉴》

从城镇地区看，改革开放以来，江苏积极发展混合所有制经济，允许混合所有制经济实行员工持股，从强调按劳分配转向生产资料所有、股份所有、知识产权的所有、管理能力等多种形式参与分配，确立了劳动、资本、技术和管理等生产要素按贡献参与分配的制度。国有企业则进行了放权让利改革，加强了企业内部人的分配决策权，采用年薪制、股权期权激励办法等，推出奖金、岗位津贴、企业年薪、分红等多种分配制度，完成了从国家与企业利润分成、从承包制到建立现代企业制度的转变。随着对非公有制经济的认可与肯定，个体、私营、外资以及混合经济在江苏迅速崛起。这一系列的制度创新，极大地激发了城镇居民的生产积极性。

江苏城镇居民人均可支配收入由1978年的288元增

长至 2017 年的 43622 元，扣除物价因素后，年均实际增长 8.18%。从不同发展阶段来看，1978—1983 年间，由于城市经济改革相对滞后，城市经济缺乏活力，城镇居民人均收入增长速度较慢，1981—1983 年均增长速度仅为 3.4%。之后，随着企业承包责任制和个体私营经济的发展，经营性收入的增加促进了城镇居民收入的大幅提高，由 1984 年的 626 元增加到 1992 年的 910 元，扣除物价因素外，年均增速 7.46%，其中，1984—1986 年增速高达 14.7%。1993 年后，为控制由城市发展过度扩展引起的经济过热，我国开始实行紧缩性的宏观调控政策，这使得城镇居民收入增速放慢，由 1992 年的 21.1% 下降至 1997 年的 9.7%。1998—2003 年，扩张性宏观政策的实施带动城镇经济快速发展并促进了城镇就业，也使城镇居民收入由 1997 年的 5765 元提高至 2003 年的 9263 元，年均实际增速为 8.65%。近年来，随着居民收入倍增计划的实施和个私经济扶持政策的完善，江苏省城镇居民收入水平不断提高，由 2005 年的 12319 元提高至 2017 年的 43622 元，年均实际增速 8.22%。

从农村地区来看，改革开放后，江苏全面实行以家庭承包经营为基础、统分结合的双层经营体制，开展农产品流通体制改革，率先发展乡镇企业，较早开展农村税费改革，大力推进城乡一体化发展，激活主体、激活要素、激活市场，破除了农业农村发展的制度性障碍，极大解放了农村生产力，带动了江苏农民收入的快速增长。农民人均纯收入由1978年的155元增长到2017年的19158元，扣除物价因素后年均实际增长8.06%，实现了在波动中的快速增长，主要经历了以下四个阶段：

第一阶段（1978—1984年）：农民收入超常规增长阶段。得益于家庭联产承包责任制的推行及其对平均主义"大锅饭"的破除，江苏农村经济得以快速发展，农民收入大幅增加，七年间收入增长了1.9倍，年均增长率达到19.3%。到1984年多数农民已摆脱贫困，过上了温饱生活。在此期间农民收入的提高主要归功于家庭经营收入的提高，其在收入总量中所占比重由20%迅速上升到60%以上。

第二阶段（1985—1996年）：农民收入相对低速增长阶段。此阶段，农民收入增长陷入了一个低谷期，一定程度上是受到不利的投入政策及工农业比价政策的影响，而1991年的特大洪涝灾害更是带来了严重冲击。剔除物价因素后，江苏农民实际收入出现了负增长。但值得一提的是，1985—1988年商品经济思潮开始涌动，农村产业结构适时进行了调整，乡镇企业异军突起，非农产业及多种经营方式得到较快发展，带动了工资性收入的较快增长。这一时期江苏农民从乡镇企业直接得到的收入年均增长27.6%，远高于同期人均纯收入的增速。但是到了1990—1991年，受抑制物价的紧缩政策影响，乡镇企业的发展速度又陡然下降，农民的非农收入增速也随之迅速降低。1992年邓小平同志南方谈话以及党的十四大提出的建立社会主义市场经济体制,为江苏农民再一次吹响了快速增长收入的号角。随着市场经济体制的逐步深化,农村经济结构得到优化,农产品价格放开,市场销路拓宽,农业生产效益大幅提高,来自一产的家庭经营收入明显增加;大批农村剩余劳动力转变了就业观念,积极投身二、三产业,促进了工资性收入和非农经营收入的增加。1992—1996年,农民收入出现恢复性增长,1992年增速超过两位数(10.3%),1996年增速更是高达12.6%,年均增速高达23.3%(未扣除物价指数),到1996年,江苏农民人均纯收入已达3029元。

第三阶段(1997—2003年):农民收入徘徊增长期。通货紧缩,农产品出现结构性过剩,加上内需不足,农产品价格持续回落,农业增产不增收,农民收入增长率由20%以上迅速回落到5%左右,并一直在这一较低水平附近徘徊。尽管总体收入增长率较低,但其中的工资性收入基本保持着稳中有升的增长态势,所占比重也逐步提高,并于2001年超越并取代家庭经营收入成为农民最主要的收入来源,至2003年比重进一步突破50%(达到51.6%)。

第四阶段(2004年至今):农民收入增长恢复期。针对农民收入增长缓慢的问题,2004年以来,国家先后下发多个"一号"文件,着重解决农民增收中的重点、难点问题,如拓宽农民就业渠道、取消农业税和农产品特产税,为农民增收创造了良好的环境和条件。江苏省认真贯彻文件精神,坚持"多予、少取、放活"的方针,在减少农业税费的同时,全面推行粮食直补、良种补贴、购买农机补贴,积极推动乡镇企业发展和农村剩余劳动力转移。受上述利农惠农政策和农产品价格恢复性上涨的双轮驱动,农民收入进入了快车道。2005—2010年农民人均纯收入名义增长速度11.6%,消除价格指数后年均增速8.2%。进入"十二五"时期,随着居民收入倍增计划的实施以及各项惠农支农政策力度的加大,农民收入水平快速提高。2010—2017年,江苏省农民收入水平实际增速达到8.43%,连续8年超过城镇居民。

专栏2 江苏农民增收的"加减乘除法"

党的十八大以来,江苏省先后出台农民收入倍增行动、富民增收"33条"、农民持续增收行动计划等一系列政策举措,把农民增收作为检验"三农"发展最过硬的成果和最直接的体现。做好农民增收"加减乘除法"。加:调结构转方式,加快现代农业提质增效步伐,向"一亩三分田"要效益;减:减贫减负、节本增效,探索农业产业扶贫新路径、新机制;乘:科技强农、产业融合,充分发挥农业园区和新型农业经营主体示范引领作用;除:全面深化农村土地"三权分置"改革、农村集体产权制度改革、农村金融改革,破除影响农民增收的制约和束缚。

以农富农,产业富民。2017年,江苏省结合12个省重点帮扶县（区）资源条件和农业产业实际，依靠当地党委政府，引进农业龙头企业等社会资本、农业产业化项目和先进技术，促进农业产业结构调整和农产品就地加工转化，加快培育壮大特色优势农业产业，争取每个省重点帮扶县都建成一批农业产业化项目和"一村一品一店"特色村、1—2个农业特色小镇。2017年下拨1.02亿元省重点帮扶县农业产业富民专项资金，按每个县（区）850万元标准，支持帮扶县发展75个农业产业富民项目，撬动社会资本0.97亿元，项目投资总额达1.99亿元。截至2018年8月底，75个项目中63个已完工，带动2000多户低收入农户和40多个经济薄弱村增收。

推进高质量发展，促进乡村全面振兴。2018年省委一号文件将"农民收入新增万元工程"作为实施乡村振兴战略10项重点工程之一，明确未来五年，通过产业富民、就业富民、创业富民、改革富民，加快构建农民增收长效机制，走出具有江苏特色的农民增收之路，开创江苏"新乡土时代"。到2022年，全省农村居民人均可支配收入将比2017年再增加1万元。

第三节　缩小居民收入差距

1992年初，邓小平同志在南方谈话中说："社会主义的本质，是解放生产力，发展生产力，消灭剥削，消除两极分化，最终达到共同富裕。"以先富带动共同富裕的收入分配制度，在促进城乡居民收入提高的同时，也造成了居民间、区域间以及行业间收入差距的扩大。习近平总书记在《关于〈中共中央关于全面深化改革若干重大问题的决定〉的说明》中指出："我国的居民收入分配差距依然较大。"造成收入差距的众多因素中，由个人素质、知识和技能等所致的收入差距有助于开放、动态的社会结构的形成，并以此促进社会的良性发展；但由体制机制等因素导致的机会和权利不平等，不但会直接造成收入差距，还会通过二次分配进一步扩大收入差距。为此，在改革开放的实践中，尤其是党的十八大以来，江苏省始终坚持富民优先的导向，大力推动城乡一体化以及区域协同发展战略，致力于缩小不合理的收入差距，坚持走城乡、区域共同富裕之路，带领人民群众朝共同富裕的目标不断奋进。各项惠民政策的实施，使得江苏居民间收入差距近年已初步扼制扩大的态势，呈现出向缩小方向发展的趋势。

一、推动城乡发展一体化，城乡收入差距呈缩小之势

改革开放以来，作为建国初期农业大省的江苏，凭借自身的区位优势和资源禀赋，走出了具有自身区域特色的以工促农、以城带乡、城乡联动发展的发展之路，在全国率先制定了省级城乡全面建设小康社会 4 大类 18

项指标体系，人民群众的获得感得到极大提升，城乡一体化发展态势领跑全国。20世纪60年代中期，江苏省第一次城市工作会明确提出"工业支援农业，城市支援乡村，促进江苏城乡经济繁荣"的要求，初步形成了城乡一体的发展格局。20世纪80年代初期召开的第二次城市工作会议提出了"以大中城市为中心，以小城镇为纽带，以广大农村为基础，发展城乡经济、科技、文化网络"的城乡发展思路。20世纪90年代初，江苏抓住经济全球化的发展机遇，通过兴办各类开发区，加快国有企业改革和民营经济发展，全省城乡发展实现了由内到外的重大转变。自党的十六届五中全会提出"建设社会主义新农村"的发展思路之后，按照"以工业化致富农民、以城市化带动农村、以产业化提升农业"，江苏在经济社会发展、劳动力就业、社会保障和公共服务管理等方面努力破除城乡隔离的藩篱，初步形成了"先进生产要素向农村流动、基础设施向农村延伸、公共服务向农村覆盖、现代文明向农村传播"的城乡发展格局，城乡一体化水平得到全方位的提升。党的十七届三中全会以来，江苏整体推进农民专业合作组织、农业适度规模经营、现代高效农业、农业特色产业基地等"四位一体"建设，合作社总数居全国第二，合作社成员数及其出资额位居全国第一。赋予农民长久的土地承包经营权，在坚持"依法、自愿、有偿"原则下，允许农民以转包、出租、互换、转让、股份合作等形式流转土地承包经营权，发展多种形式的适度规模经营。其中,苏州市通过推进农村专业经济、土地股份和社区资产等三大合作,实现"承包经营权换股权"和"社保、农民宅基地换住房",农村资源整合后新增的土地收益主要归农民所有并用于农民,保证了广大农民群众公平合理地分享经济发展成果。目前,苏州已基本实现教育、医疗、社保等基本公共服务城乡均等化。

当前,江苏以农促工、以工建农的良性机制已经形成。随着资本要素在城乡间的自由流动,江苏现代农业体系已见雏形,其中苏南地区现代农业已发育较为成熟。现代农业发展体系的构建可以通过土地经营者劳动生产率的提升,促进其收入水平的提高;流出土地的农户可以通过土地承包等方式提高其家庭的财产性收入。另一方面,城乡一体化水平的提升,促进了农村劳动力的自由流动,更多的农村人口由农业转向非农产业、由农村流向城镇,提高了农民的非农业工资性收入。此外,城乡基础设施和基本公共服务的一体化,促进了农村居民转移性收入的提高。因此可以说,城乡一体化战略的实施通过让现代化的成果更多地惠及广大民众,促进了共同富裕的实现。以上表明,城乡一体化战略的实施可以促进农民收入水平的提升,达到缩小城乡居民收入差距的目的。由图1可知,江苏省城乡居民收入差距低于全国平均水平和广东省,是全国城乡居民收入差距较小的省份之一。改革开放至今,江苏省城乡居民收入差距始终低于全国平均水平和广东省,且在 1978—2003 年期间,江苏省与全国平均水平的差距逐渐扩大,2005 年之后两者差距呈缩小的态势;江苏与广东省的差距在 2004 年之前不断扩大,之后呈现缓慢减缓的趋势。这是江苏省城乡一体化推进力度较大、城乡一体化水平较高的必然结果。

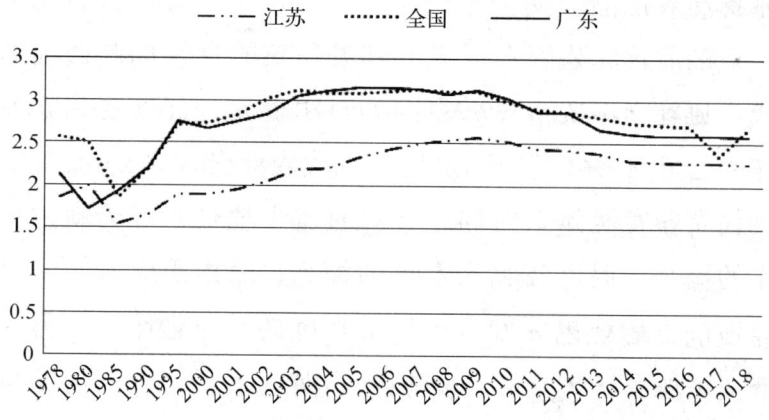

图 1　改革开放以来江苏省城乡收入差距的演变

从发展趋势来看,江苏省城乡居民收入差距呈现在变动中不断缩小的态势。1978—1985 年间,农村家庭联产承包责任制的实施极大地激发了农民的生产积极性,而同期城市经济改革相对滞后,城市经济缺乏活力,城镇居民人均收入增长速度较慢,因而城乡居民间的收入差距不断缩小,城乡收入比由 1978 年的 1.86∶1 下降到 1985 年的 1.55∶1。之后,由于实行了不利于农业自我积累和自我发展的投入政策和工农业比价政策,加上对乡镇企业由扶持到全面紧缩的转变，农村居民收入增长缓慢，而同期的企业承包责任制和个体私营经济的发展极大地促进了城镇居民收入水平的提高，城乡收入差距进一步扩大，城乡收入比由1985年的1.55∶1扩大到1992年的2.02∶1。1993年之后，紧缩性宏观调控政策的实施降低了城镇居民的收入增速，而同期，由于中央政府实施提高农产品收购价格政策，加上乡镇企业和农村第三产业的发展，农民收入增长迅速，城乡居民间的收入差距不断缩小，城乡收入比由1992年的2.16∶1下降至1997年的1.76∶1。之后，扩张性宏观政策的实施带动城镇经济快速发展并促进了城镇就业，而同期，农村地区由于粮食生产连续多年丰收导致"谷贱伤农"，加上乡镇企业的发展停滞不前，农民人均纯收入徘徊不前，城乡收入差距呈扩大之势，城乡收入比由1997年的1.76∶1上升到2003年的2.18∶1。2004年之后，尽管各级政府采取了减免农业税和对种粮农民实行直接补贴等措施，但由于城市居民收入增长速度远远快于农民收入的增长速度，城乡收入差距逐年拉大，城乡收入比值由2004年的2.05∶1扩大到2010年的2.52∶1。2010年之后，随着收入倍增计划的持续推行，以及支农惠农力度的加大，城乡居民收入差距呈现逐年缓慢下降的趋势，由2010年的2.52∶1下降至2018年的2.26∶1。

二、实施区域协调发展战略，区域收入差距逐渐缩小

受历史条件、地理区位、经济基础等诸多因素的制约，江苏省南北区域差距较大，并导致苏南、苏中、苏北居民间较大的收入差距。经济学理论表明，适度的发展差距有利于经济社会的快速发展，但较大的区域发展差距，将最终影响到整个经济社会的可持续发展。因此，江苏高度重视苏南、苏中与苏北发展的不平衡问题，并将实现区域协调发展作为全省经济社会发展的重要目标之一，通过实施区域均衡化发展战略，从基础设施建设、南北挂钩协作、扶贫攻坚、建设"海上苏东"和"徐淮连经济带"等方面，加大对苏中、苏北发展的支持力度，走区域共同富裕之路。

早在2001年江苏省就实施了苏北振兴计划，提出"加快苏北发展，实施区域共同发展"。江苏省又于2003年提出了沿江开发战略，为继乡镇企业"异军突起"和鼓励外向型经济发展后推出的另一重大战略举措。江苏在20世纪90年代中期就提出了建设"海上苏东"和发展海洋经济的战略构想，2009年6月国务院正式将江苏沿海发展列为国家战略。党的十八大以来，江苏通过因地制宜、分类指导、各展所长、优势互补等措施，大力支持苏南加快转型升级，全力支持苏北建设全面小康社会和六项关键工程，着力推进苏中融合发展、特色发展。

深入实施沿海开发"六大行动"计划,使传统的南中北三大区域变为"3+1"区域发展格局,又进一步把"3+1"发展格局转变成"1+3"功能区布局,重新构建江苏发展板块。区域协同发展战略的实施,提高了江苏区域经济增长的速度和质量,使得长期处于江苏发展低地和洼地的苏中、苏北地区,近年来的经济发展指标增幅超过全省和苏南平均水平,"南快北慢"变成了"南升北快",初步形成了区域间互动并进、竞相发展的良好格局。在推进区域协调发展的过程中,江苏始终坚持富民优先导向,根据资源禀赋和发展阶段,对区域功能、发展目标、产业选择和主攻方向进行了明确定位,努力实现特色发展、错位发展、协调发展,走特色化、差异化的创新发展道路,形成了区域协调发展的合力,近年来区域间居民收入差距呈现缓慢缩小的态势。

表6 江苏省区域居民收入差距的历史演变 (单位:元,%)

	城镇居民可支配收入					农民人均纯收入				
	苏南	苏中	苏北	苏南/苏中	苏南/苏北	苏南	苏中	苏北	苏南/苏中	苏南/苏北
2000	8406	7278	6611	1.15	1.27	4693	3577	3132	1.31	1.50
2005	15083	11659	10303	1.29	1.46	7336	5315	4297	1.38	1.71
2006	17391	13263	11799	1.31	1.47	8221	5915	4733	1.39	1.74
2007	20077	15526	13655	1.29	1.47	9293	6698	5352	1.39	1.74
2008	22756	16574	12536	1.37	1.82	10458	7582	6038	1.38	1.73
2009	24995	18480	14101	1.35	1.77	11517	8444	6738	1.36	1.71

续表

	城镇居民可支配收入					农民人均纯收入				
	苏南	苏中	苏北	苏南/苏中	苏南/苏北	苏南	苏中	苏北	苏南/苏中	苏南/苏北
2010	27780	20748	16020	1.34	1.73	12978	9626	7724	1.35	1.68
2011	31762	24052	18415	1.32	1.72	15213	11396	9246	1.33	1.65
2012	35827	27095	20822	1.32	1.72	17160	12877	10502	1.33	1.63
2013	39224	29706	22933	1.32	1.71	19107	14375	11769	1.33	1.62
2014	42753	31969	24177	1.34	1.77	20954	15476	12670	1.35	1.65
2015	46222	34758	26349	1.33	1.75	22760	16862	13841	1.35	1.64
2016	49920	37585	28515	1.33	1.75	24638	18320	15102	1.34	1.63
2017	54169	40920	31007	1.32	1.75	26759	20000	16501	1.34	1.62
增速	9.21	8.33	7.19	—	—	8.02	7.90	7.52	—	—

资料来源：相关年份《江苏省统计年鉴》

2000年以来，江苏省苏南、苏中、苏北等三大区域城乡居民收入保持了较快增长，并呈现出由北向南依次递增的态势。苏南、苏中、苏北的城镇居民人均支配收入由2000年的8406元、7278元和6611元增加至2017年的54169元、40920元和31007元，扣除物价指数后，2000—2017年苏南地区城镇居民可支配收入年均实际增速为9.21%，分别为同期苏中、苏北增速的1.1倍和1.28倍，苏南、苏北城镇居民人均可支配收入的比值由2000年的1.27∶1扩大至2017年的1.75∶1，苏南与苏中城镇居民人均可支配收入的比值由2000年的1.15∶1扩大至2017年的1.32∶1。2000—2017年，苏南、苏中、苏北地区农民人均纯收入由4693元、3577元和3132元增加至26759元、20000元和16501元,扣除物价指数后,苏南农民人均纯收入年均实际增速为8.02%,分别为苏中和苏北地区的1.02倍和1.07倍,苏南、苏北地区农村居民人均纯收入的比值由2000年的1.50∶1扩大至2017年的1.62∶1,苏南与苏中农村居民人均纯收入的比值由2000年的1.31∶1扩大至2017年的1.34∶1。从时间趋势看,2000—2008年期间,苏南地区的城乡居民收入增速快于苏中和苏北,致使区域间居民收入差距呈现扩大的趋势。消除物价指数后,2000—2008年苏南、苏中和苏北地区城镇居民人均可支配收入的年均实际增速分别为11.06%、8.69%和6.23%,苏南与苏中、苏南与苏北城镇居民人均可支配收入的比值分别由2000年的1.15∶1、1.27∶1扩大至2008年的1.37∶1和1.82∶1;2000—2008年苏南、苏中、苏北地区农村居民人均可支配收入的年均实际增速分别为7.59%、6.92%和5.66%,苏南与苏中、苏南与苏北农村居民纯收入的比值分别由2000年的1.31∶1、1.50∶1扩大至2008年的1.38∶1和1.73∶1。2008年之后,随着区域协调发展力度的加大,苏中、苏北地区城乡居民的收入增速超过苏南地区,区域间收入差距呈现缓慢下降的趋势。2008—2017年,苏南、苏中、苏北地区城镇居民人均可支配收入由22756元、16574元和12536元增加至2017年的54169元、40920元和31007元,消除物价指数后,年均实际增速分别为6.16%、

6.52%和6.53%，三大区域农村居民人均纯收入的年均实际增速分别为6.83%、7.12%和7.47%，苏北略快于苏南和苏中，由此引起了区域收入差距的缓慢下降。由表6可知，苏南与苏中、苏南与苏北城镇居民人均可支配收入的比值由2008年的1.37∶1和1.82∶1下降至2017年的1.32∶1和1.75∶1，苏南与苏中、苏南与苏北农村居民纯收入的比值由2008年的1.38∶1和1.73∶1下降至2017年的1.34∶1和1.62∶1。

三、加快垄断行业改革，行业收入差距呈下降态势

在经济增长的过程中，引起行业间收入差距变化的因素有：一，产品市场的不完全性引致的工资差异，如垄断性行业的高工资；二，行业技术特点致使对人才需求层次的不同，如信息传输、计算机服务和软件业与其他行业间的收入差距是由这一行业的技术特点所决定的，这属于合理的收入差距；三，行业本身的特点，如有些行业的工作比较危险，应该获得补偿性工资，如地质勘查业等。然而，渐进式改革的特点，决定了行业收入差距中很大一部分是由垄断造成的，如李实的研究表明，人力资本及员工素质大概只能解释垄断部门与竞争部门收入差距的1/3，剩下的2/3则来源于垄断地位。更为严重的是，行业间过大的收入差距使较多高质量的人力资源集中到垄断行业，抑制了经济发展活力。

改革开放以来,以效率为导向的市场经济体制的实施,致使我省行业间收入差距拉大,这正是市场机制"效率导向"的表现形式。同时,市场经济体制还不完善,使得垄断行业凭借其垄断地位获得了大量的垄断利润,与其他行业间的收入差距不断扩大。为此,江苏省不断加大垄断行业改革力度,积极发展混合所有制经济,规范国有企业高层管理人员职务消费和年薪,以扼制行业收入差距的扩大。将电力、油气等传统垄断行业纳入体制改革范畴,允许民间资本进入一些可以开放的领域,包括城市重大基础设施和公用事业,大力推进政府和社会资本合作模式(PPP),积极鼓励社会资本通过特许经营、政府购买服务等方式,投资参与传统基础设施项目的建设和运营。2016年3月,江苏省人民政府印发《关于国有企业发展混合所有制经济的实施意见》,以上市为主渠道、以发展公众公司为主要实现形式推进混改;以研发创新、生产服务等实体企业和新办企业、新上项目等为重点,积极引入非公有资本,优先发展混合所有制经济。大力支持省属企业与各类社会资本合作设立公司制和合伙制创投基金,参与新兴产业投资,实现借力。目前江苏省属企业发起或参与设立了80多个创投基金,直接投资金额超60亿元。改组国有资本投资、运营公司或将同类别企业重组为控股集团,为推进混改提供市场化操作平台;对暂不具备条件的企业推进股权多元化等。出台了员工持股试点政策,优先考虑国有控股上市公司、新三板挂牌公司开展员工持股试点。以混合所有制投资基金形式投资混改企业，实现股权多元、相互制衡的治理结构；鼓励国企上市工作，目前江苏国有控股上市公司数量已达 50 户，正在培育的上市企业有 39 户。通过垄断企业和国有企业改革的实施，江苏逐步消除各行业在市场上的不平等竞争状况，消除某些行业通过垄断和行政特权获得暴利的机会。在这种政策背景下，近年来江苏省行业收入差距的持续扩大得到了有效遏制，呈现出缓慢下降的趋势。

表 7　江苏不同行业收入差距构成及其演变　（单位：元）

年份	最高行业	最低行业	相对差距	绝对差距
1990	2650	1669	1.59	981
1995	10747	4880	2.20	5867
2000	32549	5297	6.14	27252
2005	46083	7573	6.09	38510
2010	132755	17539	7.57	115216
2011	130853	21683	6.03	109170
2012	126400	24167	5.23	102233
2013	152135	26877	5.66	125258
2014	186393	30154	6.18	186393
2015	181105	32535	5.57	148570
2016	203086	36263	5.60	166823
2017	218925	36967	5.92	181958

资料来源：相关年份《江苏省统计年鉴》

从行业分布来看，江苏高收入行业主要集中在金融业、电力燃气业、信息传输与计算机软件业、科学研究与地质勘查业、公共管理和社会组织等垄断经营性行业以及科技含量高的行业等；收入较低的行业主要集中在一些靠财政补助的基础性行业和传统劳动密集型行业（农林牧渔业、采矿业）以及充分竞争行业（如制造业、住宿餐饮业、批发和零售业）。由表7可知，1990—2017年期间，江苏省收入最高、最低行业的年均增速分别为12.76%、4.02%，行业收入差距迅速拉大，收入最高的行业与最低行业间的相对差距由1990年的1.59倍扩大至2017年的5.92倍，绝对差距由1990年的1669元扩大至2017年的181958元。从发展趋势看，1990—2010年是江苏行业收入差距迅速拉大的时期，该时期收入最高行业和最低行业年均实际收入增速分别为15.72%和7.02%，行业收入差距由1990年的1.59∶1扩大至2010年的7.57∶1。"十二五"以来，江苏省行业收入的相对差距呈现在波动中逐渐缩小的态势。2010—2017年间，行业收入差距由2010年的7.57∶1缩小至2017年的5.92∶1，自2014年以来，行业间的绝对收入差距也呈现波动中下降的趋势，由2014年的186393元下降至2015年的148570元，而后上升至2017年的181958元。"十二五"时期行业收入差距回落的原因在于政府逐步实行工业反哺农业的政策，农业基础设施逐步完善，向农林牧渔业的投入也逐年增大，使其平均工资增速加快，与高收入行业的差距有所减弱。

四、加大弱势群体帮扶力度，居民内部收入差距有所降低

江苏省依托不断完善的以城乡低保、灾害救助和农村五保供养制度为基础，以医疗、住房、教育、临时救助等制度为辅助，以经常性社会捐助、慈善救助、结对帮扶等社会帮困手段为补充的城乡新型社会救助体系，对低保对象、特困供养人员、生活无着人员以及因重大疾病、突发灾祸导致的弱势社会群体，给予困难家庭和人员救助和帮扶，使其充分享受发展成果。数据显示，2005年省级财政社会救助资金的预算超过3.75亿元，其中农村低保1.4亿元、城市低保7200万元、农村敬老院建设1.33亿元、救灾资金2500万元、农村医疗救助资金500万元；2018年社会救助资金30.31亿元，其中，城乡低保资金22.4亿元、医疗救助金2.4亿元、临时救助资金1亿元、救灾资金0.38亿元、特困供养1亿元、孤儿生活保障0.36亿元、流浪乞讨人员管理0.87亿元、"两节"慰问资金1.9亿元。截至目前，基本实现了符合低保条件的困难群众应保尽保，最低生活保障标准也多次提高，城乡低保平均保障标准分别达到每人每月583元和518元，在全国各省区中居第二位，46%的涉农县（市、区）实现城乡低保标准并轨，城乡一体化率全国领先。此外，江苏省加大扶贫开发力度，贫困线标准不断提高，经历了由1500元、2500元、4000元到6000元的

提升与演进，目前已消除绝对贫困现象，促进了低收入人口的收入增长，并由此降低了居民内部收入差距。

表8 江苏不同收入组城镇居民可支配收入的比较 （单位：元，%）

指标	最低	中低	中等	中高	最高	最高/最低	最高—最低
2000	2771	4387	6350	9510	14949	2.86	1591
2005	3355	6220	10295	17192	33699	3.36	5892
2010	6943	12280	19246	31300	61765	5.39	12178
2011	8497	14750	22479	35829	67126	10.04	30344
2012	10052	19404	25402	34220	73555	8.90	54822
2013	9517	21473	28900	38191	86755	7.90	58629
2014	12418	22192	31152	42483	74515	7.32	63503
2015	14234	24632	33252	44566	79350	9.12	77238
2016	15989	27057	36456	48646	84072	6.00	62097
2017	16874	29310	39694	52884	90992	5.57	65116
增速	8.84	9.44	9.01	8.26	8.84	—	—

资料来源：相关年份《江苏省统计年鉴》

改革开放以来，受经济体制与经济结构的双重影响，城镇居民收入差距经历了先上升后下降的趋势。2000—2011年，随着市场经济的发展，以及城镇居民在资金、财产等方面的差距逐渐扩大，高收入群体凭借财富的累积效应，取得了较快的收入增长，城镇居民收入差距不断扩大。其中，城镇居民最低收入组、最高收入组的收入水平分别由2000年的2771元、14949元增加至2011年的8497元、67126元，消除物价指数后，最高收入组的年均实际收入增速为10.88%，分别为最低收入组、中低收入组、中等收入组、中高收入组的 1.53 倍、1.36 倍、1.28 倍和 1.19 倍。最高与最低收入组的收入比值由 2000 年的 2.86∶1 迅速提升至 2011 年的 10.04∶1。而后，随着社会救助力度的增加以及其他有利于收入公平政策的实施，低收入组、中等收入组城镇居民的人均可支配收入增速超过高收入群体，使得城镇居民内部收入差距呈下降之势。2011—2017 年，城镇居民最低收入组、最高收入组的收入水平分别由 2011 年的 8497 元、67126 元增加至 2017 年的 16874 元、90992 元，消除物价指数后，低收入组、中低收入组、中等收入组、中高收入组、高收入组的城镇居民人均可支配收入的年均增速分别达到 12.11%、12.13%、9.94%、6.70% 和 5.20%，低收入群体和中低收入群体取得了收入的快速增长，并由此带动了城镇居民内部收入差距的缩小。最高收入组与最低收入组的人均可支配收入的比值由 2011 年的 10.04∶1 下降至 2017 年的 5.57∶1，下降了近一半左右。

表 9　江苏不同收入组农村居民内部收入差距及变化趋势　（单位：元，%）

指标	纯收入	最低	中低	中等	中高	最高	最高/最低	最高—最低
2003	4239	1558	2673	3652	5070	9416	6.04	7858
2004	4754	1751	3073	4235	5758	10292	5.88	8542
2005	5276	2314	3649	4773	6261	10551	4.56	8237
2006	5813	2235	3740	5122	7059	12444	5.57	10209
2007	6561	2827	4603	6001	7671	13187	4.67	10361

续表

指标	纯收入	最低	中低	中等	中高	最高	最高/最低	最高—最低
2008	7357	2819	4780	6637	8987	16183	5.74	13364
2009	8004	2815	5016	6953	9576	17990	6.39	15175
2010	9118	2994	5684	8028	11072	19977	6.67	16983
2011	10805	3455	6545	9453	13484	24148	7.0	20693
2012	12202	3860	7293	10680	15291	27072	7.0	23212
2013	13598	4558	8487	12038	16785	29945	6.6	25387
2014	14958	5163	9441	13370	18273	32638	6.3	27475
2015	16257	5529	10199	14352	19574	34802	6.29	29273
2016	17606	5804	11404	15819	21520	37610	6.48	31806
2017	19158	6218	12279	16942	23110	41693	6.71	35475
增速	8.45	7.49	8.58	8.66	8.52	8.30	—	—

备注：江苏省统计年鉴2003年后才有农村居民收入分组数据

农村居民内部收入差距也呈现与城镇居民相类似的变动趋势。改革开放以后，农村生产组织形式、经济结构以及劳动力就业结构的变化，导致农村内部收入差距随着农民收入水平的提高逐渐扩大，而后随着各项支农惠农政策的实施，尤其是农村扶贫投入的增加以及扶贫力度的加大，致使农村中低收入群体的收入增速高于高收入群体，农村内部收入差距呈现逐年下降的趋势。由表9可知，扣除物价指数后，2003—2012年期间，最低组、中低组、中等组、中高组和最高组的农民人均纯收入增速分别为6.89%、8.05%、8.88%、9.26%和8.68%，中高收入组的增速快于中低收入组，由此造成了收入差距的扩大,最高收入组与最低收入组农民人均纯收入的比值由2003年的6.04:1增加至2012年的7.0:1。之后,农村居民中的中低收入增速较快,带动了农村居民收入差距的缩小。2012—2017年间,扣除物价指数后,最低收入群体、中低收入群体的农村居民人均纯收入增速分别为7.98%和8.94%,高于中等以上的收入群体,由此导致农村居民内部收入差距的缩小。其中,最低收入群体的收入增速分别为中等群体、中高群体、最高群体的1.04倍、1.21倍和1.14倍;中低收入群体的收入增速分别为中等群体、中高群体、最高群体的1.17倍、1.35倍和1.27倍;农村居民最高与最低收入群体的收入比由2012年的7.0:1下降至2017年的6.71:1。

第七章
产业变迁促进共富

改革开放以来，江苏产业结构几经变迁，初步实现了从以传统农业和初级工业为主向以现代产业为主导的新型产业结构的演进。驱动这一演进进程的力量主要来自于两个方面：一方面，基于所有制变迁的产业组织结构的变化，集中体现在产业组织从改革开放前的人民公社制度向统分结合的双层经营体制，再向与新农村建设、振兴乡村相契合的新型农业组织转变；在企业层面，则在传统集体经济基础上创造了乡镇企业异军突出的伟大创举，并通过所有制改革开始向现代企业制度转变，同时，通过大力发展非公有制经济、引进外资经济，实现了对传统国有经济占主要地位的突破；而国有企业则经过几轮改革，向以混合所有制为重点的新型所有制结构转变。另一方面，基于主导产业更替的产业构成结构的变化，集中体现在20世纪80年代通过乡镇工业的发展，基本完成国民经济向工业经济转变；通过20世纪90年代及21世纪初外向型经济的发展，初步实现传统工业经济向国际化导向的新型工业经济的转变；通过2008年国际金融危机前后的产业转型升级，以发展战略性新兴产业为牵引开始向创新型经济转变，在这一阶段，服务业占比超过制造业成为国民经济的主导产业，但制造业为内核的实体经济仍决定着产业演进的性质和方向。审视改革开放以来江苏产业结构演进的恢宏历程，既要从宏观上理解主导驱动力的演变路线，也要结合丰富多彩的个案来审视，深刻理解驱动这一转变的根本力量来自于各类劳动者的勤劳创造，这一演进脉络为江苏走向共富奠定了重要的产业基础，也形塑了江苏共富之路的特色内涵。

第一节 产业变迁促进共富的内在机理

一、产业变迁的就业效应

就业是民生之本。就业是居民提升生活水平的主要途径，高水平就业是居民共享社会发展成果的关键所在。产业变迁是传统产业升级、新产业创造与产业融合发展等多种产业变革形态的统称。在不同类型产业变迁进程中，会产生不同的就业效应。具体分析，第一，在传统产业升级进程中一些传统就业岗位内涵发生改变。例如在经济新常态下，我国传统产业在转型升级过程中打开了一系列全新的就业空间。传统农业向现代农业转变，要求农业加强科技装备应用，赋予农业就业岗位以新内涵；在传统制造业向现代制造业转变过程中，传统就业形态相应发生变化，如智能制造对传统制造业的改造升级，相当于对传统就业岗位进行毁灭性创造。第二，在新产业孕育成长过程中，伴随传统就业机会的丧失，也会产生大量新的就业机会。例如，汽车取代马车，一方面摧毁了马车时代的诸多关联就业机会，另一方面也创造了更为现代、更加庞大的新的就业岗位。人工智能时代的到来更创造出大量前所未有的新岗位以及大量关联岗位。第三，在产业融合发展进程中，不同产业业态的交汇融合往往会产生新的就业机会，例如在发展农业"六次产业"的过程中，农业就业岗位不再局限于传统农业耕作，而形成农业电商、农业旅游等全新就业岗位。因此，必须全面准确理解产业变迁对就业的影响，在产业变迁中促进就业结构优化升级，形成有利于以就业促进共富的内生动力机制。

二、产业变迁的财富效应

人类产业发展的过程，本身就是财富创造和财富积累的过程。产业转型升级意味着财富创造方式的迭代升级,将以更加有效的方式创造社会财富。现代机器大工业,为人类创造巨量财富创造了条件,也让人类实现共富的古老梦想第一次具有了可能实现的产业基础。以制造业为核心的实体经济的发展,是实现共同富裕的物质基础。进入新时代,满足人民群众日益增长的需求,必须以工业品大规模生产和供应为前提,根本之策是建立起高度发达的实体经济生产体系和先进技术体系。为此,一方面要推进以制造业为重点的实体经济转型升级,在新的产业体系中创造以物质财富为主的社会财富;另一方面要切实扭转"脱实向虚"现象,防止出现财富的虚拟化、泡沫化。

三、产业变迁的分配效应

产业变迁伴随着财富创造方式与财富分配方式的变革。例如,在我国从传统农业社会转型至现代工业社会的进程中,现代工业的整体效率显著高于传统农业部类,这就使得工业创造社会财富的效率要高于农业,因此,在这一阶段,乡镇企业以及乡镇工业的崛起,本质上是以一种更具效率的方式创造和分配社会财富,工人工资要高于同期农民从事农业生产获得的社会财富。在人类历史上,产业变迁的重大变化,都会带来分配方式的重大变革。例如,近年来,农村淘宝、乡村旅游等农村创业形式的兴起,在很大程度上弥补了传统农业人口无法参与市场经济活动和社会分工的缺陷，事实上增加了农村劳动力的有效工作日，脱贫致富效果可谓立竿见影。

第二节 产业变迁对共富的影响

一、新中国江苏产业演变：艰辛探索埋下共富基因

新中国成立前，江苏经济除农业、手工业、商业等传统产业外，近代工矿业、交通运输业、邮电业、金融业等产业相继形成。1949年工农业总产值中，农业产业占58.7%，工业产值占41.3%。三次产业按从业人员和产值排列：第一产业（农业）居第一位，第三产业（交通、邮电、商业、金融等）居第二位，第二产业（工业、建筑业）居第三位。新中国成立后，江苏在恢复农业生产的同时进行土地改革、兴修水利，改进耕作制度、推广良种和使用新农具、新技术，农业生产力得到了恢复和发展。在这一阶段，第二、第三产业得到了较快增长。1957年，全省国内生产总值达65.11亿元，一、二、三次产业增加值占全省国内生产总值之比从1949年的52.7∶17.6∶29.7变化为46.0∶22.1∶31.9；劳动者人数占全省社会劳动者总人数之比从1952年86.98∶6.24∶6.78变化为85.97∶6.50∶7.63，农业仍然是全省产业体系中的主导产

业。1958年"大跃进",片面发展重工业,造成国民经济比例关系严重失调,三次产业结构急剧变动,农业占比迅速下降。1961年开始调整国民经济,恢复农业生产。1963—1965年"三年调整"期间,江苏农业继续得到加强,工业恢复发展,经济结构取向协调。1965年,江苏国内生产总值比1962年增长42.4%,第一产业增加值增长48.5%,第二产业增加值增长85.1%,第三产业增加值增长7.1%;全省国内生产总值中一、二、三次产业之比为43.3∶31.8∶24.9;全省社会劳动者人数中一、二、三产业之比为82.65∶9.20∶8.15。1966—1976年"文化大革命"期间,江苏经济受到冲击。其中,农村、城镇中小集体企业受冲击相对较少,农业、集体工业有所发展,农村社队工业兴起,按可比价格计算,1976年比1965年农业总产值增长52.0%,集体工业(包括社办工业)产值增长5.06倍。到1976年,一、二、三产业增加值占全省国内生产总值之比演变为33.2∶45.2∶21.6。① 总体而言,社会主义革命和建设时期,江苏在没有国家投资支援的情况下,自力更生建立了纺织、机械、化工、轻工和电子等5大支柱产业,为后来的发展奠定了坚实基础。

---

① 江苏省地方志编纂委员会:《江苏省志·综合经济志(上)》,江苏古籍出版社1999年版,第224—226页。

二、改革起步阶段的产业变迁：比较优势释放共富空间

改革初期，江苏经济已形成一定规模。1978年，江苏第一产业实现产值68.71亿元，占全国3.9%；第二产业实现产值131.09亿元，占全国3.1%。江苏既具有与全国其他地区相似的产业结构，也有着自身相对特殊的经济特色。就制造业而言，与东北等重型制造业发达且计划经济处于绝对控制地位的地区相比，江苏制造业分布较为分散，建立在社队经济基础上的制造业产品以轻工业产品为主，较为贴近市场，这为日后乡镇企业的兴起奠定了基础。立足比较优势，发挥主观能动，积极服务国内市场，是江苏在改革初期产业结构演进的鲜明特点。

一是产业矛盾突出，释放比较优势成为产业成长的优选路径。新中国成立以后，江苏经济基本以传统农业为主，工业和服务业发展相对缓慢，但传统的轻纺工业、化工、机器制造、建材等发展较快。改革开放初期，江苏已经形成了一定的现代产业基础。1977年，江苏地区国内生产总值为487.98亿元，其中第一产业产值为89.16亿元，第二产业产值为326.37亿元，第三产业产值为72.45亿元，其中工业产值为297.12亿元；三次产业占比为26.3∶52.0∶21.7，其中工业占比为41.8%。1979年11月，江苏省委工作会议对改革初期的江苏经济

进行了全面分析：一是农业的发展同工业的发展以及同城乡人民改善生活的要求不相适应，总体发展处于滞后状态；二是轻工业的发展落后于重工业，大力发展与人民生活水平改善密切相关的轻工业成为时代的迫切愿望；三是国民收入的分配、积累率过高，基本建设战线过长，影响人民生活的改善和提高，因此要处理好积累、投资与消费，当期、近期与中远期的关系；四是劳动就业的矛盾较突出，缺乏足够的就业岗位，亟待创造更多的就业岗位；五是人才缺乏、青黄不接的现象严重等等，发展现代化产业缺乏足够的人才支撑。会议提出，江苏要充分发挥人力资源丰富、科学教育文化事业较发达、社队工业发展较快等优越条件，发展一些精密度较高、原材料用量较少、国内有广阔市场而容纳劳动力又较多的劳动密集型行业。改革初期江苏产业结构是由历史形成的，其中农业基础较好为江苏向现代农业转型奠定了基础，社队工业则为20世纪80年代乡镇企业的崛起提供了条件，轻重工业结构失衡要求江苏发挥比较优势大力发展轻工业，这些产业初始特征在很大程度上决定了江苏在改革开放初期的产业结构演进路径。

二是制造业快速扩张，产业高度化为共富创造关键条件。江苏改革从农村起步，极大地解放了农业生产力，农业快速发展。但与农业相比，江苏制造业扩张速度更快，成为国民经济主导产业。1991年，江苏第二产业实现产值3416.59亿元，是1978年的9.01倍，而第一产业增长了 5.49 倍，第三产业增长了 10.03 倍。1991 年江苏三次产业的比例为 12.05∶70.88∶17.07，在国民经济中，制造业处于绝对主导地位。从改革开放到 1992 年我国确立社会主义市场经济发展目标的改革早期阶段，传统产业在江苏产业结构中的占比呈持续下滑的态势。在江苏的产业中，农业、食品制造业、纺织业、建筑材料及其他非金属矿制品业、建筑业、货运邮电业、电子及通信设备制造业等产业在江苏经济地位有不同程度的下降，其中除电子及通信设备制造业外，其余大部分是江苏的传统产业，这些产业过去一直在江苏经济中起着支柱作用。制造业的快速发展，成为创造财富的重要产业部门，对带动和促进共富提供了有利条件。

专栏 1　比较优势的释放：江苏轻工业步入快速发展

据相关统计到 1997 年，江苏轻工业发展成为 22 大类、44 个行业、3 万多种产品的全国重要的消费品生产基地之一。从 1978 年到 1997 年，江苏全省轻工业完成工业总产值增加 7 倍，年均增长 11.56%。家电、造纸、食品、塑料、工艺美术、照明电器等 11 个行业逐步发展为支柱产业，11 个行业产值占全省轻工业总产值的近 60%，利税占全省轻工业利税总额的 80%；企业规模不断壮大，大中型企业占全部企业的比例由 6.64% 上升至 13%，年产值超亿元的企业和集团已由 1990 年的 18 家发展到 1997 年 60 多家；涌现出长城电器、小天鹅洗衣机、香雪海冰箱、金狮自行车、森达皮鞋等知名产品；苏州刺绣精品、宜兴紫砂茶具、常熟雕绣台布、南京金箔等产品名扬海内外。

三是部分服务业部门强势增长，服务业成为涵养共富的新向度。改革开放以前，受思想观念和发展战略的影响，江苏服务业发展一直比较缓慢。党的十一届三中全会和1979年4月召开的中央工作会议，确定了对国民经济实行"调整、改革、整顿、提高"的方针。这两次会议精神的传达贯彻，对江苏的经济建设产生了重大而深远的影响。1979年11月10日至17日，省委召开工作会议，研究讨论根据江苏的实际情况，切实搞好国民经济的调整工作，以进一步实现中央关于把全党全国工作的着重点转移到社会主义现代化建设上来的战略决策。会议明确了根据江苏地理位置优越和交通运输条件好、经济虽较发达但内外贸易不适应的特点，在生产发展的基础上，大力发展内外贸易的指导思想。1979年开始，江苏按照建立具有中国特色的社会主义商业体制的目标，在国营商业的经营体制和管理体制方面进行了初步改革。在改革开放政策推动下，江苏商业、运输、邮电、金融业等迅速扩张。不过这一段时间服务业的发展仍然以传统服务业为主，批发和零售贸易餐饮业、运输邮电业、金融保险业是江苏服务业中的主要产业。1991年，三者占江苏服务业的比重分别是30.3%、17.4%和16.8%。

1979—1991年，服务业占国民生产总值的比重由17.88%提升到28.87%，服务业对江苏国民经济的贡献度已达到较高水平。

总体而言，改革开放初期，江苏全省特别是苏南地区解放思想，大胆探索，依托原有村办企业的基础大力发展加工制造业，带来了乡镇企业的异军突起，推动了江苏"农转工"的步伐。在江苏经济的第一次转型中，以制造业为主干的实体经济是主要的经济形态，实物形态的加工制造产品成为当时江苏产业结构的主体力量。但囿于当时的生产力水平和组织水平，乡镇企业产品质量不高，日用消费品等轻工业产品是主要产品结构形态。值得指出的是，在这一时期，江苏涌现出了不少著名的产品，例如苏州出产的长城电扇、香雪海电冰箱、孔雀电视机、春花吸尘器风靡全国，成为苏州"四大名旦"。在当时我国整体技术水平较为落后的情况下，这些品牌体现了江苏制造对品质的追求，代表了当时我国的产业前沿水平。

三、市场化转型初期产业变迁：共富实践新跃升

市场化改革初期主要指1992年到2001年中国加入世界贸易组织这一阶段。1992年党的十四大确立了社会主义市场经济体制的改革取向，1993年党的十三届四中全会对建立社会主义市场经济体制进行了全面部署。江苏得改革开放风气之先，在全国率先开展了市场化改革，

相应的产业发展也沿着市场化道路大踏步前进。在这一时期，江苏产业演进呈现日渐显著的市场化和高级化特征。一是乡镇企业的体制基础发生了深刻变化，集中体现在乡镇企业的产业模糊的特征适应了改革早期的经济社会大环境，但与新的时代特征逐渐变得不相适应，亟待进行根本变革，明确产业性质，建立现代企业制度。江苏在20世纪90年代中后期开始推进乡镇企业改制，到21世纪初期基本完成改制，为地区经济的长期稳健发展奠定了重要的体制基础。二是国企改革攻坚取得突破，市场微观主体活力显著提升，到2000年国有企业改革与脱困三年目标基本完成，混合所有制经济和非公有制经济快速发展，政府调节能力有所增强，社会保障体系初步建立。三是外向型经济迅速发展，产业更深融入经济全球化进程。到2000年，全省外贸进出口总额达到456.4亿美元，"九五"年均递增22.9%，五年累计实际利用外资324.8亿美元。四是内需拉动产业发展的动力更加充沛。江苏消费在促进国民经济增长中的贡献度从1979年的90%下降到1997年的40.1%。1998年，为应对亚洲金融危机的冲击，江苏落实中央部署，着力扩大内需，面向内需的产业发展取得显著成就。到2000年，三大需求全面回升，增强了对经济增长的拉动力。全省投资、消费、净出口对经济增长的贡献率分别为44.0%、46.7%和9.3%。在市场化改革与产业结构调整的同步推进中，江苏产业规模、质量与结构都继续发生深刻变化。

1. 农业结构调整持续推进

江苏加大种植业结构调整力度，粮食面积缩减，棉花、油菜、蔬菜和花卉苗木等经济作物面积扩大。到2001年，农村工业等非农行业已成为全省农村经济发展的重要支柱。在农业结构中，种植业产值占农林牧渔业总产值的比重调整为45.7%，比1997年下降了3.7个百分点。在农业内部结构中，粮食和其他农作物的播种面积之比由1997年的近75∶25调整到2001年的63∶37。在农产品品种结构中，优质品种比重日趋提高，2001年全省优质小麦面积比重上升到20%，专用小麦比重达12%，"双低"油菜比重提高到80%，高品质棉比重达30%，三元杂交瘦肉型商品猪占出栏生猪总量的比重为41.7%，优质地方家禽比重占42.1%。农业产业化经营全面推进，涌现出一批与农民利益联系较为紧密、带动面广的龙头企业。科技兴农战略的实施，提高了农产品科技含量，科技在农业增长中的贡献份额已达到54%，比全国平均水平高10多个百分点；农业综合生产能力进一步增强，水稻亩产连续7年超千斤，列全国水稻大省之首。①

2. 产业组织结构发生积极变化

以国企改革、乡镇企业改制为主体，江苏产业组织

---

① 江苏省统计局：《农业和农村经济再上新台阶》，《江苏统计》，2002年第11期。

结构在改革深化中出现深刻变化，新经济组织比重逐步提升。党的十五大提出以公有制为主体、多种所有制经济共同发展，是我国社会主义初级阶段的一项基本经济制度，公有制实现形式可以而且应该多样化，非公有制经济也是社会主义市场经济的重要组成部分等，从而使我国改革开放和现代化建设迈出了新的步伐，为江苏经济体制改革指明了方向。江苏积极推进国有企业、乡镇企业等领域改革，产业组织结构不断优化。通过优化国有经济布局，使国有经济从一些竞争性行业逐步退出来，而强化其在石油、石化、电力、航空航天等重要行业和关键领域的支配地位，充分发挥其支撑、引导和带动整个经济发展的积极作用。国有大中型企业按照党的十五大提出的"三年两项任务"和"三改一加强"的目标，采取改组、兼并、出售、破产等形式加快搞活企业，顺利实现了国有企业三年脱困的预定目标。到2001年，全省国有大中型工业企业的改制面达89.8%，国有小型企业的改制面达89.8%，大部分国有大中型骨干企业初步建立了现代企业制度。1997到2001年，全省国有企业户数从3452个减少到1410个，但实现利润从28.01亿元上升为36.95亿元。通过积极提升个私、外商等新经济组织的资本比重，初步确立了工业投资主体多元化的全新格局。与此同时，私营经济的比重由1997年的1.33%上升到2001年的11.21%，呈现急剧上升之趋势。① 在这一时期，江苏着力培育一批有国际竞争力的大企业、大集团，使其成为现代市场竞争中的龙头骨干力量，一批技术力量强、拥有知名品牌和明显竞争优势的大企业、大集团在全省工业经济中拉动作用日益增强。

3. 工业结构重工业化、高加工度化趋势进一步彰显

江苏工业结构逐渐从传统的以轻工业为主转变为以重工业为主。江苏轻工行业起源于传统手工业，历史悠久，行业众多。《江苏省志·综合经济志（轻工卷）》显示，1979年，国务院作出大力发展消费品生产的决策，江苏轻工业发展步伐加快，并将新产品开发作为重要内容，在全国轻工业系统中率先提出"生产一代、储备一代、研制一代、规划一代"的战略决策。1981年，江苏省政府作出对轻工集体企业以1980年利润为基数，增长部分的所得税和上缴合作基金都减半征收的扶持政策，使轻工企业普遍增强了自我发展能力，技术改造取得突破性进展，仅1982—1987年靠老企业改造挖潜增加的产值约占70%。到20世纪80年代中期，全省轻工业形成47个行业、生产两万多个花色品种的产品，并拥有一批专业化协作配套的消费品生产基地。塑料制品、自行车零件、味精、皮革、皮鞋、搪瓷、大型专用衡器、灯泡等34种产品产量在全国领先。1992年全省轻工行业有近

---

① 江苏省统计局：《工业竞争力稳步提升，高新技术产业快速发展》，《江苏统计》，2002年第11期。

万个企业，其中集体企业占全部企业总数的80%。有1/4的企业承担出口产品生产任务，销往100多个国家和地区。江苏轻工业产品中，拳头产品的覆盖面较小，名优产品增长较慢，由于市场竞争激烈、产品成本高等因素，1990年系统内出现亏损企业739个，亏损面达1/4，不少企业负担过重，缺乏自我改造和发展的能力。到2001年，江苏轻工业比重已降至42.5%，重化工业比重上升至57.5%，江苏制造业由以原材料工业为重心向以加工组装为重心转变。① 早期江苏的加工贸易以纺织、服装、玩具、鞋帽等劳动密集型产品为主，随着越来越多的外商投资企业来华从事加工贸易，机电产品特别是高新技术产品在加工贸易中的比重越来越高。② 2001年，江苏加工贸易出口机电产品200亿元，占加工贸易出口总额的60%，占全部机电产品出口的74%。加工贸易出口中，计算机、通讯设备、视听产品占有重要地位，不仅使加工贸易出口产品档次大大提高，而且使江苏省出口产品结构大大改善，这也为后来的外向型经济的扩展奠定了坚实基础。

在这一阶段，江苏依托自身比较优势嵌入全球制造业分工体系，出口商品结构持续优化，初级产品出口比重大幅下降，工业制成品尤其是机电和轻纺深加工产品

---

① 江苏省统计局：《结构调整显成效》，《江苏统计》2002年第11期。
② 顾灏明：《江苏省加工贸易现状及其优化途径》，《江苏统计》2003年第5期。

比重大幅上升，涌现了一批骨干机电企业，产品的技术层次也出现了重大改观，计算机、船舶、电子元器件、汽车及零部件、电动工具、数控机床等一批资金技术密集型的产品逐步占据主导地位。江苏成为全国工业重镇，在全球制造业版图中逐渐占有一席之地。

四、"入世"后的产业结构演进：开启共富新空间

进入新世纪以来，特别是2001年底中国加入世界贸易组织以后，国内外经济环境发生了较大的变化，江苏产业尤其是制造业进入了全新的发展阶段，展现出极为旺盛的发展态势。

1. 外向型经济爆发式增长，产业深度融入全球分工体系

为应对中国入世带来的机遇与挑战，江苏省委、省政府在2001年11月出台《江苏省应对加入世贸组织工作要点》，提出适应全方位对外开放的要求，加快转变政府职能；按照世贸组织规则和我国政府承诺，提高地方性法规、规章、政策的统一性和透明度；把握国际资本流动趋势，及时调整利用外资策略；深化外贸体制改革，增强拓展国际市场的能力；加快实施"走出去"战略，提高国际化经营水平；建立国际贸易争端预警及咨询服务网络，完善符合世贸组织规则的外经贸促进体系；把苏州市建成全面应对"入世"的先行示范区等政策举措。

伴随中国"入世",开放型经济已具备较强发展基础的江苏迎来了新一轮发展机遇,实现了开放型经济的跨越式发展。2011年,江苏年出口额超亿美元的单项商品数量是2001年的近10倍。除了传统的纺织服装轻工产品和农产品,计算机及零件、太阳能电池、船舶等高新技术、机电产品已经成为拉动江苏进出口增长的重要力量。江苏民营外贸企业进出口占全省比重从2001年的1%上升至2010年的15.2%。民营企业逐渐成为江苏参与国际贸易投资合作的主力。江苏的贸易伙伴不断增加,到2001年,年出口额超过1亿美元的市场由33个增加到97个。美洲、欧洲、亚洲是江苏传统的出口市场。在这些传统市场更加巩固的同时,东盟、拉美、非洲等新兴市场也迅速成长起来。2010年,全省进出口总额达4658亿美元,其中出口2706亿美元,实际利用外资五年累计超过1100亿美元,保持全国第一,服务业利用外资比重比2005年提高18个百分点以上,境外协议投资累计达到45亿美元。

2. 加速融入全球分工,逐步成为世界级制造业重镇

中国加入世界贸易组织,为中国提供了参与全球分工、融入世界市场的全新机遇,成为发挥制造业比较优势的绝佳机会。江苏抢抓机遇,以苏南为核心区,大力发展外向型经济,以加工制造为主要产业环节,嵌入全球分工体系,带来了制造业的强势增长,江苏制造成为中国参与全球分工的一张名片。2001年,江苏全年完成

工业增加值 4269.1 亿元，其中机械、电子、化工、汽车为四大支柱产业，大中型工业增加值 1383.6 亿元，占工业增加值的 32.4%。到 2010 年，江苏全年规模以上工业增加值达 21223.8 亿元，实现了较快的增长。这一时期，江苏制造业的增长主要依靠融入国际市场，出口导向型经济的扩张成为带动江苏制造业的重要力量。与此同时，江苏积极推动以制造业为主体的产业结构调整。2006 年，在江苏省委第十一次党代会上，江苏提出切实转变经济增长方式，走新型工业化道路。加快转变经济增长方式是江苏科学发展的必然要求，新型工业化是江苏科学发展的第一方略。为此，要大力发展先进制造业特别是先进装备制造业，做大做强做精优势产业。2006 年 11 月，江苏省召开全省新型工业化会议，明确提出大力发展新能源、新医药、新材料、环保等新兴产业。2007 年，江苏新兴产业发展提速，光伏和风机制造产业链进一步完善，泰州医药城建设进展顺利，新材料、生物新产品开发活跃。2008 年尽管发生了全球性的金融危机，在江苏省委、省政府的高度重视和统一部署下，全省各地把新材料、新能源、新医药、环保产业等作为产业结构调整的方向和培育的重点，新能源、新材料、新医药和环保等新兴产业仍然保持了较高的增长速度，成为江苏经济发展中的新亮点。

3. 服务业加速发展，内部结构显著优化

2002年，江苏出台了《江苏省政府关于加快发展服务业的意见》，提出服务业增加值年均增长速度要适当高于国民经济增长速度，到2005年，服务业增加值占国内生产总值的比重提高到40%，从业人员比重提高到33.5%；并明确了服务业的发展重点：连锁经营、现代物流业、信息服务业、旅游业、房地产业、金融业、中介服务业、社区服务业、会展业，积极拓宽服务业发展领域。这一文件的出台为服务业的快速增长提供了后续动力。2001—2005年，服务业增加值年均增长12.7%，2005年服务业增加值占国内生产总值的比重达到35.4%，服务业从业人员比重为34.2%。2005年6月，江苏省委、省政府先后发布了《关于加快发展现代服务业的若干政策》《关于加快发展现代服务业的实施纲要》等文件，为推动现代服务业发展提供了目标、方向、政策等。2006—2010年，江苏服务业增加值年均增长14.4%，增速高于国民生产总值年均增速0.9个百分点，服务业增加值占GDP比重年均提高1个百分点。2010年，全省实现服务业增加值16731.4亿元，服务业增加值占地区生产总值比重达40.9%。商贸流通、交通运输等传统服务业加速改造升级，软件、金融、现代物流、商务服务业和文化产业等新兴服务业保持较快增长，服务业内部结构日益优化。

五、经济发展新常态下产业变迁：高质量发展提升共富质态

2008年国际金融危机前后，基于转型升级的内在需求和国际市场冲击的外部压力，江苏先行展开经济结构战略性调整，需求结构、生产结构、企业组织结构、产品结构、商业模式均出现深度调整，以投资驱动、国际代工为代表的传统增长动力逐步衰减，以战略性新兴产业、生产性服务业为核心引擎的新增长动力加速形成。随着我国经济发展进入新常态，江苏经济也呈现新特点，面临新挑战。在经济发展新常态下，江苏产业结构演进进入新阶段。

1. 发展壮大乡村产业，促进农民收入持续较快增长

2019年江苏省委1号文件聚焦推动农业农村优先发展、做好"三农"工作，提出壮大乡村产业的系列举措，带动农民增收。一是做大做强现代农产品加工业。加快现代农业园区、农产品加工园区、物流园区建设，打造一批50亿级和百亿级的国家级现代农业园区、省级农产品加工集中区，建设一批省级现代农业产业示范园，推动优势特色产业集群发展，尽可能把产业链留在乡村，让农民更多分享产业增值收益。鼓励家庭农场和农民合作社发展农产品产地初加工，推动农产品就地转化增值。鼓励农业龙头企业加快发展农产品精深加工和综合利用加工，牵头组建农业产业化联合体，打造一批行业领军

型企业和农产品加工强县，到2020年农产品加工产值与农业总产值之比达到3.2∶1。加强农副产品批发市场、农产品物流骨干网络和冷链物流体系建设。推进农村一二三产业融合发展，积极开展试点示范，发展一批示范区和先导区。二是发展乡村新型服务业。推进农业区域性综合服务平台建设，鼓励通过政府购买服务等方式，支持供销、邮政、农业服务公司、新型农业经营主体和农村集体经济组织、农村专业技术协会开展各类农业生产社会化服务。鼓励将农村敬老院等养老服务设施委托给涉老社会组织等社会力量运营管理，推进农村互助式养老院建设。实施"百园千村万点"休闲农业精品行动，大力推进休闲设施升级、服务水平提升、文化内涵彰显。加强乡村旅游基础设施建设，改善卫生、交通、信息、邮政等公共服务设施，规划开发一批乡村休闲旅游度假产品。打造农村科技服务超市升级版，提升农业科技成果交易平台运行服务能力。

专栏2　打造引领农民致富的千亿级农业产业

江苏从2018年秋播开始，调整农业布局，调减非优势区低效粮食作物，重点推动优质稻米、绿色蔬菜、休闲农业、现代种业四个千亿级产业发展规划实施。大力推广优良食味水稻新品种，逐步重点建设50个味稻小镇，打造一批优质稻米产业示范县；突出做精做优，推进"菜篮子"工程基地、上海外延蔬菜基地、出口蔬菜基地建设，培育30个左右绿色蔬菜产业强县；把种子种苗作为农业"芯片"工程来抓，为农业调整结构、提质转型、农民致富提供支撑。

——江苏省农业委员会：《关于做好2018年秋播和2019年
　　农业提质增效工作的指导意见》，2018年9月18日

2. 在振兴实体经济中提升产业共富能力

实体经济是江苏经济最厚的家底子。江苏推进产业共富，必然要靠振兴实体经济。在高质量发展的轨道上，江苏推进实体经济发展的重点是培育先进制造业集群，以此提升江苏产业共富的高度和力度。2018年6月，江苏省政府发布《关于加快培育先进制造业集群的指导意见》，提出重点培育新型电力（新能源）装备、工程机械、物联网、高端纺织、前沿新材料、生物医药和新型医疗器械、集成电路、海工装备和高技术船舶、高端装备、节能环保、核心信息技术、汽车及零部件、新型显示等13个先进制造业集群；坚持质量第一、效益优先，紧扣"走在前列"目标，牢牢把握高质量发展要求，以供给侧结构性改革为主线，以优化制造业空间布局为重点，聚焦重点集群培育，突出抓创新、强主体、拓开放、促融合，推动产业链、创新链、人才链、政策链相互贯通，切实强化和改进工作推进机制，完善政策支持和激励机制，充分发挥先进制造业集群在促进江苏制造向江苏创造转变、江苏速度向江苏质量转变、江苏产品向江

苏品牌转变中的关键支撑作用，奋力谱写新时代制造强省建设新篇章。

受发展基础和发展路径影响，目前江苏产业整体上仍处于全球产业链中低端，转型升级的任务十分繁重。经过多年持续转型，江苏产业结构不断优化。如2017年江苏完成第三产业增加值43169.44亿元，比上年增长8.2%。第三产业占江苏地区生产总值比重为50.3%，为2015年以来第三年实现第三产业比重超过第二产业。第三产业已经成为经济增长的第一动力。同时，服务业内部结构也在不断优化，成为江苏产业转型升级的重要体现。江苏产业创新力显著提升，深入实施创新驱动发展战略，召开江苏发展大会，开展对接大院大所活动，落实科技创新40条，制定人才26条、知识产权18条，建设省技术产权交易市场并上线运行，大中型工业企业和规上高新技术企业研发机构建有率达90%左右，企业专利授权量占全省的70%以上。加快推进产业科技创新中心和先进制造业基地建设，2017年全社会研发投入占地区生产总值的比重达2.7%左右，万人发明专利拥有量达22.4件，高技术行业增加值增长11.8%，装备制造业增加值增长9.5%，服务业增加值占比达50.3%，高新技术产业投资增长8.1%，高新技术产业产值增长14.4%，高新技术企业超过1.3万家，科技进步贡献率达62%，区域创新能力连续多年保持全国前列。江苏战略性新兴产业规模全国领先。全省2017年战略性新兴产业产值增长

13.6%,销售收入占规上工业总产值比重达31%,比上年提高0.8个百分点;规上工业新产品产值增长18.9%,工业机器人、服务器、3D打印设备产量均增长50%以上,限上批零业网上零售额增长49.8%。在新兴产业领域,全省涌现出徐工集团、国电南瑞、天合光能等一批龙头骨干企业和细分行业领军企业。全省120家超百亿元工业企业(集团)中新兴产业企业超过一半,成为推进战略性新兴产业发展的主要力量。相对于要素驱动和投资驱动,创新驱动主要依靠技术进步和科技创新,经济发展将更加注重知识积累、制度规范、品牌建设、智力资源、有效信息等高级要素的投入。未来江苏将进一步强化区域创新能力,提高经济增长质量,有望在全国率先转入创新驱动型的高质量发展轨道。

3. 制造业整体稳健增长,质量效益显著提升

江苏是全球制造业重镇,实体经济是江苏经济的底色和底气所在。近年来,江苏高度重视推进制造业转型,并取得积极进展。根据国家质量监督检验检疫总局2017年8月公布的《2015年全国制造业质量竞争力指数公报》,2015年江苏省制造业质量竞争力指数是89.86,在全国排在第四,高于全国(83.51)和东部地区(87.48)平均水平。纵向来看,2008年以来,江苏省制造业竞争力指数总体呈现稳步上升态势,从2008年的86.95提高到2015年的89.86,提高了2.91个百分点。2017年,江苏全省实现规模以上工业增加值35117.44亿元,其中,

高技术行业、装备制造业增加值分别增长 11.8%、9.5%,增速分别比规模以上工业高出 4.3 个、2 个百分点。高新技术产业产值比上年增长 14.4%,占规模以上工业总产值的比重达 42.7%。全年工业机器人产量增长 99.6%,3D 打印设备增长 77.8%,新能源汽车增长 59%,服务器增长 54.2%,光纤增长 42.4%,智能手机增长 26.4%,太阳能电池增长 25.9%。这表明,江苏制造业中的新产业、新业态的占比快速提升,推动制造业内部结构不断优化,正在重塑江苏制造业的结构、质量与内涵。

4. 服务业主导地位形成,服务业引领产业迈向中高端

2011 年,江苏省委、省政府出台《关于进一步加快发展现代服务业的若干意见》,在全省组织实施了现代服务业"十百千"行动计划、生产性服务业"双百"工程、互联网平台经济"百千万"工程三大行动,有效推动了全省服务业优先发展。2012 年 8 月,江苏省政府办公厅转发省发改委《江苏省省级服务业综合改革试点工作总体方案》,全省各地积极响应,共有 11 个省辖市的 19 个县(市、区)或开发区报名,争取进入第一批试点单位。2016 年,江苏省发改委出台《江苏省生产性服务业"双百工程"实施方案》,"双百工程"即在全省培育形成 100 家在全国有较强影响力和示范作用的生产性服务业集聚示范区及 100 家处于行业领先地位、具备显著创新能力

的生产性服务业领军企业。在政策的强有力引导下,江苏服务业不断深入发展,2015年,全省实现服务业增加值首次超过3万亿元,达3.4万亿元;同年,全省服务业增加值占GDP比重达48.6%,首次超过第二产业占比,全省经济结构实现了由"二三一"向"三二一"的根本性转变。2016年,江苏省实现服务业增加值38152亿元,比上年增长9.2%,增速高出地区生产总值增速1.4个百分点;全省服务业增加值占地区生产总值比重为50.1%,占比首次超过50%,服务业首占"半壁江山"。2017年第三产业占GDP比重达到50.3%,高于第二产业5.3个百分点。2017年,江苏省服务业增加值为43169.4亿元,总量上仅次于广东(47488.28亿元),高于上海、浙江和山东。从增速上来看,2016年江苏服务业同比增长8.2%,增速不仅显著高于全国平均水平,也高于上海,显示出江苏现代服务业强劲的发展势头。经济发展新常态下,江苏服务业内部结构也在不断改善。2016年,信息传输、软件和信息技术服务业,文化、体育和娱乐业,租赁和商务服务业等行业增速都高达20%以上,远高于服务业平均增速。除批发和零售业,交通运输、仓储和邮政业,住宿和餐饮业这几个传统服务业增速较为平稳以外,其他服务业增速均高于江苏服务业平均增速。从所占比重来看,批发和零售业仍然是服务业中第一大产业,其次是金融和房地产业,占服务业比重均在10%以上。

第三节 产业变迁促进共富的江苏经验

一、注重人在共富实践中的核心地位

人在财富创造中的核心地位包括两重涵义。其一,人是财富创造的主体。马克思主义认为,人是生产力中最活跃的因素。建设"百姓富"新江苏的决定性因素在于发挥人的积极性和创造力。例如,输血式扶贫只能解一时之困,要想根治贫困走向富裕,必须走造血式扶贫道路。近年来,农村淘宝、乡村旅游等农村创业形式的兴起,在很大程度上弥补了传统农业人口无法参与市场经济活动和社会分工的缺陷,事实上增加了农村劳动力的有效工作日,脱贫致富效果可谓立竿见影。其二,人是财富创造的目的。马克思主义政治经济学的着眼点,就是把人民作为生产的目的。资本主义经济发展之所以危机重重,一个重要原因就是把资本的增殖和扩张作为生产的根本目的,只见"物"不见"人",更不见人民,作为社会主体的人特别是人民大众异化成了生产剩余价值的工具,甚至在社会中形成了"1%与99%"的分化对立。历史和现实反复证明,如果社会生产不以人民为目的,不仅是不正义的,更是违背社会发展规律,是不可持续的。实现"百姓富",既要把实现好、维护好、发展好最广大人民的根本利益作为发展的根本目的,又要把

调动人民的积极性、主动性、创造性作为发展的强大动力，努力形成人人参与、人人尽力、人人享有的生动局面。

二、更好发挥企业家精神在共富实践中的关键作用

2014年8月，习近平总书记在中央财经领导小组第七次会议上提出："企业家有十分敏锐的市场感觉，富于冒险精神，有执着顽强的作风，在把握创新方向、凝聚创新人才、筹措创新投入、创造新组织等方面可以起到重要作用。"改革开放进程中，以"三创三先"为内核的新时期江苏精神，正是新时期江苏人敢于创新、勤于创业、勇于创优的进取精神，是企业家精神蕴藏在民众之中的生动写照。这一精神富藏是新时期江苏实施"大众创业万众创新"的宝贵财富，也是江苏拓展创富渠道的可靠依托。2018年6月，江苏省委省政府出台《关于营造企业家健康成长环境　弘扬优秀企业家精神　更好发挥企业家作用的实施意见》，提出以习近平新时代中国特色社会主义思想为指导，贯彻新发展理念，落实高质量发展要求，坚持厉行法治、改革创新、遵循规律、优化服务、典型示范的原则，着力营造依法保护企业家合法权益的法治环境、促进企业家公平竞争诚信经营的市场环境、尊重和激励企业家干事创业的社会氛围，引导企业家爱国敬业、遵纪守法、创业创新、服务社会，调动

广大企业家积极性、主动性、创造性，更好发挥企业家作用，培养一批具有全球战略眼光、市场开拓精神、管理创新能力和社会责任感的优秀企业家，为推动高质量发展、加快建设"强富美高"新江苏提供强劲动力。

三、更加注重社会调节在财富创造与分配中的独特价值

提升社会生产力水平是"百姓富"的必要条件，但不是充分必要条件。财富的分配与财富的创造同样是影响"百姓富"的重要因素。收入分配制度是处理利益攸关方共同利益的最为直接的途径，与各相关主体的利益息息相关。当前及今后很长时间内，我国仍将处于社会主义初级阶段，要坚持从实际出发，将收入提高建立在劳动生产率提高的基础上，将福利水平提高建立在经济和财力可持续增长的基础上。[1] 新时期收入分配制度改革必须在兼顾公平与效率的基本框架内进行，找准"发展"与"共享"的黄金平衡点。第三次分配具有强烈的社会自主性和道德性，是公民在自主资源的基础上在社会成员内部进行财产直接或间接转移，是社会成员在道德力量影响和支配下进行资源行为，体现了公民主体的社会责任感，是对初次分配和再分配的重要补充。第三次分

---

[1] 中共中央宣传部：《习近平总书记系列重要讲话读本（2016年版）》，学习出版社、人民出版社2016年版，第214页。

配的广泛存在,不仅在很大程度上弥补了初次分配和第二次分配的内在缺陷,而且对于缓解收入分配矛盾、促进社会和谐具有独特作用。

四、更加强化实体经济在共富实践中的支撑功能

实体经济直接创造物质财富,是社会财富的根本源泉。实现"百姓富"归根到底要建立在社会真实财富的增加上,而不是虚拟财富的积累之上。满足人民群众日益增长的需求,必须以工业品大规模生产和供应为前提,根本之策是建立起高度发达的实体经济生产体系和先进技术体系。制造业肩负着吸纳就业、满足社会需求和保障人民生活的重要使命。当前,"脱实向虚"现象有着深刻的社会根源。长期以来的模仿策略引致知识产权保护不力、企业创新偏弱,而在传统比较优势逆转的宏观背景下,传统制造行业的盈利空间被严重挤压,实体经济对资本的吸引力下降。江苏是制造业大省,发展实体经济是江苏经济的必然选择,也是建设"百姓富"新江苏的优选路径。江苏以制造业为主发展实体经济,必须把发展实体经济和培育有核心竞争力的优秀企业作为制定和实施经济政策的出发点,无论是发展政策还是改革举措,都要着眼于让企业家提振信心、放开手脚、大胆创新,减轻企业负担,增强企业活力,努力培育出更多创新能力强、品牌价值高、市场前景好的优秀企业,促进实体经济不断壮大,筑牢经济的微观基础。在产业层面,下大力气解决低端产能过剩、高端供给不足的问题，提高制造业产出的质量和效率；大力支持制造企业"双创"，以更优质的产品、更丰富的业态引领和满足国内消费升级需求，为"百姓富"提供总量丰富、结构多元、品质精良的物质财富选择。

五、在合理增长区间拓展共富新渠道

共富实践是一个漫长的历史进程。经济增长的稳健发展，可以为共富实践创造稳定的经济环境。从国内外发展实践看，受到经济危机以及广义社会危机等复杂因素的影响，一个经济体在短期内出现经济的过快衰退，会对共富进程产生严重的破坏性，加剧共富实践的难度。进入经济新常态后，保持合理增长区间的紧迫性更强，就是保持新旧动力有序衔接。"合理增长区间"论的含义是明确经济运行区间，守住稳增长、保就业的下限，守住防通胀的上限，并配以与经济运行合理区间配套的宏观经济政策。运用"合理增长区间"思路评判新常态下经济运行质量，需要树立综合指标，一是看看主要经济指标是否处在合理区间；二要看经济活力、内生动力是否在增强；三要看经济结构是否在优化；四要看经济发展的潜力是否得到有序释放。当经济运行保持在合理区间内，要以转变经济发展方式为主线，以调结构为着力点，更好发挥市场配置资源和自我调节的作用；当经济运行逼近上下限时，宏观政策要侧重稳增长或防通胀，与调结构、促改革的中长期措施相结合，使经济运行保持在合理区间。衡量经济是否处于合理区间当中，不仅要看增长指标，也要看结构指标，就是看该经济体的结构是否趋于优化，并在此结构调整过程中实现动力趋稳、竞争力趋强、经济质量和效益得以提升。经济结构变化具有内在规律性，集中体现在与经济发展阶段相匹配的产业结构变化上。发达国家经验表明，一个经济体进入工业化中后期以及后工业化发展阶段，服务业占比将经历一个持续提升的过程，并最终形成服务经济占主导的产业结构。目前，随着江苏各地先后跨越"工业化后期"和"后工业化"两个发展阶段上的临界点，制造业与服务业占比正经历根本改变，加之产业跨界融合风起云涌，"江苏服务"正在成为江苏新品牌和新优势。因此，在新常态背景下探讨江苏经济合理区间，不仅要使用增长指标，也要运用结构指标，找出未来一段时期内江苏经济结构调整的"上下限"，以经济增长稳健性为共富实践创造良好的发展环境。

六、优化就业结构、夯实共富基础

良好的就业结构是实现共同富裕的关键条件。根据全省人口变动情况抽样调查资料测算，2018年末，全省就业人口4750.9万人，占常住人口总数的59.01%。与2017年末相比，就业人口减少6.9万人，占总人口的比重下降0.24个百分点。全省就业人口分三次产业的数量分别为764.89万人、2033.39万人、1952.62万人，占就业人口的比重分别为16.1%、42.8%、41.1%。与2017年末相比，第一、第二产业就业人口分别减少34.42万人、7.71万人，第三产业就业人口增加35.23万人；第一、第二产业就业人口比重分别下降0.7个、0.1个百分点，第三产业就业人口比重上升0.8个百分点。在总人口低速增长、劳动年龄人口大幅减少的情况下，全省常住人口就业总量近年来呈波动式下降态势，与此同时，就业结构在进一步优化。分产业就业结构变化体现出：第一，城镇化发展持续快速稳定地推进，第一产业继续呈挤出效应，就业人数保持较大规模的缩减。第二，在劳动力资源缩减、供给侧改革的双重作用下，劳动力密集型企业，尤其是制造业加快转型升级步伐，吸纳就业能力有所下降。同时，再就业帮扶行动和职业培训计划，有效解决了释放的劳动力就业问题，稳定了就业形势。第三，第三产业内部传统行业的分工进一步细化、深化，新型行业不断涌现，也是就业人数增加的主要因素。而随着人口老龄化程度的进一步推进，针对老年人口的服务行业增加迅速。

七、发挥民营经济在促进共富中的关键作用

民营经济蕴藏着巨大的就业创业空间，是群众致富的重要途径。2018年11月，江苏省委主要领导接受央视等媒体联合采访时指出，改革开放以来，江苏民营经济

从上世纪80年代初的"微不足道",到与国资、外资"三足鼎立",再到占据全省经济的"半壁江山",2017年底全省民营经济增加值占比达55.4%,私营企业数、注册资本额、民企500强上榜数均居全国前列,成为全省经济发展的主力军、科技创新的主动力、吸纳就业的主渠道,成为推动江苏经济社会发展不可或缺的重要力量。在同月召开的全省民营经济座谈会上,江苏省委明确提出江苏要构建"四个环境",即公平竞争的市场环境、亲清和谐的营商环境、简明有效的政策环境、公正透明的法治环境,为民营经济发展创造良好生态系统。2019年5月,江苏省委办公厅发布《关于促进民营经济高质量发展的意见》,提出:到2022年,民营经济增加值占地区生产总值比重达到60%左右,民营工业对全省工业经济增长贡献率达65%以上,民间投资占全社会投资比重提高到75%左右;90家以上企业进入全国民营企业500强,培育15家以上营业收入超千亿元的大型民营跨国企业集团;民营企业专利授权数超过25万件。到2025年,民营经济发展质量和效益大幅提升,产业创新能力和核心竞争力显著增强,培育形成一批具有世界影响力的民营跨国企业集团,在创新引领、规模效益、做强做精、开放发展等方面走在全国前列。民营经济的持续壮大,为江苏共富增添了实力和底气,也成为共富走在全国前列的可靠依托。

八、更加彰显财富伦理观在共富实践中的引领意义

财富伦理是支配财富创造、财富交换、财富分配和财富消费的伦理价值体系。建设"百姓富"新江苏离不开正确财富伦理的支撑,最根本的是树立马克思主义财富伦理观,坚持"人的尺度"和"物的尺度"的统一,以促进人的自由全面发展为皈依,回归"富"的本义,拓展"富"的内涵,澄清和扭转对"富"的错误认知。其一,树立共享的财富观,一方面,在法治框架下尊重并保护人的完整财产权;另一方面,任何财富本质上都是社会财富,特别是满足人们对安全、社交、尊重、自我实现等高级需求的财富,更是如此。与此相适应,在一个坚持共享发展的国家里,向广大社会民众提供优质的公共服务是政府不可推卸的道德责任,享有优质的公共服务则是广大社会民众的基本权利。其二,树立节俭的财富观。获得财富是实现"富"的前提,但使用财富则体现"富"的品质与境界;挥霍式地消费财富,既不能实现财富的合理使用,也会使财富本来具有的社会价值大打折扣,甚至陷入精神财富匮乏的境地。树立节俭的消费观,就是以最小的消耗满足人的合理需求,这从本质上遵循了"人的本质力量的对象化"的美的规律,是美与善的统一。其三,树立生态的财富观。习近平总书记说:"建设生态文明,关系人民福祉,关乎民族未

来。"良好的生态是最大的公共产品，本身也是珍贵的财富。树立生态的财富观，既会促进财富的更好使用，也会增进人们拥有的财富总量。在"百姓富"与"生态美"的良性互动中，将使"百姓富"的动力更加强劲，"百姓富"的内涵更加名副其实。

第八章
双创释放共富效应

　　习近平总书记在 2014 年 12 月中央经济工作会议上强调，市场要活、创新要实、政策要宽，营造有利于大众创业、市场主体创新的政策制度环境。在同年 9 月的夏季达沃斯论坛上，李克强总理提出，要在 960 万平方公里土地上掀起"大众创业""草根创业"的新浪潮，形成"万众创新""人人创新"的新势态。推动大众创业、万众创新是充分激发亿万群众智慧和创造力的重大改革举措，是实现国家强盛、人民富裕的重要途径。大众创业、万众创新是改革开放 40 余年来江苏经济社会发展的动力之源、富民增收之道。作为我国第二经济大省的江苏，也在不断地优化双创生态环境，加快发展新经济、培育发展新动能、构筑双创新引擎,充分发挥双创在新旧动能转换过程中的战略支撑作用,着力推动新时代江苏经济社会高质量发展,不断开拓大众创业万众创新工作新局面,通过双创释放共富效应。

第一节 双创与共富的有机融合

2017年10月,习近平总书记在综合分析国际国内形势和我国发展条件的基础上,提出了从2020年到本世纪中叶我国现代化建设的两个阶段安排。其中,围绕着共同富裕的目标,也设定了两步走方案:到2035年"全体人民共同富裕迈出坚实步伐",包括人民生活水平上的"更为宽裕"、社会结构上的"中等收入群体比例明显提高"、城乡区域关系上的"城乡区域发展差距和居民生活水平差距显著缩小",以及"基本公共服务均等化基本实现"等多个方面内容。2050年的目标则为"全体人民共同富裕基本实现"。

目标已经擘画,蓝图已经绘就,关键问题就在于行动。那么,又该如何聚焦于共同富裕的目标,以更高速度、更优质量如期实现目标呢?答案也是明确的。"功崇惟志,业广惟勤。"习近平总书记明确指出:人世间的一切幸福都需要靠辛勤的劳动来创造。人民群众是历史的创造者,必须要全面调动、充分发挥人的积极性,才能开创美好未来,而大众创业、万众创新就是要给人民以舞台与空间，让他们一展身手，在创造个人幸福、成就个人价值的同时，为共同富裕创造更多更好的物质基础。

一、共富的新路径：释放共富效应的双创

实现共同富裕是社会主义的本质要求。随着我国经济社会发展由高速度发展进入高质量发展新阶段，实现共同富裕的路径也有了新的变化。当前，党中央、国务院提出的以大众创业、万众创新为主要内容的"双创"，就是实现这一目标的新路径。按照中国宏观经济研究院王昌林先生的理解，"双创"是由两个主谓结构的词组来表达的。主语是"大众"和"万众"，"大众"是指大量的人去创业，强调了民间性、草根性。"万众"是指千百万的公众参与创新，强调了创新的广泛性、群众性。两个谓语是"创业"和创新，"创业"主要是指创办新企业，创造出新的产业。"创新"主要是指创造新的技术、新的产品、新的业态和新的模式，包括技术创新和商业模式创新。① 2019年3月10日，习近平总书记参加十三届全国人大二次会议福建代表团审议时强调，要营造有利于创新创业创造的良好发展环境。要向改革开放要动力，最大限度释放全社会创新创业创造动能，不断增强

---

① 王昌林：《"双创"究竟应该怎么看——对"双创"几个基本问题的理论思考》，https://www.sohu.com/a/206764806_692693。

我国在世界大变局中的影响力、竞争力。大致来说，其主要机理在于：

从大众创业的维度看，一方面，人是生产力中最活跃的因素。只要调动起人的积极性、主动性与能动性，就能使之成为推动经济社会发展的新动力。另一方面，社会主义初级阶段的国情，也呼吁人们必须要创造更多的就业机会。据统计，尽管我国的失业率基本控制在年度目标值以内，但是，从绝对数量上看，每年依然要新增1000多万的就业需求。与此同时，受"三期叠加"与转型升级的影响，国内的经济增长速度正在放缓，就业岗位出现了总量性与结构性的双重缺口：就总量性缺口看，有效就业岗位无法满足新增劳动力的需要；就结构性缺口看，在总体性就业紧张的情况下，依然出现了部分行业与职业供不应求的问题。为此，通过大众创业的形式，发挥人民群众的积极性与主动性，以创业解决就业思路就显得非常可贵。从客观结果看，近20年城镇个体、私营经济主体日益成为我省吸纳社会就业的主渠道。下表显示，城镇私营企业吸纳就业人员从1995年的65.89万人增长到2017年的1828.11万人，增长了近30倍；城镇个体就业人员也在20余年中增长了近10倍。

表10 1995—2017年江苏城镇个体、私营经济主体吸纳就业人员情况

	1995	2000	2005	2010	2015	2017
城镇私营企业就业人员（万人）	65.89	96.57	397.2	958.85	1459.36	1828.11

续表

	1995	2000	2005	2010	2015	2017
城镇个体就业人员（万人）	65.89	96.57	397.2	958.85	1459.36	1828.11
城镇地区就业人员（万人）	65.89	96.57	397.2	958.85	1459.36	1828.11

资料来源：相关年份《江苏省统计年鉴》

从万众创新的角度看，随着高等教育的普及，创新从原来由少数人和专业机构所从事的活动逐渐转变为全民性活动。如果说在工业化时代的市场经济条件下，创业和创新所需的资金、技术高门槛，普通大众无法轻易迈过去的话，那么今天，互联网的广泛应用和创业的低门槛使机会平等有了更为有利的基础，依托于"互联网+"的创业和创新无处不在，普通大众都可以参与其中，并找到了获得成功的机会。大众创业、万众创新让老百姓在创造物质财富的过程中同时实现了精神追求，让老百姓因为创新事业而不是由于消费得到满足而获得了成就感。据统计，2018年，江苏全省全社会研发投入占地区生产总值比重提高到2.64%（新口径），高新技术产业产值占规上工业产值比重超过43%，科技进步贡献率达63%。全省新认定的高新企业超过8000家，总数超过18000家。目前，江苏国家级企业研发机构达145家，保持全国前列。此外，江苏积极与中国科学院、清华大学、北京大学等签订战略合作，与中科院合作项目新增销售收入达1300亿元。在2018年度国家科技奖励大会上，江苏共有50项通用项目获2018年度国家科学技术奖，获奖总数位居全国各省份第一。中国人民解放军陆军工程大学钱七虎院士荣获 2018 年度国家最高科学技术奖，这是继去年南京理工大学王泽山院士之后，江苏连续两年有科学家荣获国家最高科学技术奖。

总体来说，受益于国内营商环境的不断改进与优化，创新创业已经实现从局部到整体、从现象到机制的跨越，成为推动经济增长的重要动力、促进转型升级的重要力量、稳定和扩大就业的重要支撑。近年来一批创新创业企业和商业模式不断涌现，大大激活了市场活力和发展潜力，深刻改变和影响了人们的生产生活方式，创造了大量的就业机会，正在汇聚促进高质量发展和新旧动能转换的重要力量。"双创"客观上为普通百姓开辟了一条新通道：在一个开放而有规则的社会和市场里，无论你来自哪里、背景如何，每个人都有可能通过自己的努力拓展自己的人生，获取美好生活，无收入者变成有收入者，低收入者更多变成中等收入者，收入分配结构得到改善，从而实现了享受改革开放的幸福感，增强了群众的获得感。

二、双创的江苏历史：从体制突围到舞台主角

创新创业创造是经济发展和社会进步的不竭动能。自改革开放以来，基于大众创业、万众创新的"双创"一直是江苏的主旋律与最强音。2018 年 10 月 24 日，全国工商联发布《改革开放 40 年百名杰出民营企业家名

单》，其中籍贯为江苏和浙江的上榜企业家最多，各有9人。事实上，早在"十一五"期间，江苏就提出了"创业、创新、创优"以及"争先、领先、率先"的新时期精神，从"精英创业"进入到当下的"大众创业、草根创业"。可以说，江苏在创新创业领域能够在全国做到"率先"，有着良好的"基因"：本质上是农民创新创业的"苏南模式"，初步实现了社会经济发展的"农转工"；1992年邓小平同志南方谈话与十万党政机关领导干部下海形成的92派企业家，这是一批"从体制内走向体制外"的"不安分者、有思想的人"；进入本世纪以来的创业，则是"人才创业"，以海归高级人才、高校科研工作者等为主；时至党的十八大特别是十九大以来，"双创"成为新一代企业家的新声音。回顾40年的发展历程，江苏民营经济从无到有、从小到大、从限制到允许再到鼓励支持，如今已经成为江苏经济发展的重要支撑。大致来说，全省民营经济发展可以分为初步探索、快速发展、跨越发展和转型发展四个阶段：

一是初步探索阶段（1978—1992年）：江苏民营经济是第一次思想大解放中全省农村经济改革和大力发展乡镇企业的"意外之获"。为了解决长期的计划经济体制导致的生活必需品严重短缺以及城乡就业压力日益严峻等问题，江苏率先突破"尾巴"思想，鼓励社员发展副业和参与集市贸易等个人经济，同时大力发展社队工业，即乡镇企业。1978年底，全省个体工商户2.3万户、从业人员30247人。而到了1981年底,全省个体工商户达到9.25万户,从业人员达9.9万人,与1978年比,分别实现年均59.1%与48.9%的增长。同年,江苏民营企业注册资金1.2亿元,突破1亿元大关。短短三年时间,江苏民营经济在理论与实践的初试探索中得到了良好的发展,同时也奠定了民营经济发展的坚实基础。1982—1987年,在中央连续五年一号文件的发布及1982年宪法对"在法律规定范围内的城乡劳动者个体经济,是社会主义公有制经济的补充"的提出,与江苏省委省政府对民营经济发展经验总结积累并对"耿车模式""苏南模式"的积极推广下,江苏民营经济再上新台阶,至1987年底,全省个体工商户达86.68万户,从业人员120.36万人,注册资金达11.38亿元。1992年初,邓小平同志视察南方发表重要谈话并强调"发展才是硬道理"。江苏各级党委、政府以"三个有利于"为标准,进一步解放思想、转变观念、放宽政策。为抓住历史机遇、加快民营经济发展,同年10月,江苏出台全省第一个促进民营经济发展意见《关于鼓励支持我省个体私营经济进一步健康发展的意见》。在民营经济发展的带动下,1992年底,江苏国民经济的各项指标在全国各省市区中名列前茅。

二是快速发展阶段(1992—2002年):江苏民营经济迎来快速发展得益于中央及地方进一步解放思想。党的十四大报告明确指出,中国经济体制改革的目标是建立和完善社会主义市场经济体制。之后，我国正式确立了建立社会主义市场经济的目标，个体私营经济是中国特色社会主义经济组成部分的观念逐步成为社会共识。2000年12月，江苏召开全省私营个体经济工作会议，省委省政府高度认可发展民营经济是江苏实现新跨越、再创新辉煌的一个现实增长点，要求在发展民营经济上再来一次思想大解放，做到发展民营经济"放心、放胆、放手、放开、放宽、放活"。在此之后，江苏民营经济走上了快速发展之路。在中央、地方不断的利好政策推动下，江苏省内陆续出现机关干部下海创业、国有企业职工下岗或辞职创业、科技界知识分子创业、农民自主创业等现象，民营经济创业气氛渐浓。与此同时，乡镇企业、国有企业和集体企业大规模改制为民营企业，也为江苏民营经济的发展注入一股强大动力。另外，国外企业不断涌入中国，一定程度上也促进了江苏民营企业的发展。截至2002年底，全省个体工商户已发展到157.33万户，从业人员286.49万人，注册资本270.17亿元，分别是1992年的1.79倍、2.18倍和10.5倍。在个体工商户基础上发展起来的私营企业达28.62万户，从业人员363.69万人，注册资本2170.76亿元。2002年底全省民营经济实现增加值3001.78亿元，民营经济增加值占GDP的比重已达28.3%，江苏民营经济实现快速增长。

三是跨越发展阶段（2002—2012年）：这期间中国加入世界贸易组织（WTO）、互联网创业浪潮兴起为江苏民营经济实现跨越式发展提供了宝贵历史机遇。党的十六大提出"必须毫不动摇地鼓励、支持和引导非公有制经济发展"后，党的十七大进一步提出"坚持平等保护物权，形成各种所有制经济平等竞争、相互促进新格局"。之后，"非公经济36条"、《企业所得税法》、《物权法》等政策法规密集出台，促进非公有制经济发展的政策体系和法律体系日益完善。江苏的经济格局日益开放，经济结构得到调整优化，涌现了国有、集体、私营、港澳台以及国有与外商和集体与外商合资合作的混合经济等经济主体。产业结构的优化升级和所有制结构的多元化使得江苏民营经济实现跨越式发展。2012年，全省民营经济继续保持稳健增长态势，经济总量持续扩大，带动作用不断增强。全年民营经济完成增加值28959.6亿元，同比增长10.5%，增速高于GDP增速0.4个百分点，民营经济占GDP的比重达53.6%，比上年提高0.6个百分点，对全省经济增长贡献率达55%。与2002年相比，民营经济增加值增加了25957.8亿元，是2002年的9.6倍。民营企业吸纳就业能力增强。截至2012年末，全省民营经济共吸纳就业人员2233万人，比上年底增长5.1%。其中，私营企业从业人数1662万人，增长4.4%。与2002年相比，民营经济中就业人员增加了1582.8万人，是2002年的3.4倍，民营经济成为吸纳社会劳动者就业的重要渠道。民营企业逐步走向国际市场。2012年，江苏民营企业实现进出口总额1425.2亿美元，比上年增长

33.5%，高于全省31.9个百分点，高于国有企业和外资企业增速33.7个和40.6个百分点；民营企业进出口总额占全省出口总额的26.0%，为稳定全省外贸市场做出重要贡献。

四是江苏民营经济实现转型发展阶段（2012年以来）：党的十八大提出"要保证各种所有制经济依法平等使用生产要素、公平参与市场竞争、同等受到法律保护"，党的十八届三中全会提出"坚持权利平等、机会平等、规则平等，废除对非公有制经济各种形式的不合理规定，消除各种隐性壁垒，制定非公有制企业进入特许经营领域具体办法"，以及"鼓励社会投资39条""促进民间投资26条"等政策的出台，为民营经济发展营造了更加公平、开放、宽松的环境。江苏民营经济逐步由早期分散粗放型经营走向规模化、集约式发展，规模实力、营利能力、创新能力不断提升。截至2017年底，全省工商部门登记的私营企业和个体工商户累计登记户数为769万户，私营企业和个体工商户注册资本总额达133919.2亿元；私营企业户均注册资本再次刷新纪录，提高到498万元，注册资本超过1亿元的私营企业达15165户。2017年，全省民营经济上缴税金7617.2亿元，同比增长6.6%，高于全省税收增幅2.9个百分点；占全省税务部门直接征收总额的62.0%，同比提高3.6个百分点。其中，上缴国税4811.6亿元，上缴地税2805.6亿元。从主要行业看，制造业缴纳国税占民营经济缴纳国税的

44.2%，纳税额同比增长37.7%，较上年提高28.3个百分点，其中交纳增值税同比增长27.2%。民营经济结构逐步转型优化。2017年全省新登记的私营企业中，第一产业8096户，占比1.7%；第二产业11.46万户，占比23.9%；第三产业41.61万户，占比74.4%，第三产业占据新增私营企业主要地位，全省新登记私营企业产业结构继续保持"三二一"格局，产业结构仍处于不断调整优化中。全省民营企业实力明显增强。2017年中国民营企业500强中，江苏82家企业入围，入围企业总数居全国第二。其中，苏宁控股集团、恒力集团有限公司进入榜单前十名，入围企业中营收总额超千亿的企业达6家，超500亿的有17家。

三、双创的江苏行动：以体制机制变革营造良好环境

创新创业是经济发展、社会进步的不竭动能。从深层次看，"双创"是对已有体制机制、文化氛围的系列变革和重塑。在推进"双创"的过程中，离不开打破制度藩篱，离不开全面深化改革。改革开放40年来，江苏经济社会发展所取得的每一点进步、每一步成长，无不源于全社会创新创业创造动能的最大释放，通过改革的方法激发市场主体的活力，发挥市场配置资源的决定性作用。我省结合省情实际，围绕创新创业重点领域先后出台了一系列含金量高、可操作性强的政策措施，从科技

创新"40条"到知识创新"18条",从富民增收"33条"到先进制造业"26条",逐步形成了比较完善的创新创业政策体系。通过优化政府服务,大力推进"放管服"、商事制度改革和投资体制改革,同时创新"不见面审批"办事模式,做到了"企业3个工作日内注册开业、5个工作日内获得不动产权证、50个工作日内取得工业建设项目施工许可证"的"3550"目标。大致来说,围绕着创新创业方面的体制机制创新,我省主要集中在下述方面:

一是大力落实各项创新创业政策。进一步落实好省"科技创新40条""人才26条",对照任务分工表,细化目标、进度要求,进一步压实工作职责,不断改善人才发展环境、激发人才创造活力。同时,围绕创新主体需求,加快转变政府科技管理职能,发挥好组织优势,完善政策支持、要素投入、激励保障、服务监管等长效机制,把人的创造性活动充分解放出来。

二是大力培养高层次科技人才队伍。继续实施好"江苏省杰出青年基金"、省"双创计划"等各类人才计划,更大力度支持青年科技人员开展基础性、原创性研究,在关键领域、卡脖子的地方下大功夫,集合精锐力量,尽早取得突破,力争实现我省整体科技水平从跟跑向并行、领跑的战略性转变。充分利用重要活动平台,重点瞄准江苏籍海内外高层次人才,主动加强联系对接,推动他们更好地为家乡发展建言献策、贡献智慧和力量。

三是大力推进科技体制机制改革。进一步发挥省产业技术研究院改革"试验田"作用，深化实施项目经理、合同科研、股权激励等市场化举措，鼓励通过转化收益、股权期权等方式，充分调动广大科技人员积极性，促进创新链和产业链精准对接，形成更多可复制、可推广的案例经验。大力推进省技术产权交易市场建设，重点建设好"一平台、一中心、一体系"，进一步拓展战略合作伙伴，扩大技术经理人、技术经纪人等技术服务队伍，广泛征集技术、成果、人才等各类需求，努力实现技术突破、产品制造、市场模式、产业发展"一条龙"转化。加快推进科技"放管服"改革，着力提高科研管理效率和服务水平，释放各类人才创新活力，把科技成果充分应用到高质量发展中去，为高水平建设创新型省份提供坚强人才保证。

四是全力推动众创社区建设。着眼于优化区域创新创业生态，启动众创社区建设试点工作。积极支持有条件的县（市、区）和省级以上高新区，结合地区资源禀赋，以培育高成长性创业企业和区域战略新兴产业为核心，高效组合创新创业要素，集成专业化众创空间、科技企业孵化器、科技服务机构等载体平台，建设创业功能、产业功能、文化功能和社区功能等有机融合的众创社区，发挥行业领军企业、创业投资机构、相关社会组织等社会力量的主导作用，启动建设创客咖啡等众创空间，实现创新与创业相结合、线上与线下相结合、孵化与投资相结合，为创新创业者提供良好的工作空间、网络空间、社交空间和资源共享空间，打造最具活力和竞争力的创新创业生态系统，使之成为我省科技创新创业的新高地和区域经济发展的新引擎。

五是持续推进科技与金融结合。针对科技型中小微企业的融资瓶颈，进一步完善以"首投、首贷、首保"为重点的创业投融资服务体系。修订省科技成果转化风险补偿专项资金和天使投资引导资金管理办法，完善"苏科贷"合作地区和合作银行的绩效考评指标体系，进一步引导天使投资机构、创投机构、银行等各类社会资本投资创新创业。推动众创空间、科技企业孵化器建立天使投资（种子）基金（资金），发展"孵化+创投"创业孵化模式，拓展创业载体投融资功能。加快发展科技金融专营机构，稳步推进科技保险试点，努力形成各类金融机构和社会资本协同支持科技型中小微企业的良好金融环境。2017年底，全省创投管理资金规模达2200亿元。

六是大力提升创新创业服务能力。深入实施科技型创业企业孵育计划，加快提升科技企业孵化器建设水平。深入推进"苗圃—孵化器—加速器"科技创业孵化链条试点，构建全流程创新创业服务体系。加快建设省技术产权交易市场，围绕"一平台、一中心、一体系"的总体架构，完善技术转移转化服务体系。加强创新创业服务机构、"互联网+创业"服务平台建设，推进建设省级创业型街道（乡镇）、社区（村）和园区，以创业培训师资队伍为基础打造一支覆盖城乡、贴近创业者的创业服务队伍，为创业者提供更加方便、快捷、可及的创业服务，力争全年支持城乡劳动者创业 12 万人以上，带动就业 60 万人。进一步加强"40 条政策""富民增收 33 条政策""全民创业行动计划"等创新创业政策落实。积极倡导创新创业文化，培育企业家精神和创客文化，打造"创业江苏"品牌。

七是打造良好创新创业环境。按照"马上就办、真抓实干"的要求，切实转变职能、改进服务、落实政策，大力营造有利于大众创业、万众创新的浓厚氛围。降低创业门槛。针对众创空间等新型孵化机构集中办公等特点，放宽住所登记条件，推进"一址多照""一照多址"登记，提供注册便利。完善高校、科研院所、国有企业和事业单位科技人员创业办法，进一步畅通科技人员创业通道。降低创业成本。启动实施省创客红包奖励计划，采取科技创业补助、创新券等方式，吸引海内外创客集聚江苏创新创业。鼓励各地通过政府购买服务等方式，对"众创空间"等创业载体给予适当补贴。调整优化相关资金（基金）的使用方向和使用方式，加大力度，优先支持创业人才和创业企业。降低创业风险。积极探索符合科技型中小企业成长以及人才创业规律和特点的新型科技金融产品、组织机构和服务模式，提供更多便利、灵活的金融支持。强化统筹协调，在税收优惠、人才流动和专利保护等方面加强部门合作，确保各项创新创业政策举措落到实处、见到实效。

> **专栏1　江苏省产业技术研究院的体制机制创新**
>
> 江苏省产业技术研究院着力破除制约科技创新的思想障碍和制度藩篱，紧紧围绕产业链部署创新链，完善人才链、资金链和价值链，推动管理机制创新与技术创新深度融合，引爆了技术创新集群式突破。江苏省产业技术研究院的组织架构，包括理事会、研究院和研究所三个层级。最高层级的省产业技术研究院，由省政府设立，为省属事业单位，无行政级别，市场化运作，由若干独立法人的专业研究所共同组成，实行理事会领导下院长负责制。省政府成立研究院建设工作领导小组，由常务副省长任组长，省有关部门主要负责人为成员，负责研究组织架构顶层设计和资源统筹协调，出台了江苏省产业技术研究院管理暂行办法，确定其为科技体制改革的"试验田"。
>
> ——沈和：《管理机制历史性变革引爆技术创新集群式突破——江苏省产业技术研究院的积极探索与启示》，《中国发展观察》，2018年第14期

第二节　藏富于民：作为共富力量源泉的大众创业

2014年8月18日，习近平总书记在中央财经领导小

组第七次会议上指出："在加快实施创新驱动发展战略的过程中要处理好创新和就业关系。我国发展面临双重矛盾，一方面要加快创新、形成新的增长动力，另一方面加快创新必然引起技术落后企业关停并转，带来相当数量的失业。科技进步和创新创造了很多新的业态，但劳动力难以适应，造成了大量结构性失业。我们必须从我国人口众多的国情出发，我们还处于社会主义初级阶段，还是一个发展中国家，还有很多贫困人口。要把握好科技创新和稳定就业的平衡点，既要坚定不移加快创新，也要实施有效的社会政策特别是教育和社保政策，解决增强劳动人口就业能力和保障基本生活问题，确保社会大局稳定。"这一论述深刻地阐述了大众创业的意义所在，大众创业不仅仅是对人的潜力的释放，也具有重大的经济社会意义，通过以创业带动就业的形式，为创新驱动战略赢得时间与空间。

一、江苏推动大众创业的时代动因

通常来说，人均 GDP 越高，经济发展水平就越高，而人均收入也会越高。2018 年北京以人均 GDP21188 美元位列全国省市首位，仅次于其后的分别为上海的 20421 美元、天津的 18021 美元、江苏的 17445 美元和浙江的 14907 美元。与此同时，从人均可支配收入看，排在前五位的分别为上海的 64183 元、北京的 62361 元、浙江的 45840 元、天津的 39506 元和江苏的 38096 元。可以看出，人均GDP排名前5的省市，也是人均可支配收入排名前5的省市，但是，值得注意的是，人均GDP的排序与人均可支配收入的排序并不一致，如，上海取代北京位居人均可支配收入首位，而浙江则取代天津、江苏位居人均可支配收入第三。

就江苏来说，尽管总体排名非常优异，全部进入全国前5行列，但是与浙江相比，依然存在结构性问题，即江苏经济发展似乎有"老百姓勤而不富"之嫌，也就是所谓的"GDP含金量不足"问题。进一步研究发现，江苏居民收入增幅与经济发展水平不够相称，尤其是经营性与财产性收入在居民总收入中占比不足30%，从苏、浙对比的视角似乎可以将这种现象归因于两地"打工经济"与"老板经济"的差异。相对于"十三五"期间居民收入年均实际增速不能低于7.9%、到2020年城乡居民人均可支配收入比2010年翻一番的要求，以工资性收入为主体和基础的江苏居民收入存在较大压力，迫切需要更多的人投身于创业经济中去，走出"打工经济"的路径依赖，进入"老板经济"，才能"让更多居民拥有经营性、财产性收入"。

对于这一问题的认识，形成了江苏推动大众创业的政策原点，即提高居民经营性、财产性收入是最现实的富民路径，而创业则是补短板的最优选择。基于此，2016年底的江苏省第十三次党代会明确提出，要集中力量、集中资源、集中政策打好"聚焦富民"主攻仗，促进城乡居民收入持续较快增长，让人民群众有更强的获得感和幸福感，为高水平全面建成小康社会提供重要支撑。为此，设定的刚性目标为：城乡居民收入增长与经济增长保持同步，劳动报酬增长和劳动生产率提高保持同步，到2020年城乡居民人均可支配收入比2010年翻一番，居民收入在地区生产总值中的比重逐步提高。收入分配格局进一步优化，城乡之间、区域之间、不同群体之间收入差距逐步缩小，中等收入者比重上升，低收入者收入明显增加。农村居民收入增幅高于城镇居民收入增幅，人均年收入6000元以下的农村低收入人口全部脱贫，共建共享的格局基本形成。围绕着"聚焦富民"目标，江苏提出了要从五个方面大力推动大众创业：

一是优化创业环境。深化行政审批制度改革，进一步简化优化审批流程，提供线上线下相结合的便捷的创业服务。持续推进商事制度改革，扩大"多证合一、一照一码"适用范围，推动"一址多照""一照多址"等住所登记改革，降低创业准入的制度成本。推进全程电子化登记管理，全面推行企业名称远程自助查重申报。依托企业信用信息公示系统，实现政策集中公示、扶持申请导航、享受扶持信息公示。按规定对小微企业减免企业登记类、证照类、管理类等行政事业性收费。加大对创业创新的用地支持力度，在符合相关规划的前提下，经市、县两级人民政府批准，利用现有房屋和土地兴办文化创意、科技研发、健康养老、工业旅游、众创空间、生产性服务业、"互联网＋"等新业态，可实行继续按原用途和土地权利类型使用土地的过渡期政策，过渡期为5年。过渡期满后需按新用途办理用地手续的，符合划拨用地目录的，可以划拨方式供地。加强创业载体建设，加快建设以"互联网＋"工作空间、网络空间、社交空间和资源空间为一体的全新创业载体。有条件的地区可对认定的创业孵化基地按实际孵化成功的企业数，给予创业孵化补贴。每年遴选认定一批省级创业示范基地并给予一次性奖补，到2020年遴选认定省级创业示范基地200个。

二是落实创业财税优惠政策。完善一次性创业、带动就业、创业基地运营经费、场地租金等补贴政策，由首次成功创业的登记失业人员、就业困难人员、高校毕业生（含在校生）扩大到复员转业退役军人、从事非农产业创业的返乡农民工。按照国家统一部署，继续实施支持登记失业半年以上人员、零就业家庭和享受城镇低保家庭登记失业人员、毕业年度高校毕业生等重点群体创业就业的税收政策。对在工商部门首次注册登记起3年内的创业者，企业注销后登记失业并以个人身份缴纳社会保险费6个月（不含领取失业保险金时间）以上的，可按照纳税总额的50%、最高不超过1万元的标准从就业资金中给予一次性补贴，用于个人缴纳的社会保险费。大力支持电子商务创业，对已进行工商登记注册并办理《就业创业证》的网络商户从业人员，同等享受各项就业创业扶持政策。自主就业退役士兵从事个体经营的，3年内免收登记类、证照类等有关行政事业性收费，限额依次扣减当年实际应缴纳的增值税、城市维护建设税、教育费附加和地方教育附加、个人所得税。

三是加大金融对创业的支持力度。将创业担保贷款对象范围扩大到创办个体工商户（含网络创业）的在校大学生、城乡劳动者，鼓励各地将个人贷款最高额度从10万元调整为不低于30万元，贷款期限从最长2年延长到3年；合伙经营或创办企业的，可适当提高贷款额度。贷款贴息支持的创业项目不再区分微利和非微利，贷款利率不超过同期基础利率上浮3个百分点。对城镇登记失业人员、就业困难人员（含残疾人）、复员转业退役军人、高校毕业生（含大学生村官和留学归国学生）、化解过剩产能企业职工和失业人员、返乡创业农民工、网络商户、建档立卡贫困人口等群体，省财政对贷款10万元以内（含10万元）的部分按规定据实贴息，市、县财政对贷款超出10万元的部分按规定据实贴息。对其他群体，市、县自定支持方式，财政可按50%给予贴息。扩大创业贷款担保基金规模，各设区市和县（市）担保基金总额在2年内分别达到3000万和1000万，撬动创业担保贷款规模基本达到担保基金余额的5倍。进一步降低创业担保贷款门槛，贷款10万元以下、由创业担保基金提供担保的，以及被选树为市级以上创业典型、获得省级以上创业示范基地推荐等信用良好的创业者经综合评估后可取消反担保。建立健全创业担保基金与贷款经办机构风险分担机制，经办银行应积极催收到期贷款；对创业担保基金提供担保的贷款，逾期3个月以上、贷款额度10万元以下（含10万元）的，在1个月内由创业担保基金与金融机构按比例分担，最高全额代偿；贷款额度超过10万元的，由创业担保基金代偿不超过80%，具体办法由各地规定。探索创业投资引导基金入股方式，与社会资金、金融资本共同建立众创投资基金和众创公益基金，促进初创期科技型中小企业成长，支持新兴产业领域早中期、初创期企业发展。开展股权众筹融资试点，推动多渠道股权融资。推动发展贷款保证保险、科技保险、专利保险、首台套保险，支持中小企业、科技企业创新发展。探索将创业担保贷款贴息与省级银行专项贷款风险补偿政策相结合，研究制定面向创业者的普惠金融支持政策。进一步优化完善"小微创业贷""科技贷款资金池"等政策措施，扩大支持对象覆盖面，提高贷款投放规模。

四是大力推进返乡下乡人员创业。鼓励和引导返乡下乡人员开发农业农村资源，促进农村一二三产业融合发展。采取财政贴息、融资担保、扩大抵押物质押范围等综合措施，努力解决返乡下乡人员创业创新融资难问题。鼓励银行业金融机构开发符合返乡下乡人员创业创新需求的信贷产品和服务模式。在符合土地利用总体规划的前提下，通过盘活利用存量土地资源，缓解返乡下乡人员创业用地难问题。按照政府搭建平台、平台聚集资源、资源服务创业的思路，整合建设一批具有区域特色的返乡下乡人员创业创新园区（基地）。

五是多渠道增加居民财产性收入。支持居民财产向资本转变，着力提高居民股权红利收入，引导居民参股创办企业，或出资入股、联合投资建设一批经营风险小、预期回报好的经营项目。大力发展房屋租赁市场，支持有条件的居民提高租金收入水平，支持利用已建成住房或新建住房开展租赁业务，允许将商业用房等按规定改建为租赁住房。加强金融产品和金融工具创新，大力发展普惠金融，加大金融消费者合法权益保护力度，满足居民日益增长的财富管理需求。积极培育专业理财机构，引导资产管理、融资、代理等中介服务组织健康有序发展。创新发展产权市场，支持居民经营性产权自由流动、交易。规范发展债券市场，积极发展小微企业私募债。大力开拓保险市场，引导居民利用保险防范化解生产生活风险。鼓励社会资本进入基础设施、市政公用事业、社会事业、金融服务等领域，通过特许经营、公建民营、民办公助等形式获得相应投资收益。普及金融知识，引导居民拒绝高利诱惑，远离非法集资、非法证券、非法传销，有效防范金融电信诈骗，增强居民投资风险防范能力。深入推进互联网金融风险专项整治，支持依法合规经营的互联网金融平台做大做强。在拆迁、征地、征用公民财产过程中，依法保护公民财产权利不受侵犯。

专栏2　常州：以双创服务平台为载体多元优化中小企业营商环境

2019年6月3日，江苏省财政厅办公室刊文总结常州市公共财政支持双创典型经验。

一、聚焦资金，推行涉企资金"一窗式"办理

以"互联网+政务服务"为支撑，市双创服务平台将所有市级财政涉企资金统一纳入管理，实行统一申报平台、统一申报窗口、统一审批流程。线上——政府各部门统一在常州市创业创新服务平台发布申报指南，企业统一在平台登录申报；线下——各辖市（区）审核后材料统一送市政务中心创业创新服务窗口受理，实行"不见面审核"，确保资金申报公开透明。截至2019年4月底，双创平台累计发布27个财政涉企资金项目，共有954家企业在线进行了申报，从部门发起申报需求到线上正式发布不超过48小时，最快只需4小时，真正实现"数据多跑路、企业少跑腿"，提高申报效率，降低申报成本。

二、聚焦资本，拓宽中小企业融资渠道

截至2019年4月底，平台上线融资产品80个，其中中小企业信用保证基金项下产品12个、市场融资产品68个；入驻投融资及中介服务机构151家，企业注册会员54745家。有效拓宽了中小企业融资渠道，缓解了中小企

业融资难题。2018年初"人才贷"在双创平台上线后，业务量增长显著，累计发放人才贷协议项下贷款126笔，累计贷款金额2.51亿元。

三、聚焦资源，搭建全国性产权交易平台

常州按照"共建、共享、共用、共治、共赢"的"互联网+"思维，着力打造全国性互联网交易平台——e交易。目前已有江苏、内蒙古、湖南、广西、黑龙江、新疆等50余家省市级产权交易机构、招投标机构和大型企业入驻e交易，业务覆盖全国超2/3地域，累计完成各类交易、采购项目19642项，成交金额1154.69亿元。

二、江苏推动大众创业的目标对象

从"强省富民"到"富民强省"，从"富民优先"到"强富美高"，进入新世纪以来，江苏一直把富民放在重要的位置。经过多年努力，我省富民工作取得重大成绩，但百姓不够富裕依然是一块突出的短板。为此，省委省政府以大学生、农民、科研人员、城镇失业人员、留学回国人员、复员转业退役军人为重点，突出创业政策拓展、创业能力提升、创业载体建设、创业服务优化、创业氛围营造，充分激发全社会创业活力，加快形成政府激励创业、社会支持创业、劳动者勇于创业新机制，推动创业向大众化、发展型、全领域转变，打造"创业江苏"品牌，拓展就业新空间，千方百计增加城乡居民收入。其主要政策目标为：

（1）大学生：每年遴选500个省级大学生优秀创业项目，支持大学生创业不少于2万人，开展大学生创业培训4万人。

（2）农民：支持农民就地就近创业，促进农村一二三产业融合发展，大力发展农业农村电子商务和乡村旅游、特色乡村经济，拓展农民创业增收空间。每年支持农民创业不少于3万人。

（3）科研人员：鼓励和支持高校、科研院所等事业单位专业技术人员携带科技成果在职创业、离岗创业，进一步完善和落实人事管理、薪酬激励、科技成果转化、创业股权激励等政策，激发科研人员创新创业活力。每年支持科研人员创业不少于1000人。

（4）城镇失业人员：建立城镇失业人员创业帮扶机制，开展创业意愿调查，对有创业意愿的失业人员提供技能培训、政策咨询、创业指导等"一对一"服务，引导城镇失业人员在家政服务、社区养老、商品零售等服务业创业。每年支持城镇失业人员创业不少于5万人。

（5）留学回国人员：扶持和促进留学回国人员转化科技成果，优先支持在电子信息、生物医药、新材料新能源等高新技术产业和金融、物流、信息、商务等现代服务业领域创业。每年扶持留学回国人员创新创业1000人，省级每年资助留学回国人员创新创业项目100个。

(6)复员转业退役军人：扶持自主择业军转干部、自主就业退役士兵自主创业和返乡创业，落实税费减免、创业补贴、创业担保贷款等优惠政策，强化创业培训和指导服务。每年支持复员转业退役军人创业 1000 人。

三、江苏推动大众创业的主要特征

政策是经济社会发展的杠杆，但是其最终效果只能回到实践中来检验。大致来说，江苏推动大众创业的效果特征有：

一是民营经济成为固定资产投资的主体。2017 年的数据显示，按照隶属关系和注册类型情况看，当年江苏全社会固定资产投资额为 53000.21 亿元，其中，私人控股类型企业投资额为 33392.7，相当于总额的 2/3，与此同时，国有控股和集体控股合计占比不到 1/3，分别为 11996.04 亿元和 1179.88 亿元。

二是民营经济呈现蓬勃发展态势。2016—2017 年的数据显示，无论是投资额还是工业投资，都处于快速增长之中。在私营企业、个体经营、个体化、个人合伙等组织形态中，私营企业是大众创业最主要的组织形态。2017 年，私营固定资产投资额已经超过了 26935 亿元，其中工业投资占据了绝对主力，达到了 17779 亿元。除此之外，个体经营、个体户与个人合伙等组织形态也在蓬勃发展。

表11 2016—2017年江苏按注册类型个体私营固定资产投资情况（亿元）

类别	2016年		2017年	
	投资额	工业投资	投资额	工业投资
总计（含内、外、港澳台、个私）	49370.85	24544.4	53000.21	26180.81
私营企业	23356.95	15644.85	26935.19	17779.49
个体经营	60.17	15.46	56.98	12.36
个体户	54.91	15.09	54.16	11.26
个人合伙	5.26	0.36	2.82	1.1

资料来源：相关年份《江苏省统计年鉴》

三是私营企业发展呈现出城乡地域之间的不平衡性。2017年的数据显示，无论是私营企业户数、雇工人数，还是投资者人数、注册资金规模都是以城镇为主，占比达到了90%以上。分地区看，私营企业头部城市南京和苏州，二者远远超过其他城市。南京的优势在于私营企业的户数达到55.11万户，超过了苏州的52.9万户；投资者人数为105.93万人，超过了苏州的95.02万人。苏州的优势在于雇工人数达到了387.65万人，大幅超过南京的289.28万人；在注册资金上也以28884.61亿元超过了南京的21317.16亿元。相较而言，南京的私营企业胜在数量，而苏州的质量更优。紧随其后的主要城市为无锡、徐州、南通、常州、扬州等；连云港、扬州、泰州、宿迁则处于垫底位置。

表12 2017年江苏私营企业分地区基本情况

地区	户数（万户）	城镇	雇工人数（万人）	城镇	投资者人数（万人）	城镇	注册资金（亿元）	城镇
南京	55.11	53.94	289.28	262.56	105.93	103.54	21317.16	20439.15
无锡	24.7	22.09	232.79	187.59	46.35	41.57	13700.8	11753.15
徐州	18.81	13.79	124.29	74.59	26.62	19.71	7737.72	6063.27
常州	15.58	15.32	151.76	142.83	26.8	26.36	8091.35	7886.34
苏州	52.9	46.15	387.65	288.9	95.02	82.12	28884.61	25727.16
南通	19.39	10.72	192.89	71.32	30.19	16.59	11269.67	7192.08
连云港	8.05	6.66	43.46	31.13	10.58	8.8	3599.3	2882.77
淮安	8.61	6.15	73.3	48.56	12.35	9.07	4757.49	3912.66
盐城	15.11	10.47	128.13	74.42	21.45	14.9	7413.8	5561.64
扬州	13.12	10.66	121.52	88.01	18.47	15.09	6180.7	5111.43
镇江	8.36	6.22	93.58	61.69	13.7	10.17	5836.48	4642.01
泰州	9.75	7.15	105.03	72.81	15.04	11.09	5550.57	4286.92
宿迁	9.08	6.44	82.18	55.57	12.34	9.13	4308.32	3494.89
总计	258.57	215.76	2025.86	1459.98	434.84	368.14	128647.97	108953.47

资料来源：相关年份《江苏省统计年鉴》

四是个体工商业在城乡区域之间冷暖不均。个体工商户是大众创业的另一个主要类型。2017年的数据显示，在"个体工商业户数""从业人数"和"资金数额"指标上，城镇地区吸纳了大约80%的份额。分地区看，苏州、南京和徐州个体工商户发展的最好。当年苏州在"个体工商业户数""从业人数"和"资金数额"指标上的数值分别为75.95万户、149.4万人和639.55亿元，南京的分别为 52.17 万户、109.16 万人和 484.66 亿元，徐州的分别为 51.13 万户、86.83 万人和 486.88 亿元。紧随其后的城市，主要为南通、盐城、镇江和泰州。其中，值得注意的是泰州，在其他指标上都相对平庸，但是在"资金数额"上一枝独秀，达到了 719.87 亿元，甚至超过了苏州，位居全省第一。

表13 2017年江苏个体工商业分地区基本情况

	户数（万户）	城镇	从业人数（万人）	城镇	资金数额（亿元）	城镇
南京	52.17	48.14	109.16	101.24	484.66	433.88
无锡	35.52	33.46	70.1	66.71	235.44	223.64
徐州	51.13	36.06	86.83	63.21	486.88	309.49
常州	32.29	30.9	65.85	62.66	275.96	258.07
苏州	75.95	65.77	149.4	129.33	639.55	552.78
南通	55.03	22.88	89.57	39.53	424.14	179.89
连云港	23.28	16.21	35.65	24.48	247.09	166.63
淮安	28.17	20.39	51.51	39.15	321.76	217.09
盐城	42.41	25.8	58.62	36.66	405.62	249.75
扬州	29.19	23.29	55.13	44.24	278.23	215.4
镇江	23.05	17.21	47.28	34.46	403.61	257.7
泰州	29.04	21.96	56.38	43.16	719.87	542.21
宿迁	33.21	22.38	57.9	40.99	348.4	209.26
总计	510.44	384.45	933.37	725.83	5271.2	3815.78

资料来源：相关年份《江苏省统计年鉴》

第三节　造富于新：作为共富质量源泉的万众创新

创新始终是推动一个国家、一个民族向前发展的重要力量，创新战略竞争在综合国力竞争中的地位日益重要。党的十八大明确提出实施创新驱动发展战略，强调科技创新是提高社会生产力和综合国力的战略支撑，必须摆在国家发展全局的核心位置。党的十八大以来，习近平总书记多次发表重要讲话，深刻指出实施创新驱动发展战略，最根本的是要增强自主创新能力，最紧迫的是要破除体制机制障碍，大力推进以科技创新为核心的全面创新，最大限度解放和激发科技作为第一生产力所蕴藏的巨大潜能。习近平总书记在江苏视察时，明确要求江苏要以只争朝夕的紧迫感大力推进创新驱动发展，切实把创新抓出成效。江苏人多地少，资源环境约束压力巨大，经济增长的传统动力逐步衰减。迈上新台阶、建设新江苏，必须大力实施创新驱动发展战略，深入推进科技创新工程，加快建设创新型省份，使创新驱动成为经济社会持续健康发展的主引擎。这是适应经济发展新常态、增强经济发展新动力的必然选择，是提升自主创新能力、加快转变经济发展方式的当务之急，是促进经济提质增效升级、构筑长远发展和竞争优势的内在要求。如果说，大众创业为共同富裕提供了力量源泉,那么万众创新则为共同富裕提供了不竭动力,是实现高质量发展、满足人民群众美好生活需要的必然之路。

一、江苏推动万众创新的时代动因

一个国家的经济发展,大致要经历要素驱动、投资驱动、创新驱动等阶段。一般来讲,在要素驱动阶段,经济发展的主要驱动力来自廉价的劳力、土地、矿产等资源。投资驱动阶段,经济发展主要依靠大规模投资带动。然而,随着投入量的增加,投资效益呈递减趋势。要破解这一难题、实现经济持续增长,唯一途径是推动经济发展进入更高层次的创新驱动阶段。一些创新型国家,研发投入占 GDP 比重达到 3% 以上,科技进步的贡献率达到 70% 以上,对外技术依存度 30% 以下。这些国家的共同特点是,主要依靠科技创新推动经济增长,形成强大的竞争优势。

改革开放以来,江苏的经济发展曾经历了两次重要转型。第一次转型发生在上世纪 80 年代,以发展乡镇企业为标志,由农业经济向工业经济转变。这一阶段主要是要素驱动,依靠低成本的劳动力和土地资源,加快经济发展。第二次转型发生 20 世纪 90 年代,主要是大力发展外向型经济、民营经济,加速推进工业化、城镇化、经济国际化,这一阶段是投资驱动阶段,主要依靠扩大投资,增加出口,带动经济增长。

党的十八大以来则是江苏经济社会发展的第三次转型，核心是实现经济发展由以资源依赖、投资拉动、出口带动为主向创新驱动转变，提升自主创新能力与国际竞争力，促进经济持续发展。据统计，2018年江苏经济总量已超过1.4万亿美元，接近高收入国家和地区平均发展水平。从规模总量看，在全球经济体中能排到前十几位，是名副其实的经济大省，但是从质量效益看，还存在"大而不够强""快而不够优"的问题。从"由农到工""由内到外"的两次重大转型到"由大到强"的第三次转型，根本性的标志就是看是不是有强大科技创新能力，能不能掌握核心关键技术。与前两次相比，新一轮转型的难度更大，过去船小好掉头，现在块头大了，转身就不会那么轻松，而进一步发展面临的矛盾和困难更加突出：

一是资源和环境的制约日益加剧。在全国各省、自治区中，江苏人口密度最高，人均资源最少，单位面积承载的环境压力最大。随着经济的快速增长，能源资源约束不断强化，环境压力日益增大，高投入、高消耗、高排放换来高增长的传统发展方式难以为继。

二是经济结构性矛盾突出，产业层次偏低。制造业大多处于产业链中低端环节。企业拥有自主知识产权、自主品牌少，核心竞争力不强。

三是国际环境变化带来的挑战更为严峻。江苏是外贸大省，外贸出口额占全国的16.5%，外贸依存度达到

70%左右,国际市场稍有"风吹草动",就会直接影响企业生产经营,波及经济正常运行。随着逆全球化和贸易保护主义升温,无论是高新技术产品市场,还是劳动密集型产品市场,竞争都越来越激烈,依靠出口大幅增加带动经济增长受到了明显制约。另外,据有关部门分析,江苏对外技术依存度60%左右,许多关键设备、关键技术主要靠引进,对外技术依存度过高,影响经济竞争力的提升。

加快经济转型升级的根本途径,就是要把创新放在经济社会发展全局的核心地位,使创新成为发展的主要驱动力,就是要紧紧牵住科技创新牛鼻子,加快集聚高端要素、发展高端产业,着力形成以创新为引领的经济体系和发展方式,就是要推动全面创新,着力推进发展理念、体制机制等全方位、多层次、宽领域的创新。

二、江苏推动万众创新的主要举措

自党的十八大特别是十九大以来,江苏积极适应经济发展新常态,紧紧围绕"两个率先"的光荣使命,牢牢把握"建设新江苏"的最新定位和"五个迈上新台阶"的重点任务,以创新型省份建设试点省为抓手,以建设苏南国家自主创新示范区为引领,着力从增强自主创新能力和深化科技体制改革两个方面同步发力,坚持企业为主体、产业为方向、人才为支撑、制度为保障,围绕产业链部署创新链,围绕创新链完善资金链,大力推进以科技创新为核心的全面创新,统筹推进科技、管理、品牌、组织、商业模式创新,实现科技创新、制度创新、开放创新的有机统一和协同发展,强化科技同经济对接、创新成果同产业对接、创新项目同现实生产力对接、研发人员创新劳动同其利益收入对接,增强科技进步对经济发展的贡献度,营造大众创业、万众创新的政策环境和制度环境,使市场在资源配置中起决定性作用和更好发挥政府作用,不断解放和发展社会生产力,不断提高劳动生产率,加快实现经济社会发展由要素驱动、投资驱动向创新驱动的根本转变,为建设经济强、百姓富、环境美、社会文明程度高的新江苏提供有力支撑和保障。

江苏作为我国经济和科技发展水平较高的省份,一直高度重视创新工作,早在 2006 年就在全国率先启动了创新型省份建设的工作,提出了"到 2015 年率先基本建成创新型省份"的奋斗目标。2011 年 5 月,江苏发布了《关于实施创新驱动战略推进科技创新工程加快建设创新型省份的意见》,明确提出了到 2015 年在全国率先建成创新型省份的标志性指标,即全社会研发投入占地区生产总值的比重达 2.5%、人力资本投资占地区生产总值的比重达 15% 以上、百亿元 GDP 专利授权数达 400 件、科技进步对经济增长贡献率达 60% 以上。2013 年,江苏经科技部批复同意正式成为全国首个创新型省份建设试点省份,随之出台的《创新型省份建设推进计划(2013—

2015年)》明确提出,"到2015年,基本建成创新型省份,主要指标达到创新型国家和地区水平",其中关键性的指标要求包括全社会研发投入占地区生产总值的比重达2.5%以上、每万名劳动力研发人员数超过80人年、万人发明专利拥有量达8件、科技进步贡献率达60%、战略性新兴产业增加值占地区生产总值的比重达10%、高新技术产业产值占规模以上工业总产值的比重达40%以上、高新技术企业达1万家、居民科学素质达标率超过7%、现代教育发展水平达85%、信息化发展水平达83%、人均预期寿命达77岁等。2016年江苏又出台了《关于加快推进产业科技创新中心和创新型省份建设的若干政策措施》,进一步完善了创新型省份建设的政策支撑体系。2016年11月召开的江苏省第十三次党代会,直接以"聚力创新"开题,在整个报告正文中,"创新"一词的出现频率高达62次,并且明确指出,"必须把创新作为引领发展的第一动力,摆在发展全局的核心位置","要把发展的基点放在创新上,加快建设创新型省份,进一步完善区域创新体系,着力推进以科技创新为核心的全面创新"。当年制定出台的《中共江苏省委江苏省人民政府关于深入实施创新驱动发展战略的意见》明确要求,到2020年,基本形成适应创新驱动发展要求的体制机制,创新型省份建设取得重大进展,主要创新指标力争达到创新型国家和地区中等以上水平,江苏成为全球有影响的产业科技创新中心,创新成为经济社会发展的主要驱动力。

2018年4月省政府办公厅印发《创新型省份建设工作实施方案》，要求到2020年，高水平建成创新型省份，形成一批国内外有影响的创新型领军企业，若干重点产业进入全球价值链中高端，基本实现发展动力转换和创新驱动发展，对建设现代化经济体系和高质量发展形成有力支撑。同年8月，省委召开全省科学技术奖励大会暨科技创新工作会议，推出系列科技人才新政，积极为创新创业"松绑"，进一步激发科技创新活力，推进科技产业融合发展，为推动高质量发展走在前列、建设"强富美高"新江苏营造创新驱动的政策环境。

  作为制造业大省，实体经济一直是江苏大众创新的重点与焦点。关键核心技术是后发国家或地区建设现代化事业的命门，是政治、经济、国防安全的支柱，也是独立自主公平公正参与国际产业分工、贸易往来的根基与底气所在。没有自主可控的先进制造业体系，就不可能在全球产业分工中拥有核心竞争力，占据全球价值链的中高端。习近平总书记指出："关键核心技术是要不来、买不来、讨不来的"，"一定要掌握在自己手里"。作为科教重地、制造大省，江苏有责任、有义务、有能力在攻克、掌握核心技术方面勇挑重担，为国争光。正如省委十三届四次全会所指出的："中国制造看江苏，建设自主可控的先进制造业体系，我们必须有所作为。"2018年11月，《关于进一步降低企业负担促进实体经济高质量发展若干政策措施的通知》发布，这是2016年以来江苏省政府出台的第 4 个降本减负政策文件。两年来，江苏共提出 70 条降本减负政策，其中包含减轻企业税费负担 25 条、降低企业用工成本 8 条、降低企业融资成本 12 条，累计为实体经济企业减负降本 3300 亿元以上，促进实体经济高质量发展。2018 年江苏高技术制造业、装备制造业增加值分别增长 11.1% 和 8%，高于规模以上工业 6 个和 2.9 个百分点。新增国家制造业单项冠军 25 个。

产业为体，技术为本，本固则体健。建设自主可控的先进制造业体系，主体在"先进制造业"，关键在"自主可控"。自主可控，反映在产业产品上，但根源于产业技术。先进制造业体系，实质是产业为表，技术为里，特别是关键核心技术，更是先进制造业的根基。一旦关键核心技术缺位、失位或不到位，那么整个产业也就失去了独立性与自主性，必然受制于人。建设自主可控的先进制造业体系，重在关键核心技术上的自主可控，而源头则在于创新。创新，是锻造自主可控先进制造业体系的江苏之魂，是关键核心技术自主可控的策源地与主战场，必须矢志不移、一以贯之。2018 年 6 月，江苏在全国率先出台《关于加快培育先进制造业集群的指导意见》，重点培育新型电力（新能源）装备、工程机械、物联网等 13 个先进制造业集群，力争到 2020 年主营业务收入达 8 万亿元左右。加快改造提升传统产业，实施一批技术改造项目，促进产业转型升级，实现"江苏制造"向"江苏智造"转变。

专栏3 南京江宁开发区万众创新的历程

在全国经开区评比中,开发区有26项指标领先全国平均水平,其中科技创新类10项(共15项),占开发区领先指标的38%,优势明显。开发区的创新驱动历了3个时期的演变:

一是酝酿期。从2003年开始,江宁开发区就注重自主知识产权类企业的引进和培育,认真按照中央提出的科学发展要求,这6年间,引进了福特研发中心,还有南瑞继保、科远自动化等一批具有自主知识产权的高科技企业,使开发区科技企业贡献率达到60%以上,从而顶住了2008年的金融危机,被温家宝总理点赞"风景一边独好"。

二是奠基期。从2008年开始,江宁开发区学习苏州、广州、深圳的经验,明确构建区域创新体系,创新机制,组建了中创科技公司,提出"四大解决方案",勾勒出了创新发展的基本框架,最早在全市提出"三个一百"的人才政策,一两年间就探索打造了十大产学研合作平台,部分平台后来演变成为园区的功能平台。这一阶段,前后10年间,江宁开放区以政府为主导,打造创新载体300多万平方米,引进了未来网络等产学研旗舰型项目,高新技术产值突破千亿,获批国家"千人基地"、"万人基地"、留学报国基地三个国字号品牌,高层次创业人才总量达到547人,高层次人才占人才资源总量比重达25%,其中通信与网络，节能环保、新材料以及智能电网与智能制造等新兴产业领域集聚了园区近95%的高层次人才，有力地推动了园区战略性新兴产业的发展。

三是提升期。从2016年开始，园区转变思路，发挥"政府和市场"两只手的作用，锁定"尖端化、市场化、国际化"的目标定位，创新发展进入加速发展聚变期，创新资源在全球范围内实现新配置。引进诺贝尔奖得主6人、菲尔兹奖得主1人、两院院士24人，引育国家"千人计划"、"万人计划"人才104人，居南京市第一、全省第二；国字号品牌一年一个，达到5个；成功引入一批研发机构，筹建网络空间安全国家实验室，启动诺贝尔奖科学与艺术小镇，举办全球未来网络峰会，科技创新走出了由国家级迈向世界级的关键一步。

三、江苏推动万众创新的主要特征

实现江苏经济发展的第三次转型离不开万众创新，按照党的十九大要求迈向高质量发展同样离不开万众创新。在矢志不渝地聚力创新、推动经济社会转型升级的道路上，也形成了江苏特点，主要有：

一是基本形成多主体齐头并进的万众创新格局。通常来说，科研机构、大型企业、高等院校是万众创新的主体。统计显示，截止到2017年，江苏具有科技创新能力的科技机构24112个，与2013的19393个相比，增长了 1/4 左右；具有科技创新能力的规模以上工业企业为 22007 个，较之于 2013 年的 17996 个，同样增长了 1/4 左右，其中，具有科技创新能力的大中型工业企业数量相对稳定，保持在 7200 家左右；具有科技创新能力的高等院校数从 2013 的 801 家增加到 1133 家，增幅达到了惊人的 40% 左右。

　　二是万众创新的人才规模不断壮大、结构不断优化。统计显示，自 2013 年起，全省从事科技活动人员数逐年增加，已经由最初的 109.46 万人增加到 2016 年的 117 万人。更为可喜的是，从事科技活动人员的结构也在不断优化、迈向中高端。2013 年具有大学本科及以上学历的人员数为 49.09 万人，而到了 2016 年则提高到了 70.16 万人。这表明，期间新增的从事科技活动的人员，基本上都是具有大学本科及以上学历的人员。

　　三是万众创新的经费投入持续加大。科研经费是万众创新的重要保障。统计显示，研究与发展经费内部支出从 2013 年的 1487.45 亿元快速增加到 2017 年的 2260.06 亿元，增幅超过了 60%；与此同时，研究与发展经费支出占地区生产总值比重也由起初的 2.45% 提高到了 2017 年的 2.63%。

表 14 2013—2017 年江苏科技活动基本情况

指　　标	2013	2014	2015	2016	2017
科技机构数（个）	19393	21844	23101	25402	24112
规模以上工业企业	17996	20411	21542	23564	22007
#大中型工业企业	7231	7538	7432	7816	7204
高等院校	801	854	971	1055	1133
科技活动人员数（万人）	109.46	115	111.99	117	—
#大学本科及以上学历	49.09	53.61	54.84	70.16	—
研究与发展经费内部支出（亿元）	1487.45	1652.82	1801.23	2026.87	2260.06
研究与发展经费支出占地区生产总值比重（%）	2.45	2.5	2.53	2.62	2.63

注：1. 规模以上工业企业科技统计从 2011 年开始实施；2017 年开始取消科技活动人员数、大学本科及以上学历数。2. 因研发支出计入 GDP，对 2013—2017 年研究与发展经费支出占地区生产总值比重进行调整。

资料来源：相关年份《江苏省统计年鉴》

四是高等院校与规上企业成为科技创新活动的主体。研究发现，就研究与发展课题看，其数量由 2013 年的 107690 项增加到了 2017 年的 150951 项，增幅达到 50% 左右。但是，从其结构看，呈现出以高等院校和规上工业企业为主的鲜明特征，两者合计要占年度研究与发展课题总量的 90% 以上。其中，高等院校的研究与发展课题略微多些。

表15　2013—2017年研究与发展课题情况（项）

指　标	2013	2014	2015	2016	2017
研究与发展课题	107690	118467	122629	138251	150951
#科研单位	5430	5657	6490	6817	7257
高等院校	48980	55018	59887	67670	70982
规上工业企业	48559	53117	51720	59535	67205
#大中型工业企业	25966	26778	24782	26847	—

资料来源：相关年份《江苏省统计年鉴》

五是私营企业、外资企业（含港澳台）和有限公司规上工业企业研究与发展经费内部支出的三大主体。企业是万众创新的直接驱动者与受益者。规上工业企业研究与发展经费内部支出从2013年的1239.57亿元提高到2017年的1833.88亿元，大约增长了50%左右。其中，私营企业为最大主体。2013年其支出经费为420.26亿元，而到了2017年则增加到了731.62亿元，同比增长70%以上，显著高于同期总体研究与发展经费内部支出幅度。有限公司（含有限责任公司和股份有限公司）紧随其后，是第二大研究与发展经费内部支出主体，2017年支出总额为552.9亿元，约占总体支出的30%左右。外资企业（含港澳台）是第三大研究与发展经费内部支出主体。2017年，合计支出达到538.38亿元，大约占总体出的30%。值得注意的是，期间这一主体的绝对支出金额在增加，但是相对增幅则放缓很多，4年累计增加了

30%左右,远低于总体增幅的50%左右和私营企业超过70%的增幅。

表16 规上工业企业研究与发展经费内部支出(亿元)

		2013	2014	2015	2016	2017
内资企业	国有企业	13.81	12.58	16.29	10.24	5.8
	集体企业	4.13	4.99	4.89	3.22	4.02
	股份合作企业	1.32	0.9	1.53	0.65	0.3
	联营企业	0.42	0.31	0.34	0.62	0.18
	有限责任公司	251.44	277.47	310.09	320.03	359.02
	#国有独资	34.43	34.32	34.05	33.44	30.84
	股份有限公司	127.61	141.55	141.54	168.25	193.88
	私营企业	420.26	489.21	554.14	645.64	731.62
	其他企业	1.66	1.22	1.45	0.62	0.67
	合计	820.65	928.23	1030.27	1149.26	1295.5
港、澳、台商投资企业		148.14	152.62	169.83	182.92	217.36
外商投资企业		270.79	295.69	306.41	325.36	321.02
总计		1239.57	1376.54	1506.51	1657.54	1833.88

资料来源:相关年份《江苏省统计年鉴》

六是战略性新兴产业集中在三大头部行业。截至2017年,全省八大战略性新兴产业累计实现产值67863.74亿元,较之于2013年的51899.1亿元,增幅达到30%左右。但是,相对来说,战略性新兴产业主要集中在三大头部行业,也是3个超过万亿产值的产业,即高端装备制造业的19130.57亿元、新材料制造业的18587.57亿元和电子及通信设备制造业的14679.56亿元，合计超过 5.2 万亿元，约相当于总产值的 3/4。剩余的五大新兴产业都在 3000 亿元左右，与之相比，完全不在一个量级。

表17　2013—2017 年高新技术产业产值的行业分布（亿元）

项目	2013	2014	2015	2016	2017
总计	51899.1	57277.28	61373.61	67124.65	67863.74
航空航天制造业	263.65	294.68	316.28	335.07	400.4
电子计算机及办公设备制造业	2548.86	2349.71	2375.86	2882.6	2742.34
电子及通信设备制造业	12288.74	13621.74	13955.09	14693.38	14679.56
生物医药制造业	3184.23	3586.55	4170.23	4716.59	4897.07
仪器仪表制造业	1190.99	1291.54	1393.42	3874.04	3955.22
高端装备制造业	15561.06	17376.23	18182.56	18649.01	19130.57
新材料制造业	13602.31	15378.6	17289.21	18348.33	18587.57
新能源制造业	3259.25	3378.23	3690.95	3625.64	3471.02

资料来源：相关年份《江苏省统计年鉴》

七是高新技术产业区域分布差异较大。截至 2017 年，按照区域内高新技术产业产值从高到低的顺序，省内城市排名如下：苏州（15158.14 亿元）、南通（7564.33 亿元）、无锡（6716.35 亿元）、常州（5902 亿元）、南京（5606.94 亿元）、泰州（5386.95 亿元）、徐州（5305.98 亿元）、扬州（4219.11 亿元）、镇江（3977.66 亿元）、盐城（3239.83 亿元）、连云港（2137.79 亿元）、淮安（1834.35 亿元）、宿迁（814.31 亿元）。其中值得注意的有:(1)有且仅有苏州一个地区超过了万亿规模;(2)南通、无锡为仅次于苏州的第二梯队;(3)第三梯队集中在5000—6000亿元之间,包括的城市有常州、南京、泰州和徐州,其中,南京位居全省第5,与省会城市的首位度要求相比差距较大;(4)苏北城市处于垫底位置,其中宿迁还不到千亿。

表18 2013—2017年高新技术产业产值的区域分布(亿元)

	2013	2014	2015	2016	2017
南京市	5402.73	5740.94	5918.94	5902.61	5606.94
无锡市	6346.3	6110.66	6211.38	6548.72	6716.35
徐州市	4013.63	4047.74	4505.26	5177.46	5305.98
常州市	4471.83	4805.99	4975.62	5453.78	5902
苏州市	14178.77	13644.87	13962.32	14470.32	15158.14
南通市	5115.92	5404.03	6048.45	7072.89	7564.33
连云港市	1426.58	1669.25	1936.9	2178.43	2137.79
淮安市	1244.63	1473.86	1687.22	1909	1834.35
盐城市	1830.27	2044.97	2455.42	3044.15	3239.83
扬州市	3650.8	3880.85	4032.3	4520.07	4219.11
镇江市	3560.56	3900.8	4337.49	4586.86	3977.66
泰州市	3772.74	3888.13	4528.76	5310.75	5386.95
宿迁市	572.7	665.19	773.55	949.61	814.31
总计	51899.1	57277.28	61373.61	67124.65	67863.74

资料来源:相关年份《江苏省统计年鉴》

第九章
推进物质精神同步共富

　　追溯共同富裕的理论与实践源头,从东方社会的"天下大同"到马克思主义未来社会中人"全面而自由的发展"的构想,共同富裕从来都是物质共富与精神共富并存。离开精神层面的共富,单纯追求物质层面的共富,必然会走入歧途,走到共富的反面;同样,离开物质共富的强力支撑,精神共富只能是停留在空想的空中楼阁。在人类追求共同富裕的实践进程中,始终贯穿着对物质精神同步共富的理论求索、思辨追索、实践探索。新中国成立以后,我国从摆脱贫困起步,开始了追求物质精神共富的艰辛探索,取得了举世瞩目的成效。江苏在推进物质精神同步共富上,既积极落实中央部署举措,也结合自己实际进行个性化实践，摸索出不少行之有效的路径，为我国持续推进物质精神同步共富贡献了不可或缺的江苏作为。

第一节　物质共富与精神共富的辩证法

一、物质共富与精神共富相对独立、相互影响

高度发达的物质文明与高度发达的精神文明，是社会主义建设的两个紧密联系的重要目标。党的十二大明确提出："我们在建设高度物质文明的同时，一定要努力建设高度的社会主义精神文明。这是建设社会主义的一个战略问题。社会主义的历史经验和我国当前的现实情况都告诉我们，是否坚持这样的方针，将关系到社会主义的兴衰和成败。"一方面，任何一种精神文明都需要建立在一定的物质文明基础之上。另一方面，精神文明具有相对独立性。恩格斯指出："政治、法律、哲学、宗教、文学、艺术等等的发展是以经济发展为基础的。但是，它们又都互相作用并对经济基础发生作用。并非只有经济状况才是原因，才是积极的，其余一切都不过是消极的结果。这是在归根到底总是得到实现的经济必然性的基础上的互相作

用。"① 在共同富裕谱系中，精神共富并非依附于物质共富，而是具有相对独立性、不可替代性，并在一定条件下反作用于物质共富。

《共产党宣言》提出："思想的历史除了证明精神生产随着物质生产的改造而改造，还证明了什么呢？任何一个时代的统治思想始终都不过是统治阶级的思想。"这一论断表明，我们不能抽象地谈论物质或精神，而要结合不同的社会制度特别是统治阶级思想的本质加以考察。在封建主义或资本主义、奴隶主义社会制度下，不仅阶级差异具有必然性、共同富裕缺乏社会基础，物质文明与精神文明也存在内在的割裂，既体现为物质文明与精神文明成果被统治阶级高度垄断，也体现为劳动人民不仅获得有限的物质财富，也只能享受到非常有限的精神成果，底层民众所遭受的不仅是物质的贫困，还包括精神的贫困。只有在社会主义制度条件下，物质共富与精神共富才在实践层面达成一致，成为共同进行的社会实践。纵观世界共产主义运动历史，在如何推进物质共富与精神共富上经历了从认知到实践上的诸多坎坷，有过不少深刻教训。我国在改革开放新的历史条件下，总结经验教训，逐步探索出一条物质共富与精神共富相互促进、同步推进的路子，开辟了中国特色社会主义共同富

---

① 《恩格斯致瓦·博尔吉乌斯》，《马克思恩格斯选集》（第四卷），人民出版社1995年版，第732页。

裕的新路径。

二、物质精神同步共富本质是"以人民为中心"推进共富

物质共富与精神共富在本质上都是人的需求的必然要求，是"以人民为中心"思想在发展层面的具体体现。坚持以人民为中心，是习近平新时代中国特色社会主义思想的核心内容。以人民为中心，集中体现了中国共产党坚持人民主体地位的唯物史观。习近平总书记一再强调，"人民是创造历史的动力，我们共产党人任何时候都不要忘记这个历史唯物主义最基本的道理"。从共富层面考察，人民既是物质共富的主体，也是精神共富的主体。在以往的社会制度条件下，人民创造了可观的物质财富，但不仅不能在分配环节获得自己劳动的成果，出现"遍身罗绮者，不是养蚕人"的悖论；而且，广大人民群众在物质生活水平被挤压的情况下，很难有条件从事精神财富的创造或分享，出现不同程度的异化现象。当然，人民群众在物质财富创造过程中，必然同时产生一定的精神成果，但两者之间始终存在隔阂和割裂。只有在社会主义制度条件下，人民作为物质共富与精神共富的同一主体才有了现实基础。习近平总书记在党的十九大报告中指出，"带领人民创造美好生活，是我们党始终不渝的奋斗目标。必须始终把人民利益摆在至高无上的地位，让改革发展成果更多更公平惠及全体人民，朝着实现全

体人民共同富裕不断迈进。"人民是物质与精神财富的创造者,也应该是物质和精神财富的分享者。共建、共享与共富在逻辑与实际上完全相通。中国共产党不忘初心,就是要为中国人民谋幸福。这就要求,在新的历史条件下,坚持以人民为中心,坚持"两手抓、两手都要硬",推进物质精神同步共富,释放物质共富与精神共富的双重力量、双重价值,为实现全体人民共同富裕不断创造更加坚实的条件。

第二节 物质精神同步同富的一贯追求

一、深厚的区域文化是江苏共富的深层动力

江苏是中国古代文明的发祥地之一,拥有全国数量最多的国家历史文化名城、中国历史文化名镇、中国历史文化街区,汉文化、金陵文化、吴文化、淮扬文化、海洋文化等多种文化交相辉映、相互渗透,共同构筑了江苏文化的丰富内涵和深厚底蕴。江苏深厚而独特的区域文化中蕴藏着丰富的共富基因,并在新中国特别是改革开放新时期得以发扬光大。

1. 集体主义文化

在"苏南模式"中,集体主义精神得到了全方位体现。在苏南这片土壤中,"集体主义原则的自觉实施孕育了集体主义精神这朵社会主义的精神文明之花;集体主

义精神反过来又促进了苏南模式的发展和完善，成为苏南城乡物质文明建设的强大精神动力。"① 在乡镇企业早期发展过程中，社会上不乏质疑的声音，甚至把乡镇企业说成犯罪的渊薮。苏南乡镇企业在改革中蓬勃发展并多次实现转型升级的成功实践证明，乡镇企业不仅推动了经济发展，也改变了人们的思想观念，重塑了人们奋发向上的精神风貌，苏南地区不仅实现了物质文明的巨大进步，也实现了精神文明的显著提升。特别是在教育文化方面，经济的发展为增加教育文化投入创造了条件。据统计，到 1992 年，苏州全市实现了城乡九年制义务教育办学达标，是全国省辖市中达标的第一家。

2. 实业文化

江苏自古就以实业见长，近现代更是涌现出一大批实业家。有"近代中国商父"之称的盛宣怀，晚清实业泰斗、状元实业家张謇，民国棉纱大王、面粉大王无锡荣氏兄弟，都是实业精英；无锡作为近代长江下游著名的"布码头"和中国"四大米市"之一，更是成为我国近代民族工商业的摇篮。新中国成立以后，江苏经济基本以传统农业为主，工业和服务业发展相对缓慢，但传统的轻纺工业、化工、机器制造、建材等行业发展较快。正是有了这些宝贵的实业基因，在改革开放之初，随着家庭农业的恢复和对私营工商业的限制逐渐消除，乡镇

---

① 邬才生：《"苏南模式"与集体主义精神》，《唯实》，1997 年第 5 期。

经济勃然兴起。这正是在新的历史条件下，对传统经济中的有效因素加以利用的结果。在实体经济的发展过程中，江苏逐渐培养起了专心专注、至精至善、行稳致远的工匠精神，这成为推动地区发展的强大精神力量。改革开放以来，江苏扭住实体经济不放，大力发展实业，使实体经济成为江苏最厚实的家底。发达的实体经济成为江苏经济抵御风险、行稳致远的可靠依托。加之江苏自古就有崇文重教之风，人民群众整体素质较高，优质的人力资本与实体经济相结合，江苏人在勤奋拼搏中不仅创造出一个个经济奇迹，也通过勤劳的双手、智慧的大脑改写着自身的命运，创造一个个勤劳致富的故事，这也是江苏共富走在全国前列的优势所在、底气所在。

3. "三创三先"时代精神

自隋唐以后，历史上的江苏就担负起中华文化灿烂发展的经济基础，历经明清一直到近代，江苏在经济、文化领域都走在全国前列，既创造了辉煌的物质文明，也形成了以"创"求"先"、以"先"促"创"的地域特质和优秀文化传统。改革开放以来，江苏干群在干事创业的伟大实践中创造了"三创"精神，成为新一代江苏人精神风貌的真实写照。江苏省委十一届十二次全委会确定新时期江苏精神由"三创"深化拓展为"三创三先"，进一步丰富了新精神的内涵。创业，倡导艰苦创业、自主创业、全民创业；创新，倡导解放思想、与时俱进、创新发展；创优，倡导精益求精、勇创一流、追求卓越。

推进"两个率先",创业是基础,创新是灵魂,创优是追求。"三先"突出了党中央对江苏发展的总要求和面向未来、奋力开拓的精神导向。争先,是江苏改革开放以来形成的鲜明精神特质,体现为主动进取、奋发向上、不甘落后的意识和精神状态。领先,既是经济、社会、文化等各方面的工作定位,又是一种引导和行为过程。率先,是中央领导对江苏发展的目标要求,也是江苏率先发展科学发展和谐发展的实践追求。新时期"江苏精神"继承了江苏人在思维上求真务实、行动上敢为天下先优良传统,同时进一步彰显善"创"、敢"先"的时代要求,为江苏精神注入了新鲜血液。"三创三先"精神具有全面性,就是江苏不仅要在经济发展上走在全国前列,也要在区域全面发展上走在全国前列,自然也体现为在实现共同富裕上走在全国前列;"三创三先"精神具有全民性,就是全体江苏民众都是"三创三先"精神的践行者、创造者和受益者,通过全民创新创业,夯实共富的根基、拓展共富的范围,让新江苏精神成为新时代江苏推进共同富裕的强大精神动力。

二、"两个文明"协调发展走在全国前列

苏州之所以能够为邓小平小康构想提供实践支持,一个很重要原因,就在于苏州等苏南地区不仅实现了物质文明与精神文明的协调发展,人民群众的精神面貌焕然一新、朝气蓬勃,人民群众精神文化生活丰富多彩,

社会安定团结、和谐稳定，犯罪率大大降低。有了良好的发展基础，江苏省委在20世纪90年代明确提出江苏要在"两个文明"协调发展上走在全国前列，这既是对以往取得成绩的肯定，也赋予了更高要求、更大期许。江苏在"两个文明"协调发展上持续探索，形成了一批具有时代气息、产生广泛社会影响力的典型做法，社会整体文明程度全面提升，为全国"两个文明"协调发展做出了江苏贡献。

改革开放以来，江苏坚持解放思想、实事求是的思想路线，尊重群众的首创精神，各项工作进入新的发展阶段，出现了思想活跃、经济发展、政治安定的局面。江苏在抓紧推进经济建设的过程中，涌现出一大批富有时代气息的先进地区、先进群体、先进个人，整个社会呈现物质文明与精神文明协调发展、生机勃勃的喜人景象。1984年10月，江苏省第六次代表大会明确指出，党的十一届三中全会以来，人们的思想和道德水平有所提高，科学文化事业日趋繁荣，要求在经济建设的同时，必须十分重视社会主义精神文明建设。1986年9月，中国共产党十二届六中全会作出《中共中央关于社会主义精神文明建设指导方针的决议》，江苏积极落实中央决策部署。1986年10月，中共江苏省委七届四次全委会通过《中共江苏省委贯彻〈中共中央关于社会主义精神文明建设指导方针〉的意见》；同月，中央主要领导视察江苏时明确提出，"希望江苏的同志继续努力，实现'三个领先'，即在经济持续、稳定、协调发展上继续领先，在科学技术的发展上、在精神文明建设上也要争取在全国领先"。1996年10月，党的十四届六中全会作出《中共中央关于加强社会主义精神文明建设若干重要问题的决议》。江苏省委明确提出"在'两个文明'协调发展上走在全国前列"的目标。江苏省"十五"计划明确提出，坚持"两手抓，两手都要硬"的基本方针，促进社会全面进步，要把物质文明建设与精神文明建设作为统一的奋斗目标，统一规划，同步实施。江苏省"十一五"规划提出，更加注重社会公平，认真解决好人民群众最关心、最直接、最现实的利益问题，促进社会主义经济、政治、文化和社会建设的互动并进。江苏省"十二五"规划提出，以保障和改善民生为经济社会发展的出发点和落脚点，促进人的全面发展和社会全面进步，让全省人民过上更加富裕、更加安定、更加美满的生活。江苏省"十三五"规划提出，实施民生共享战略，切实保障和改善民生，促进人民群众物质生活富足、精神生活丰富，不断增强获得感和幸福感。江苏省将精神文明建设与物质文明建设同步推进，并聚焦民生共享，有利促进了物质精神共富的协同发展，取得了显著成效，为全国共富提供了经验示范。

三、物质精神同步共富的新时代探索

党的十八大以来，江苏省深入贯彻习近平总书记系列重要讲话精神，特别是视察江苏重要讲话精神，主动适应、把握、引领经济发展新常态，奋力推动高质量发展，为建设"经济强、百姓富、环境美、社会文明程度高"的新江苏不懈奋斗，开创了物质精神同步共富的新举措、新成效。

1. 高水平全面小康赋予物质精神共富新标准

江苏在全国率先进入小康社会，也率先进入全面小康社会建设阶段。进入新时代，江苏迈进高水平全面建成小康社会的新阶段。就小康标准而言，高水平小康社会的内涵更为广泛。由于民主法治建设等存在较大的全国同步性，江苏以往小康指标的特色性较强，随着"四个全面"布局在全国展开，体制改革、民主法治、社会治理等指标在江苏全面小康建设中的权重将有所加强，这也意味着江苏全面小康建设的内涵更加丰富，更具一般性。高质量和高水平，体现在高水平的物质富裕上，体现在一个都不能掉队的高质量均衡发展上，体现在高素质的精神富有上。它意味着江苏全面小康，在区域比较中，是走在全国前列的高水平小康社会；在经济社会结构上，不仅经济指标要高标准实现，社会、文化、生态文明、民主法治方面的指标也要高标准实现；在空间区域结构上，不仅在省级层面率先全面建成小康社会，还要在县级层面上率先全面建成小康社会，特别是重点扶贫片区如期全面建成小康社会。这意味着，在高水平、高质量全面小康标准中，江苏共富不仅体现为物质精神同步共富，还体现在更大层面的共富，以及区域间、群体间走向共富。江苏高水平全面建成小康社会，一个重要着力点是坚持以人民为中心的价值导向，把全面小康与促进人的全面发展紧密结合。全面建成小康社会，是总体性的社会发展状态和人的自由全面发展程度的标志，中央提出全面建成小康社会要坚持人民主体地位，切实体现了小康社会的总体性内涵和关键性标准。江苏率先建成全面小康社会，需要在推进新一代江苏人全面发展上取得实质性进展。一是提升民众共建小康的发展能力，重点提升思想道德素质、科学文化素质、健康素质，增强就业创业能力、社会参与能力、终生学习能力，成为小康社会的建设主体。二是提升民众共享小康的获取能力，通过增强公共服务供给、缩小收入差距、编织社会保障网等途径，确保发展成果由人民共享。三是围绕民生诉求推进改革，改革贯穿小康攻坚全过程，确立改革突破点和重点的最佳方法就是从群众最期盼的领域改起，从制约经济社会发展最突出的问题改起，做到"百姓关心什么、期盼什么，改革就要抓住什么、推进什么"，让全社会感受到改革带来的实实在在的成果，最大限度凝聚改革正能量，为全面小康攻坚提供强力支撑。

2. 将"两手抓、两手都要硬"贯穿于"强富美高"新江苏建设全过程

江苏坚持"两手抓、两手都要硬"，坚持以经济建设

为中心，坚持以社会主义核心价值观引领，实施文化建设工程，大力发展先进思想文化，传承和创新优秀传统文化，培育健康向上的网络文化，促进物质文明与精神文明协调发展。2015年底，江苏省文明委出台《构筑道德风尚建设高地行动方案（2016—2020）》，强调要坚持社会主义核心价值观引领，实施道德风尚高地建设"七大行动"，努力把江苏建设成为有温度的人文之地、有显示度的文明之地、有感受度的精神家园。江苏力争到2020年，重点在八个方面取得显著进展，即科学理论武装更加有力，马克思主义在意识形态领域的指导地位不断巩固，中国特色社会主义和中国梦深入人心，干部群众的道路自信、理论自信、制度自信更加坚定；核心价值引领更加有效，社会主义核心价值观得到广泛认知践行，社会信用体系加快完善，公民文明素质显著提高，创成全国文明城市超过全省城市总数一半；文化传承创新更加自觉，推动优秀传统文化创造性转化、创新性发展，历史文化资源得到系统梳理研究，文化遗产得到有效保护利用，江苏红色文化品牌影响不断扩大，"三创三先"新时期江苏精神广泛弘扬；文艺创作生产更加繁荣，各文艺门类创作进一步活跃，文艺作品评价标准和评价体系健全完善，推出一批文艺精品力作，打造一批特色文艺品牌，公众文艺鉴赏能力显著提升；公共文化服务更加完善，现代公共文化服务体系基本建成，人民群众的参与度和满意度明显提高；文化产业实力更加雄厚，现代文化市场体系不断完善，文化产业结构布局明显优化，市场竞争力显著增强，在国民经济中的支柱地位进一步巩固；文化对外开放更加主动，文化走出去步伐加快，国际传播能力建设有力推进，文化对外开放的广度深度不断拓展，江苏的国际形象和美誉度显著提升；文化人才优势更加显著，文化人才培养、使用、激励机制不断完善，各类人才作用充分发挥，造就一批文化拔尖人才和领军人物，形成一支德才兼备、锐意创新、结构合理、规模宏大的"文化苏军"。

专栏1　道德风尚高地建设行动

围绕推进道德风尚高地建设，江苏省文明委专门出台《行动方案》，组织实施公民道德培育、社会诚信建设、志愿服务普及、未成年人思想道德建设提升、文明创建提升、网络文明建设、政策法规保障等"七大行动"。江苏构筑"道德风尚建设高地"，就是要紧扣文化建设的主心骨，把培育和践行社会主义核心价值观纳入实现"两个率先"奋斗目标的重要内容，广泛宣传教育，广泛探索实践，引导人们自觉追求讲道德、尊道德、守道德的生活，在全社会形成崇德向善的浓厚氛围，使社会主义核心价值观成为实现"强富美高"新江苏建设的精神动力。

3. 以人的文明素养提升促进物质精神同步共富

江苏坚持把弘扬核心价值观作为精神文明建设的灵魂工程来抓，从最能形成共识的"爱、敬、诚、善"入手，日常化、具象化、生活化传播核心价值观，不断拓展教育实践的广度和深度。① 一是深入宣传阐释社会主义核心价值观，全面覆盖各类媒体、公共空间、宣传文化阵地和人群，创新开展公益广告宣传，拓展网上传播平台，用好各类文艺作品和群众性文艺活动载体。江苏组织对核心价值观12个主题词分课题进行研究并推出系列丛书。如《璞石成玉的秘密——孩子们心中的社会主义核心价值观》，用讲故事的形式传播核心价值观，已印制38万册进入全省4000所小学；以"穿越·对话"形式编创的中学生核心价值观读本，也已经出版并进入全省所有中学。二是大力弘扬民族精神、时代精神和"三创三先"新时期江苏精神，广泛倡导科学精神，增强公民的国家意识、法治意识、社会责任意识，提升全社会精神追求。三是选树道德模范、时代楷模、"最美人物"、"优秀建设者"和身边好人，推动领导干部、知识分子、企业家、公众人物发挥示范带动作用。江苏持续选树和宣传各类道德建设先进典型，每两年评选表彰一届江苏省道德模范，每季度推出一个"江苏时代楷

---

① 江苏省文明办：《党的十八以来江苏省精神文明建设工作综述》，江苏文明网，2017年4月18日。

模",每月发布一批"江苏好人",每周推出一位"江苏最美人物",每月举办一场江苏省道德模范与身边好人现场交流活动。四是扎实推进未成年人思想道德建设,深化拓展"八礼四仪"养成和心理健康教育。五是注重资源挖掘和文化滋养。深入挖掘和阐发地域特色文化,广泛开展"我们的节日"、经典诵读等活动,以优秀传统文化涵养人们的精神气质。用好用活丰富的红色文化资源,充分发挥全省1710处党史遗址、140个党史纪念场馆的教育作用,常态化开展群众性主题教育活动。六是健全完善志愿服务常态长效机制,深入开展"文明江苏"志愿服务行动。七是深化文明城市、文明村镇、文明行业、文明单位、文明家庭和"江苏最美乡村"创建。围绕"爱、敬、诚、善"主题,加强社会公德、职业道德、家庭美德、个人品德教育,推动道德讲堂创新发展,实施网德建设工程,开展网络公益活动。通过提升人的精神境界和文化素养,培育合格的社会主义建设者和接班人,让新一代江苏人成为物质共富和精神共富的建设者、共享者。

专栏2 "八礼四仪"

八礼为:仪表之礼,面容整洁、衣着得体、发型自然、仪态大方;仪式之礼,按规行礼、心存敬畏、严肃庄重、尊重礼俗;言谈之礼,用语文明、心平气和、耐心倾听、诚恳友善;待人之礼,尊敬师长、友爱伙伴、宽容礼让、诚信待人；行走之礼，遵守交规、礼让三先、扶老助弱、主动让座；观赏之礼，遵守秩序、爱护环境、专心欣赏、礼貌喝彩；游览之礼，善待景观、爱护文物、尊重民俗、恪守公德；餐饮之礼，讲究卫生、爱惜粮食、节俭用餐、食相文雅。

四仪为：7岁，入学仪式，让刚入学的小学生感受学习乐趣、接触校园生活、感知礼仪规范；10岁，成长仪式，让小学三到四年级的学生学会感恩、懂得分享，理解父母的养育之恩、师长的教诲之恩、朋友的帮助之恩；14岁，青春仪式，让中学生学会交往沟通，控制情绪、包容他人，迈好青春第一步；18岁，成人仪式，让年满18周岁的学生懂得成人之责，做守法公民，担起社会责任，不断完善自我，立志成才报国。

4. 重抓新时代文明中心建设

2018年7月，中共中央办公厅印发《关于建设新时代文明实践中心试点工作的指导意见》，明确全国12个省的50个县作为试点。其中，江苏省盐城阜宁县、徐州贾汪区、无锡宜兴市、常州溧阳市、南通海安市、镇江丹阳市、淮安盱眙县7个县（市）入选，它们将通过学习实践科学理论、宣传宣讲党的政策、培育践行主流价值等做法，打通宣传群众、教育群众、关心群众、服务群众"最后一公里"。新时代文明实践中心既是群众精神共富的战略抓手，也是促进物质共富的重要途径，是新时代推进物质精神共富的有效载体。2018年12月，江苏召开新时代文明实践中心建设试点中心建设试点工作第一次联席会议，要求联席会议单位充分认识到，建设新时代文明实践中心是推动习近平新时代中国特色社会主义思想深入人心、落地生根的重要举措，是助力实施乡村振兴战略的迫切需要，是进一步加强和改进基层思想政治工作的必然要求。要把学习实践科学理论、宣传宣讲方针政策、培育践行主流价值等作为一个整体来协同推进。打通平台，统筹使用，协同运行；打造一批省级志愿服务队伍，定期赴基层开展志愿服务活动，推动志愿服务力量向农村基层倾斜；各个部门要精心组织实施各项活动，吸引群众广泛参与。联席会议各成员单位要从人民群众所思所想所盼的具体事情入手，真正把新时代文明实践工作做成民生工程、民心工程。

第三节 物质精神共富的江苏样本

一、城市样本

1. 张家港精神：时代精神与港城崛起的质量互变

1992年1月，张家港市委书记秦振华首次提出"团结拼搏、负重奋进、自加压力、敢于争先"的张家港精神。1992年2月28日，全市宣传思想工作会议对张家港精神的内涵进行了阐释:"团结拼搏",即团结起来,齐心协力,艰苦奋斗,开创大业;"负重奋进",即肩负重任,迎难而上,勇挑重担,奋勇前进;"自加压力",即自立自强,自我加压,不留后路;"敢于争先",即心想长远,永不满足,敢闯敢冒,敢争第一。团结拼搏是基础,负重奋进是要求,自加压力是动力,敢于争先是目标。1995年5月13日,江泽民同志考察张家港市时指出,张家港的成就是"干出来的,不是喊出来的",并亲笔为张家港精神题词。同年10月31日《光明日报》刊发的《论张家港精神》一文中记述:"张家港精神是邓小平建设有中国特色社会主义的理论与实践相结合的生动体现","张家港精神属于张家港人,也属于全国人民"。11月23日《人民日报》刊发的《弘扬"张家港精神"》一文中记述:"张家港精神不是凭空产生的,它是建设有中国特色社会主义的理论与实践相结合的产物,是张家港人民在推进改革开放和现代化建设过程中的伟大创造","张家港精神是一种抓住机遇、加快发展、勇创大业的精神,是一种敢于竞争、敢创一流、永不满足的精神,是一种雷厉风行、脚踏实地、真抓实干的精神,也是一种共产党人实践全心全意为人民服务宗旨、对人民高度负责、严于律己、自觉奉献的精神"。随着时代的发展,张家港精神被不断赋予新的思想内涵。2005年5月12日,在江泽民为张家港精神题词10周年之际,张家港市召开"弘扬张家港精神,再创张家港辉煌"座谈会。会议指出,"张家港精神是张家港创业之魂、力量之源,也是全省人民共同的精神财富。"

改革开放以来,喝着长江水长大的张家港人,以万里长江那样一往无前的气概和奔腾不息的干劲,硬是把这个当年的"边角料"发展成为一座令人瞩目的全国明星城市。一方面,经济建设突飞猛进,迅速从"苏南垫底"闯入全国百强县(市)前三甲;另一方面,先后斩获"国家卫生城市""联合国人居奖",荣膺全国文明城市"五连冠"、文明奖项"大满贯"……张家港人以"一把手抓两手,两手抓两手硬"的独特智慧与实践,创造了"两个文明"协调并进的奇迹,一跃成为全国典型,至今共获得200多项国家级以上荣誉称号。站在改革开放40周年这个新起点上,始终以"自加压力、敢于争先"面目示人的张家港人,再度高高擎起这个"精神火炬"。"张家港精神"过去是支撑张家港发展的伟大精神力量,未来张家港人进一步弘扬这种精神伟力,在习近平新时代中国特色社会主义思想指引下,以新一轮思想大解放推动更高质量发展,努力谱写"伟大理论的成功实践"的新篇章。①

2018年2月,张家港市召开"弘扬张家港精神·勇当新时代标杆"动员大会暨精神文明建设表彰会议。会

---

① 顾雷鸣、高坡、李仲勋:《新起点上再出发,张家港人创造的宝贵精神财富永不过时——弘扬"张家港精神"的时代伟力》,《新华日报》,2018年8月2日。

上提出，张家港要展现的文明，是示范引路，具有唯一性和引领性的文明。"唯一性"就是锁定"标兵型文明城市"的目标不动摇，"引领性"就是坚持常创常新、率先争先的理念不懈怠。张家港要展现的文明，是以人为本，具有含金量和说服力的文明。要切实用工匠之心和传世之心来建设和治理城市，让这座城市成为人民追求美好生活的有力依托。张家港要展现的文明，是共建共享，具有向心力和凝聚力的文明。积极构建"全民参与、共建共享"的工作格局，只有党员干部当好生力军、市民群众当好主人翁，文明城市建设才更有基础、更有依托、更有力量。

2."南通现象"：城市魅力助推城市发展

南通，被誉为"江海明珠""中国近代第一城"，是一座活力迸发的开放城市，更是一座凡人善举遍地开花的和谐文明城市。南通好人层出不穷，一个个凡人善举叠加出精神文明"南通现象"。南通这座全国文明城市，从20世纪90年代起，道德建设的先进个人和群体典型不断涌现，并带动全市公民道德水平持续提高，被称为"精神文明建设南通现象"。从"莫文隋"（"莫问谁"的谐音）到江海志愿者服务站，南通成为全国精神文明建设典型；从"爱心邮路"到海安宁蒗支教群体，南通好人越来越展现其"集聚效应"。江海志愿者从34人到100多万人，"爱心邮路"从1条变成137条，支教老师从第一批33名变成1000多名遍布边远地区的支教大军……修车老人胡汉生、火海救人的周江疆、西部支教献身的赵小亭、勇救邻居的周福如、无臂美德少年张闫、身患绝症不忘奉献社会的下岗女工田建凤……南通的精神文明先进典型，由一而多，产生群体效应，在精神文明建设中形成了以凡人善举为显著特征的"南通现象"……一个个先进典型，在社会上树立了一个个道德标杆，在为市民的生活带来温暖和感动的同时，更是加快了南通精神文明建设的步伐，走出了文明城市创建的特色之路，使得这座"中国近代第一城"的好人现象继续长盛不衰，蔚然成风。①

3. 常州"道德讲坛"：明星城市的软实力

常州道德讲堂以加强社会公德、职业道德、家庭美德、个人品德等"四德"建设为重点，大力倡导助人为乐、见义勇为、诚实守信、敬业奉献、孝老爱亲等五种行为，潜移默化地使文明道德成为全社会的群体意识和共同行动。坚持系统化思维，把统一基本标准和分众化推进相结合，内容聚焦道德，流程注重仪式，每一类道德讲堂都明确重点，坚持基础标准加特色，在农村倡导"孝老爱亲、移风易俗"，在社区倡导"友善互助、关爱感恩"，在窗口行业倡导"诚信、敬业"等等。坚持传承传统文化与弘扬时代新风相结合，将延陵季子、"常州三

---

① 徐红波、彭怀祖：《江苏南通"好人现象"透视：一花引来百花香》，中国文明网，2017年5月5日。

杰"等本土优秀文化元素加以传承运用，发掘其蕴含的精神财富以文化人、以文育人。将组织宣传引导与群众自我教育相结合，把当下群众身边的新鲜事物、感人故事搬上讲台，演绎"爱敬诚善"，用仪式化流程让参与者直面道德、触发自省。现在，道德讲堂已遍布常州城乡，企业讲诚信、干部讲奉献、职工讲敬业、居民讲友爱正蔚然成风，不断刷新城市文明的新高度。

常州道德讲堂通过"身边人讲身边事、身边人讲自己事、身边事教身边人"，让"小人物"站上"大舞台"，用小故事阐述大道理，让身边的感动唤醒良知，成为道德的感召。通过建立市、县（区）、镇（街道）、村（社区）四级体系，设立机关、企业、学校、社区等十类平台，道德讲堂不断发现和培育各级各类道德典型。只要有闪光点，就能成为道德讲堂主角。有拾金不昧的环卫工人，也有鞠躬尽瘁的党员干部；有高铁上救人于危难的医生，也有为了兑现承诺亏损几千万元的企业老总。人物可亲可学，参与就近就便，每个人都能找到自己的"偶像"。双桂坊美食街通过"放心餐饮"道德讲堂建设，大力倡导"以道德立身、凭良心经营、靠诚信兴业"的理念，打响"放心餐饮"品牌，"学习双桂坊，诚信做食品"全国现场会因此在常召开。上上电缆董事长丁山华是江苏省第三届十大诚信标兵，他诚信经营的事迹，通过道德讲堂的巡讲广泛传播，在社会上产生良好的反响。组织企业家专题道德讲堂，一大批企业家走进道德讲堂，

"以道德立身、凭良心经营、靠诚信兴业"的理念成为共同遵守的信条,使道德实践由"标杆现象"放大到"群体效应"。①

---

① 梅向东:《道德讲堂:让城市更和谐更美好》,《群众》,2018 年第 13 期。

第十章
兜牢共富社会保障网

社会保障的本质是维护社会公平进而促进社会稳定发展，社会保障体系是否完善已经成为社会文明进步的重要标志之一。《中华人民共和国宪法》规定："中华人民共和国公民在年老、疾病或者丧失劳动能力的情况下，有从国家和社会获得物质帮助的权利。"这为我国建立和完善社会保障制度提供了法律依据。

改革开放40多年来，中国的转型与改革相当于走过西方300年的历史。中国由一个社会保障体系非常脆弱的社会变成一个正在落实全民享有保障的社会，只花了短短十几年，而西方自出台《济贫法》开始，用了200多年才接近实现这一目标。党的十八大以来，我国社会保障体系建设全面发力，覆盖范围持续扩大，待遇水平稳步提高，公共服务日趋便捷，建立起世界上覆盖人群最多的社会保障安全网，稳稳守护着亿万百姓。① 习近平总书记高度重视保障和改善民生，立足党和国家事业发展全局就社会保障体系改革也提出了兜底线、织密网、建机制的新要求，把全面建成覆盖全民、城乡统筹、权责清晰、保障适度、可持续的多层次社会保障体系作为目标任务。改革开放40年，江苏着眼"大民生"的视野来把握百姓期盼，社会保障制度从无到有、从有到优、从城镇到农村、从职工到全民、从差别到统筹，社会保障制度逐步完善、社会保障体系逐步健全，社会保障水平得到显著提高。

第一节 社会保障：稳定的基石和共富的后盾

社会保障制度是为社会成员的基本生活权利提供保障的一种制度，是现代国家最重要的社会经济制度之一。其作用在于保障全社会成员基本生存与生活需要，特别是保障公民在年老、疾病、伤残、失业、生育、死亡、遭遇灾害、面临生活困难时的特殊需要，从而达到维护社会稳定的作用。社会保障体系是指国家通过立法而制

---

① 尹蔚民：《全面建成多层次社会保障体系》，《雷锋》，2017年第12期。

定的社会保险、救助、补贴等一系列制度的总称。由社会福利、社会保险、社会救助、社会优抚和安置等各项不同性质、作用和形式的社会保障制度构成整个社会保障体系。

一、社会保障对经济发展的支撑

社会保障制度本身就是社会主义市场经济体制的一个重要组成部分。与此同时，社会保障也会发挥一些促进经济稳定和发展的功能。

1. 社会保障制度是市场经济运行的安全保护系统

建立社会保障制度、健全社会保障体系是建立社会主义市场经济体制的需要。市场经济是一种通过市场机制的作用来配置社会资源的经济组织形式。作为市场经济运行安全系统和保护系统的社会保障制度，是社会主义市场经济体制的重要组成部分。在这种体制中，劳动力资源的配置必须通过市场来进行。由于企业成为市场竞争的主体，市场经济条件下的企业实行优胜劣汰，不可避免地使一部分企业破产，导致失业人员增加，引起一系列新的矛盾。社会保障由国家通过国民收入分配和再分配实现。政府通过国民收入再分配，调节经济利益关系，建立失业保险、再就业工程和城镇最低生活保障制度。从经济学的角度，现代市场经济需要政府通过社会保障维护弱势群体的基本生活保障和医疗需要，把大量的资金用于公共事业上，给全体公民安全感，这样，社会大众再无后顾之忧。这一方面缩小了社会成员之间收入差距,另一方面使丧失收入的人们能得到基本的生活保障,有利于增进人的平等,维护社会公正,这就减少了社会矛盾和减轻了社会震荡。

2. 社会保障制度能够弥补市场经济的不足

社会保障制度可为市场经济的正常运行提供良好的社会环境和保证条件。这是因为,市场经济遵循价值规律的要求运行。价值规律和市场机制作用的结果,一方面促进了经济效益的提高和生产的发展,另一方面又会导致在收入分配上存在较大差距,一部分人收入很高,生活富裕,一部分人收入很低,陷入贫困的境地。同时,优胜劣汰的竞争规律的作用,使部分企业破产,工人失业,一部分人陷于生活无着的困境。由此可见,市场经济自发向效率倾斜,不能自发地实现社会公平分配。而收入分配不公,是社会不稳定的隐患。在市场经济条件下建立和完善社会保障制度,通过收入再分配兼顾到社会公平,能起到维护社会稳定和安全的作用,为改革和发展提供保证。同时,社会保障制度可以分散劳动者可能遇到的各种风险,也是对市场经济缺陷的一种弥补。此外,在市场经济条件下,劳动力作为主要的生产要素,需要在不同地区、不同所有制的企业合理流动,如果没有社会化的社会保障制度为劳动者提供养老、医疗、失业等保障,劳动力就无法流动,劳动力资源的合理配置就难以实现。建立和完善社会保障体系,有利于保证劳动力平等进入市场,参加竞争,使劳动力资源得到充分开发和合理利用,以维护经济更快更好地发展。

3. 社会保障本身就能够产生经济效益

首先,社会保障可以在一定程度上调节社会的总需求,平抑经济波动。当经济出现衰退时,往往会出现失业率上升、低收入者增加、有效需求不足的情况,在这时,失业保险金和社会救济就有助于提高一定的社会购买力,从而拉动需求,在促进经济复苏方面发挥一定的作用。当经济高涨而失业率下降时,社会保障支出相应缩减,可以使社会总需求不致过度膨胀,从而防止经济过热。而且,政府可以通过调整社会保障费(税)率和待遇支付标准这一手段调节社会总需求,从而减少一些经济波动。其次,社会保障能够确保劳动者在丧失经济收入或劳动能力后,能维持自身及其家庭成员的基本生活,从而保证劳动力再生产不致受阻或中断。另外,社会保障基金可以作为资本,其长期积累和投资运营有助于补充资本市场。

二、社会保障是社会运行的稳定器

社会保障与社会稳定密切相关。"社会保障"(Social Security)的本义就是"社会安全",社会保障制度在西方被称为"社会安全网""社会减震器""社会稳定器"。它虽然不能从根本上解决我国社会主义初级阶段存在着的事实上的不平等,但它通过调节收入差别、保证基本生活，缓解社会矛盾、避免社会震荡，有利于社会经济的持续稳定发展。中国目前正处于经济体制转轨和社会结构转型时期，完善社会保障体系对于促进社会稳定意义重大。实行改革开放后，为促进经济发展和社会稳定，我国致力于建设一个同经济发展水平相适应的社会保障体系。

1. 保障基本生活

保障城乡居民的基本生活和基本医疗需求，是社会稳定和谐的基础和前提，这是社会保障的核心功能。建立覆盖城乡居民的社会保障体系，就是保障城乡居民在年老、失业、患病、工伤、生育时的基本需求，使无收入、低收入以及遭受各种意外灾害的城乡居民有生活来源，保障其基本生存需要，进而实现整个社会的稳定。建立覆盖城乡居民的社会保障体系是降低城乡居民生存风险、促进社会稳定的需要。目前我国城乡居民仍面临着各种各样的生存风险，如失业的风险、疾病的风险、养老保障的风险等，而这些风险在农村表现得尤为突出。这主要是因为在工业化和城镇化的进程中，出现了大量失去土地的农民，在失去土地或部分失去土地后，其收入得不到保障，看不起病的问题在一些地方还是存在，低收入人口仅能勉强解决温饱问题。这些人抵御上述风险的能力十分脆弱，总体仍然处于绝对贫困人口的边缘，如果不能及时得到解决，必然会影响社会的稳定。与此同时，因病致贫、因病返贫的农民也仍然存在。因此，健全覆盖城乡的社会保障体系是维护社会稳定的迫切需要。

2. 缩小贫富差距

社会保障制度是维持全民共享共富的必要前提。社会保障总体上并不是给先富者"锦上添花",而是对普通劳动者的"雪中送炭"。通过社会保障能够对社会财富实施再分配,适当缩小各不同群体之间的收入差距,避免贫富悬殊,从而达到协调社会关系、维护社会稳定的效果。因此,社会保障制度的完善对于调整收入结构、实现共同富裕具有重要意义。同时,社会保障制度的完善以及社会保障水平的提高,意味着各种社会保险事业快速发展和社会福利水平的迅速提高,可以在一定程度上减轻人民生活负担,提高人民生活福利水平,共享经济发展成果。由于我们在改革开放初期采用的是"让一部地区和一部分人先富起来"的不平衡发展战略,收入差距在地域、人群间出现了拉大的趋势。进入新世纪以来,我国基尼系数总体呈下降趋势,但仍处于较高水平。社会保障制度的完善,可以增加人民的可支配收入尤其是低收入人群的可支配收入,可以通过社会保障制度收入分配的调节功能逐渐缩小我国的收入差距,帮助低收入群体获得发展的权利和能力,对于实现社会主义最终目标——共同富裕有着重要意义。

社会保障维护社会稳定还体现在经济出现放缓特别是出现一定程度的经济危机的情况下,人们的收入应对风险的能力会急剧下降，如果遭遇失业、疾病、工伤等意外事件时，他们的生活很容易陷入贫困，很容易在他们身上产生相对剥夺感和对社会的仇恨心理，使之铤而走险走上违法犯罪之路，形成社会治安的危害和社会的动荡。在世界范围内，由于经济不景气所造成的社会矛盾激化的事例屡见不鲜，所以我们要未雨绸缪地开展对低收入人群的社会保障制度建设，保障他们的基本生活条件和再发展能力，从而达到维护稳定经济环境的目的。

三、社会保障是为了维护社会公平

现代市场经济不仅需要经济效率，而且需要社会公平。实现社会公平，通过生活保障进行再分配、解决市场经济的缺陷是重要手段。一般来说，解决市场经济条件下社会不公平的办法，一是政府通过转移支付，给低收入者提供补贴；二是编制"安全网"，保护不幸者免受困苦。有学者指出，社会保障的根本原则就是社会公平并使所有社会成员效用最大化。著名经济学家 A. C. 庇古教授在《福利经济学》一书中指出："社会保障政策可以扩大一国的经济福利，因为穷人得到效用的增加要大于富人效用的损失，使社会总效用增加。"

1. 保障权利公平

西方将公民享受教育、健康和最低生活保障的权利统称为"福利权利"或"社会权利"，认为这些权利是对基本公民权的拓展，或社会公民权的一部分。联合国

《人权宣言》中有关"福利条款"对这一权利进行了明确规定，如第22条"每个人，作为社会的一员，有权享受社会保障，并有权享受他的个人尊严和人格的自由发展所必需的经济、社会和文化方面各种权利的实现"。社会保障把保障每个人的生存权、发展权放在首位。享受了全民的社会保障，意味着基本生活得到了保证，从而使每一个公民能够在一个公平的起点上参与社会竞争。

2. 保障机会公平

机会公平是指任何社会成员，只要具备相应的法律条件，都应被覆盖在社会保障范围内，均等地获得社会保障的机会。没有人天生智力低下、不负责任，或者天生懒惰。在绝大多数人都勤劳、本分、责任性强的情况下，绝不应该使他们失去向上流动的机会。社会保障制度就是要通过制度设计，为每一个人创造一个尽可能公平竞争的起点。通过社会保障机制，重点保护社会的极端贫困人口（即在绝对生存需求线下的群体）。因为如果不实施社会保障，低收入阶层和弱势群体可能落入所谓"贫困陷阱"之中，形成恶性循环。

专栏1　社会保障：欧洲社会的稳定器

社会保障制度与社会经济发展相辅相成，互为因果。欧洲社会保障制度的建立稳定了社会秩序，缓和了阶级矛盾，促进了经济发展；反之，欧洲经济的发展为其社会保障制度提供了坚实的物质基础，使其保障水平得以进一步提高。社会保障通过财政政策对宏观经济产生影响。社会保障制度是国家调节经济运行的重要手段。从经济学角度看，社会保障分配属于财政分配范畴，是整个国家财政分配的重要组成部分。社会保障收支不仅是保证经济稳定的稳定器，而且是构成促进经济增长的积极财政政策的手段。社会保障资金的筹集方式对资本积累及资本市场会产生相当大的影响。一般而言，社会保障资金的筹集有两种基本模式，一种是现收现付制，另一种是完全积累制。前者对资本市场的影响不大，而后者则影响甚大。社会保障基金具有很强的流动性，每年巨额的社会保障基金注入资本市场，不仅可使之保值、增值，而且还促进了资本市场的发展，社会保障基金通过直接的资金供给、利率及金融市场，直接参与经济活动，促进资金的良性循环和经济发展。

——《社会保障：欧洲社会的稳定器》，
《当代世界》，2005年第10期

第二节 社会保障制度改革：江苏的大胆探索

促进社会保障制度改革、完善社会保障体系是实现社会"公平正义"目标的重要制度安排。近年来，江苏省社会保障体系建设成效显著，总体走在全国前列，这主要得益于江苏在社会保障制度建设上率先进行了大胆探索。

一、医疗保障制度：从试点到全面推进

江苏医疗保障制度是在新中国成立后逐步建立和发展起来的。改革开放后，江苏先后突破劳保医疗、公费医疗和传统农村合作医疗的制度模式，初步建立适应社会主义市场经济要求，以城镇职工基本医疗保险、新型农村合作医疗、城镇居民基本医疗保险为主，城乡医疗救助、商业健康保险为辅的新型医疗保障制度体系。

1. 边试点边推进的医疗保障制度

1984年4月28日，卫生部和财政部联合发出《关于进一步加强公费医疗管理的通知》，提出要积极慎重地改革公费医疗制度，开始了政府对传统公费医疗制度改革探索的新阶段。1994年，国家体改委、财政部、劳动部、卫生部共同制定了《关于职工医疗制度改革的试点意见》，经国务院批准，在江苏镇江市和江西省九江市进行试点，即著名的"两江试点"。江苏是医疗保障改革的发源地，职工医保的"两江试点"起步于镇江市。从1994年镇江市试点，到1996年苏州、无锡、南通、盐城四市扩大试点，再到国务院《关于建立城镇职工基本医疗保险制度的决定》下发、1999年在全省全面展开，江苏城镇职工基本医疗保险制度建设至今已历经二十多年。为解决城镇非从业居民医疗保障问题，江苏在2004年就开

始试行城镇居民医疗保险制度。2007年7月《国务院关于开展城镇居民医疗保险试点的指导意见》颁布，江苏13个省辖市开始全面实施以大病统筹为主的城镇居民基本医疗保险制度，将城镇职工医保制度覆盖范围以外的城镇居民（包括少年儿童和中小学生）纳入城镇居民医保，实现了医保制度对所有人群的全面覆盖，其中无锡、泰州和盐城成为国家指定的试点城市。在农村医疗保障制度改革探索方面，本世纪初，在广大农村推行以大病统筹为主的新型农村合作医疗制度。2003年10月，江苏省政府根据国家《关于建立新型农村合作医疗制度的意见》，颁布《关于在全省建立新型农村合作医疗制度的实施意见》，开始在农村试行新型农村合作医疗制度。从2003年试点到2005年，江苏省所有县（市、区）都建立了新型农村合作医疗制度。

2. 开始实施统一的城乡居民医保制度

2016年，江苏在国内率先整合新农合和城镇居民医保两种制度，建立统一的城乡居民基本医保制度。2017年10月20日，江苏省人社厅发布《江苏省人力资源社会保障厅关于实施统一的城乡居民医保制度相关政策的指导意见》，要求稳步推进城乡居民基本医疗保险政策统一，开始实施统一的城乡居民医保制度。《意见》明确各设区市要加快统一城乡居民基本医疗保险筹资标准，实行"一制两档"缴费的地区要用2—3年的时间逐步过渡到同一筹资标准。统筹地区城乡居民参保缴费标准平均不低于国家和省有关规定，在进一步提高财政补助的同时，适度提高城乡居民个人缴费标准。积极探索建立与居民人均可支配收入相挂钩的城乡居民医保筹资机制，动态确定筹资标准，统一政府与个人分担比例。重点落实各类医疗救助对象和符合条件的建档立卡低收入人口参保资助，确保应保尽保。同时，各设区市要按照整合后医疗保障待遇不降低的要求，做好原城镇居民基本医疗保险和原新型农村合作医疗待遇政策衔接，逐步统一待遇水平。城乡居民基本医疗保险实行同一筹资标准的设区市，要统一城乡居民医保待遇项目和标准。实行"一制两档"缴费模式的设区市，要按照权利与义务对等的原则，依据不同缴费水平合理统一确定同一药品、项目不同个人支付比例，并力争2020年前过渡到同一标准。此外，各设区市还要统一生育医疗待遇。城乡居民符合国家和省人口与计划生育政策的生育的医疗费用纳入城乡居民基本医疗保险基金支付范围。

3. 苏州更领先一步的医疗保障改革

苏州市1996年被国务院确定为全国医保制度改革扩大试点城市，2000年全面启动职工医疗保险制度改革，2007年制定出台《苏州市社会基本医疗保险管理办法》，目前全市以基本医疗保险为基础、补充医疗保险和医疗救助相结合的多层次医疗保险体系已基本建成。其主要做法包括：一是建立统一的社会基本医疗保险制度。其一，统一全市职工医疗保险制度框架，实现覆盖范围、保障项目、待遇标准等五个统一；其二，建立城乡居民基本医疗保险制度，全市坚持以政府资助为主，实现城乡居民基本医疗保险制度取代城镇居民医疗保险、新农合、征地人员医疗保险等碎片型险种；其三，实行城乡一体化的医疗救助制度。二是实现城乡居民医保和城镇职工医保的贯通。凡参加居民医保的人员进入用人单位就业的，可转移参加职工医保；与单位解除用人关系后，可转移参加居民医疗保险。同时，建立了比较科学的城乡居民医保和城镇职工医保的转换衔接机制。三是建立城乡一体化的医保管理服务体系。包括：充分利用信息资源，建立统一的信息平台，统一的医疗保险诊疗目录、药品目录和特殊医用材料目录；建立统一的管理服务制度，统一医保管理；实现社会基本医疗保险和医疗救助同步结算；建立医保基金衔接通道。苏州市按社会医疗保险基金收入的5%计提风险准备金，列入财政专户管理，专款专用。社会医疗保险风险准备金的建立，打通了各类医疗保险制度基金之间的通道，任何一种社会医疗保险基金收不抵支时，均可予以调剂使用，极大地增强了医疗保险基金的抗风险能力。

专栏2 苏州建立城乡一体化的居民医疗保险制度

苏州市是国务院确定的全国医保制度改革扩大试点城市之一，从1997年4月开始试点，2000年11月正式全面实施职工医疗保险；2006年1月全国率先出台《苏州市少年儿童住院大病医疗保险试行办法》，将少年儿童纳入社会保障体系，医保制度不再留空白；2007年11月在全国率先以地方规章立法的形式出台原《苏州市社会基本医疗保险管理办法》，从制度层面上统筹解决了医疗保险覆盖城乡居民的问题。经过多年艰辛探索，苏州市形成了以职工医疗保险、城乡居民医疗保险为重点，社会医疗救助（大病保险）为托底，"统筹城乡、层次有别、相互衔接、全面覆盖"的医疗保障体系，为苏州市经济社会发展发挥了重要作用。

到2016年，全市各统筹区都已建立城乡一体化的居民医疗保险制度，苏州全市户籍人口653.8万，2015年末全市社会基本医疗保险参保人数891.22万人（其中职工医疗保险611.72万，城乡居民医疗保险279.50万），覆盖率99％以上。基金总体收支有余，运行基本平稳。

——政府门户网站管理中心编辑：《苏州市
社会基本医疗保险管理办法》解读，苏州
市人民政府网站，2016年9月18日

二、养老保障制度：实施多层次养老保险

20世纪80年代中期，伴随着经济体制改革，国家在社会养老保险领域进行了一系列改革探索。党的十八大以来，面对人口老龄化加速加重的新形势，江苏全省上下认真贯彻中央和省委省政府关于社会保障工作的决策

部署，坚持"广覆盖、保基本、多层次、可持续"的基本方针，加强组织领导、加大资金投入、强化管理监督，不断深化改革。

1. 养老保险制度的不断完善

2011年7月开始实施的《社会保险法》对基本养老保险覆盖范围、制度模式、缴费和待遇办法、财政责任等作了具体规定。2012年，《国家基本公共服务体系"十二五"规划》将基本养老保险列为国家基本公共服务的一个重要项目。2011年江苏启动城镇居民社会养老保险试点。2012年县级行政区全面开展新型农村社会养老保险和城镇居民社会养老保险工作。2014年，江苏将新型农村社会养老保险和城镇居民社会养老保险制度合并，建立全省统一的城乡居民基本养老保险制度。建立企业职工基本养老基金省级调剂金制度，积极探索省级统筹的实现形式（年份）。2015年，对国家机关和事业单位工作人员养老保险制度进行改革。2014—2015年间，有关部门就企业年金、职业年金和商业养老保险等补充性养老保险制定了相应的政策。这一系列举措，标志着江苏基本养老保险实现了制度全覆盖，并向人员全覆盖迈进，标志着多层次养老保险体系建设的思路开始付诸实施。各级养老保险经办服务机构和队伍建设得到加强，养老保险规范化、信息化、专业化建设取得新进展，经办机构管理服务经费得到切实保障，管理服务水平明显提高，参保人员获得了更加高效优质的服务。随着城乡养老保险制度衔接办法的出台，参保人员基本养老保险关系转移接续更加方便，这对于促进劳动力合理流动、保障广大参保人员权益具有重要意义。

2. 养老服务能力得到不断提高

全省已初步构建起重点突出、覆盖城乡的养老服务保障体系。城乡特困老人入住机构的，费用由政府统一承担，分散居住的按照城市、农村平均每人每年13464元、9600元的标准发放生活补助。全面实施尊老金制度，每年有230余万80周岁以上老年人领取政府发放的尊老金。从2015年开始，江苏又建立了经济困难的高龄失能、独居空巢等老年人养老服务补贴、护理补贴以及政府购买养老服务等制度。全面实施分散供养城乡特困老人及其他重点空巢独居老人结对关爱服务制度，形成了全覆盖的关爱服务体系。注重老年人精神关爱，组织开展各类相关活动，努力解决城乡空巢、留守老人精神孤独等问题。

专栏3　江苏医养融合发展方面成效显著

在推动医养融合发展方面，2016年江苏各地投资146亿元用于"社区日间照料养老服务体系达标工程""医养融合推进工程""基本养老服务体系提升工程"等共13个养老服务补短板重大项目。全省共建成城乡社区居家养老服务中心2万多家，其中50%以上由社会力量举办或经营，城市社区居家养老服务中心基本实现全覆盖，苏南、苏中和苏北农村社区居家养老服务中心覆盖率分别为83%、71%、62%。建成老年人街道日间照料中心112所,老年人社区助餐点4097家,"虚拟养老院"95个。全省共有各类养老机构2305家,其中民办养老机构达到1011家,占养老机构总数的43.8%。全省共有各类养老床位62万张,每千名老人拥有养老床位超过36张,其中社会力量举办或经营的养老床位达到34.7万张,占养老床位总数的56%。护理型床位达到15.8万张,占养老机构床位总数的35.1%,护理院达到98家。养老机构普遍采取签约或内设医疗机构的形式,为老年人提供必要的医疗服务,苏州、南通、南京被列为国家级医养结合试点单位。"十二五"以来,全省共免费培训养老护理员4.5万余人,养老服务人才队伍规模不断扩大。

——《江苏省2016年老年人口信息和老龄事业发展状况报告》,2017年10月24日发布

三、住房保障制度:"分门别类"解决问题

改革开放40年,江苏省率先探索、勇于创新,推动住房制度改革,构建住房保障体系,持续提升住房保障和服务水平,基本实现了人民群众"居者有其屋"的梦想,正向着创造"更舒适的居住条件"目标迈进。江苏不仅着力解决城市居民的住房问题,而且重点打造新型社区,建设农民宜居家园。

1. 不断完善住房保障办法

进入20世纪90年代，江苏住房建设快速发展，建设了大批安居工程住宅小区，有效缓解群众住房困难问题。2010年以来，江苏推动住房建设更加注重环境质量、更加注重人民生活需求的方向转型发展。大力开展老旧住区改造，建设保障性住房，建立和完善住房保障体系，努力实现"住有所居"的目标。江苏先后出台了《廉租住房保障办法》《经济适用住房管理办法》《公共租赁住房管理办法》和《棚户区（危旧房）改造规划（2013—2020）》。在率先解决低收入住房困难家庭居住问题的基础上，将住房保障从低收入住房困难家庭向中等偏下收入住房困难家庭扩面，致力解决常住人口市民化住房保障问题，把城镇低保、低收入、中等偏下收入住房困难家庭、棚户区居民和新就业、外来务工人员全部纳入住房保障和改善范围。同时，对市县政府实行目标责任管理，目前全省各地都建立了符合当地特点的多层次住房保障制度，90%以上的市县实现了住房保障准入标准的年度动态调整。按照不同人群住房需求，江苏"分门别类"地解决群众住房困难问题。例如用廉租房、经济适用住房重点解决低保家庭、低收入家庭的住房困难，用公共租赁住房重点解决新就业和外来务工人员的住房困难，用共有产权住房解决"夹心层"家庭的住房需求，通过棚户区改造来改善危旧房和城中村居民的住房条件。在国家明确相关制度后，又对分类保障方式适时进行优化合并。建立健全保障性住房准入、审核、轮候、分配和退出制度，确保用于解决保障对象的住房困难。在推进解决困难家庭住房问题的过程中，江苏多个城市因地制宜探索解决之道。目前，江苏省已经基本实现了"基本制度统一，实现方式多元"，各地灵活采用集中建设、配建、收购、租赁等方式多渠道筹集房源。

2. 制定和实施各项住房保障计划

制定实施公共租赁住房发展规划和年度计划，加大政府投入，鼓励支持社会力量投资建设，大幅度增加房源供应，到2015年实现城镇中等偏下收入住房困难家庭应保尽保，基本解决城市新就业人员、外来务工人员的租住困难。充分考虑低收入家庭生活、就业等实际，采取配建或从市场收购小套型二手房的方式，增加廉租住房房源，使符合条件的家庭都能就近配租到廉租住房。积极推进经济适用住房建设，推行"租售并举""先租后售"的共有产权模式，使符合条件的家庭能够尽快改善居住条件。加快城市棚户区危旧房改造和旧住宅小区综合整治，全面完成各类棚户区危旧房改造任务，努力改善居住环境；加快推进安置房（限价商品房）建设，满足城市棚户区危旧房改造家庭的购房需求；加强危旧房棚户区改造与低收入困难家庭住房保障工作的衔接，对符合住房保障条件的家庭予以优先安置、优先保障。建立健全保障性住房准入、审核、轮候、分配和退出制度，确保用于解决保障对象的住房困难。到2015年，住房保障制度覆盖20%的城镇家庭，全省新增各类保障性住房139万套，全面实现中等偏下收入城镇住房困难家庭住房有保障，城镇新就业人员和外来务工人员租房有支持，各类棚户和危旧房片区改造全覆盖。

3. 各地优化保障房供应方式

在推进解决困难家庭住房问题的过程中，江苏多个城市因地制宜探索解决之道。2007年，淮安在全国率先推出"共有产权住房"，将政府对经济适用房的政策支持量化为出资份额，形成政府产权，按照不同家庭经济条件，和住房困难家庭按照不同比例共同拥有房屋产权，以探索解决经济适用房产权不清晰的问题，同时也通过共有产权，解决困难家庭支付能力不足的问题，帮助困难群众提前实现安居。自试点以来，该市累计向1285户家庭供应了共有产权住房。泰州市优化制度安排，针对过去仅能在"只租不售"的公租房和"只售不租"的经济适用房中选择一种保障方式的情况，采用租售并举和阳光担保机制，变原来经济适用住房"只售不租"的单一模式为"产权共享""租售并举"的多元模式，缓解了住房困难家庭房款筹集压力，解决了购房贷款难的问题，帮助他们更早更快获得住房保障。

专栏4　江苏省住房保障指标超额完成

2017年，全省实现新开工棚户区改造28.1万套，基本建成27.6万套，分别完成年度目标任务108.87%、

153.35%；新增城镇住房保障家庭租赁补贴4164户，完成年度目标任务231.33%，2014年及以前开工建设政府投资公租房完成分配266330套，占总套数的91.93%；2017年度保障性安居工程目标任务已全面完成。从2008年开始，以"低保家庭住得上廉租住房，低收入家庭住得起经济适用住房，新就业人员租得起住房"为目标，统筹推进实施住房保障"三年行动计划（2008—2010）"累计建设各类保障性住房43.1万套，发放廉租住房租赁补贴6.4万户，改造棚户区危旧房40万户，共解决89.5万户城镇家庭的住房困难。

第三节 社会保障体系建设：江苏的率先实现

从上世纪80年代开始，江苏率先探索以劳动合同制职工基本养老保险及固定工退休费用社会统筹为主要模式的企业职工养老保险制度改革，为国家层面统一推进企业职工养老保险制度改革提供了宝贵经验。上世纪90年代起，按照社会统筹与个人账户相结合的要求，江苏逐步统一完善企业职工基本养老保险制度。2009年江苏全面开展新农保试点，并在2010年底基本实现农村适龄居民参保和老年居民基础养老金发放全覆盖。2013年，江苏整合新农保和城镇居民养老保险制度，在全省建立统一公平的城乡居民社会养老保险制度。党的十八大以来，江苏基本养老保险制度以实现"人人享有"为目标，持续推动应保尽保。

一、高标准推进社会保障体系建设

经过多年改革深化，江苏各项社会保险制度覆盖范围逐步从国有企业向各类所有制企业、从正式职工向灵活就业人员、从职工向居民、从城镇向农村扩展，社会救助、社会福利体系实现了从点到面、从单项到体系的转变和飞跃。

1. 打造医疗保障发展先导区

这十多年来，江苏一直在推动社会保障体系的建设。2005年，江苏在全国率先全面实施新型农村合作医疗制度和城镇居民基本医疗保险制度。2007年江苏构建起"三基本一救助"基本医疗保障制度体系，这一体系以城镇职工医保、城镇居民医保、新农合和城乡医疗救助制度为核心、覆盖城乡各类人群。江苏全力打造医疗保障发展先导区。在大病保险、长期护理保险、医保精准扶贫等方面不断进行创新试点。2017年初，江阴市首个村级医疗互助会在长泾镇和平村成立，这是全国首个按病种公平补助的互助组织。到2018年，全省1283个村启动村级医疗互助，覆盖近400万人，年度补助资金达4亿元，有41万人次享受补助。2018年11月1日，江苏省医保局挂牌成立，该局将分散于多部门的城镇职工、城乡居民医保、医疗救助、药品和医疗服务价格管理等职能集中整合，统筹推进医疗体制改革，让百姓实实在在享受到改革的红利。与此同时，江苏省初步建立了新型社会救助体系及适度普惠型社会福利体系。

2. 养老保险率先城乡全覆盖

早在 2006 年，江苏就已经在全国率先将城镇企业职工基本养老保险制度参保范围扩大到城乡各类企业及其职工。2010 年，江苏在全国率先实现新农保制度和城镇居民养老保险制度全覆盖。2011 年，江苏又率先构建起覆盖城乡各类人群的基本养老保障制度体系，这一体系以企业职工基本养老保险、新农保和城镇居民社会养老保险为核心，以被征地农民基本生活保障等制度为补充。2011 年江苏启动城镇居民社会养老保险试点。2012 年县级行政区全面开展新型农村社会养老保险和城镇居民社会养老保险工作。2014 年，江苏将新型农村社会养老保险和城镇居民社会养老保险制度合并，建立全省统一的城乡居民基本养老保险制度。建立企业职工基本养老基金省级调剂金制度，积极探索省级统筹的实现形式（年份）。2015 年，对国家机关和事业单位工作人员养老保险制度进行改革。2014—2015 年间，有关部门就企业年金、职业年金和商业养老保险等补充性养老保险制定了相应的政策。这一系列举措，标志着江苏基本养老保险实现了制度全覆盖，并向人员全覆盖迈进，标志着多层次养老保险体系建设的思路开始付诸实施。

3. 率先建成全覆盖服务网

全面加强基层社会保障公共服务平台建设，所有街道、乡镇和社区、行政村全部建立劳动就业社会保障公共服务平台，建成了覆盖城乡、直达到村的社会保障经办服务网络，初步形成了"15分钟社会保障服务圈"。大力推进以"社会保障一卡通"为重点的"金保工程"建设，在省、市、县（市、区）、街道（乡镇）四级信息专网全面贯通的同时，社区（村）专网联网率超过90%。以技术创新、信息创新带动服务模式创新，苏州市通过搭建"电子社保城市""社银平台"促使社保经办能力得到有效提升，部分地区率先实现社保经办服务由"一站式"向"一窗式"转变；通过在中心村设立离行式小额金融服务网点，安装"新农保一卡通"便民宝等自助服务终端等措施，全省已有37个县（市、区）实现了新农保参保缴费、待遇领取、参保登记、信息查询"四个不出村"；目前全省各统筹地区参保人员在统筹区内的住院医疗费用、个人账户门（急）诊费用全部实现了联网即时结算，全省异地就医联网结算信息系统搭建完成，省级异地就医信息平台已与13个省辖市市区之间实现双向贯通。

专栏5　常熟实现城乡社会保障体系全覆盖

常熟市围绕"关注民生、重视民生、保障民生、改善民生"这一主线，加快社会保障体系建设，扩大社会保险参保覆盖范围,使越来越多的群众老有所养、病有所医、失有所助、伤有所补,基本建立起城乡一体的就业和社会保障制度体系。2011年,常熟形成了以机关事业单位职工养老保险、企业职工养老保险、居民养老保险三项制度为主要内容、覆盖全民的养老保障体系;2013年11月起,全市失业保险金缴费由3%降至2%,实施包括外来务工人员在内的城乡统一的失业保险制度;2015年末,在城乡居民医保制度整合的基础上实现了城乡居民医保和职工医保经办管理体制的整合,形成了基本医疗保险、大病补充医疗保险、医疗救助"三位一体"的社会医疗保障体系。至此,常熟针对不同人群的保障制度实现无缝隙全覆盖,开启了全民保障的新时代。

——《常熟实现城乡社会保障体系全覆盖市民共享文明成果》,中国文明网,2016年1月29日

二、在社会保障政策方面率先探索

1. 跨区域转换衔接

跨地域转换衔接,既包括城乡之间的统一和衔接,也包括不同城市、省份之间的衔接。城乡同类制度转换衔接方面,2006年专门出台文件,采取折算和补差的方式,实现农保和企业职工基本养老保险制度间的转换衔接;2009年出台基本医疗保险转移接续办法,通过补缴或折算的办法,实现城镇职工医保、城镇居民医保、新

农合三项基本医疗保险制度之间的转换衔接。同时，鼓励有条件的地区实现城乡社会保障制度并轨，苏州率先实现城乡非农就业人员养老保障制度的一元化，全省基本实现了城镇居民医保和新农合的并轨。跨地区关系转移接续方面，平稳实施企业职工基本养老保险、基本医疗保险转移接续办法，确保参保人员跨地区流动就业时社会保险关系顺畅转移接续，2012年全省企业职工基本养老保险、基本医疗保险转移接续人数分别达到34.82万人、18.47万人。为了进一步提高社会保险统筹层次，江苏全面实施企业职工基本养老保险省级统筹。2016年1月1日起，全省企业基本养老保险缴费比例全部统一到20%，基本医疗、失业、工伤、生育保险市级统筹稳步推进，基金统筹调剂和抵御风险能力得到显著提高。为了让参保人员"少跑腿、少垫资"，江苏在畅通省内异地就医直接结算的基础上，2017年率先实现与全国各兄弟省、市异地就医住院费用的直接结算。南通、徐州、盐城三地当年还作为试点城市与上海实现异地就医门诊直接结算。

2. 优先"帮扶促共富"

2015年江苏省人社厅会同省扶贫办制定下发了《关于实施精准人力资源社会保障扶贫加快脱贫致富奔小康的意见》，明确了"十三五"时期人社扶贫目标任务。2017年制定出台了《关于切实做好社会保险扶贫工作的实施意见》和《省人力资源社会保障厅关于贯彻落实社会保险扶贫工作实施意见的通知》，要求各地全面推进贯彻落实社会保险扶贫政策措施。针对低保边缘低收入人口"因病致贫、因病返贫"问题，江苏不断出台惠民政策，资助建档立卡低收入人口参保参合，对家庭财产状况符合当地最低生活保障相关政策规定家庭中的大重病患者，给予医疗费用补助。在加大财政对经济薄弱地区基础养老金补助力度方面，江苏省人社厅会同财政厅联合印发了《江苏省城乡居民养老保险省财政补助资金管理办法》，由省财政统筹安排省及中央财政补助资金，按照普惠补助和重点扶持的原则，根据各地人均财力给予分档补助。为加大对苏中、苏北等经济发展薄弱地区补助力度，2016年省财政厅印发《江苏省市县财政保障能力分类分档办法》，并联合人社厅印发《关于城乡居民基本养老保险省财政补助资金管理有关问题的通知》，依据"统筹兼顾、突出重点"的原则和加大对苏北等经济发展水平薄弱地区政策倾斜的方针，按照1—6档次和省定基础养老金最低标准确定各地省财政补助标准。苏中和苏北绝大部分县市补助档次都划为二类以上，其中滨海县、丰县、涟水县、睢宁县等12个重点扶贫县（区）划为一类地区，省级财政补助占比70%。截至2017年底，苏北5市及12个重点扶贫县（区）建档立卡低收入人口16—59周岁参加城乡居民基本养老保险比例平均达95%以上，60周岁及以上农村低收入人口领取养老金比例达100%。

3. 住房创新举措不断涌现

南京市大力推进公租房货币化,目前已实现中等偏下收入住房困难家庭、新就业大学生和外来务工人员三类人群全覆盖。自实施公租房货币化政策以来,南京市累计保障12.6万户,累计发放补贴10.8亿元。2007年,淮安在全国率先推出"共有产权住房",国务院发展研究中心将这一创新举措称为"淮安模式",住房城乡建设部将淮安市列为全国共有产权住房首批6个试点城市之一。泰州市在全国率先实行"阳光担保"政策,为经济适用房购房家庭提供担保,解决贷款难题。2017年泰州市区共有2188户家庭纳入经济适用住房保障,其中1022户申请"阳光担保"。2017年10月,泰州市海陵区居民杨国维在"阳光担保"的帮助下,购买了80多平方米的经济适用房。他说:"首付9万多元,贷款18万元。房子已拿到,简单装修就能住了。"2017年8月,常州面向在该市工作的博士或"龙城英才计划"领军人才,推出"人才公寓",租金低至市场水平的60%。常州润诺生物科技有限公司总经理朱孝云当年10月住进人才公寓,每月仅需支付600元租金。对此,他赞不绝口。目前常州已有39户"龙城英才"家庭住进"人才公寓"。

第四节 社会保障水平提高：
增加的隐形财富

随着社会的发展，社会保障将在人们的生活和工作中起到越来越重要的作用。无论是企业职工的"五险一金"（基本养老保险、基本医疗保险、失业保险、生育保险、工伤保险和住房公积金），还是城乡居民的城乡居民养老保险和城镇居民医保或新型农村合作医疗，都是由政府层面来组织开展的，是对个人生命、生活的最基本保障。随着社会保障水平的提高，实际上是在减少老百姓在养老、医疗、住房等方面的开支，是进一步提升老百姓的"隐性财富"，提高老百姓收入的含金量。

一、医疗保障体系建设及水平

江苏医疗保障制度是在新中国成立后逐步建立和发展起来的。改革开放后，江苏先后突破劳保医疗、公费医疗和传统农村合作医疗的制度模式，初步建立适应社会主义市场经济要求，以城镇职工基本医疗保险、新型农村合作医疗、城镇居民基本医疗保险为主，城乡医疗救助、商业健康保险为辅的新型医疗保障制度体系。目前，江苏自1994年镇江医改试点以来，经过20多年的建设，多层次医疗保障体系已初步建成。2016年末，全省城镇职工基本医疗保险、城镇（乡）居民基本医疗保险、新型农村合作医疗参保人数分别为2490.53万人、2002.05万人、3395.27万人，总覆盖率达到98.62%，基本实现人人享有医疗保障。2016年城镇职工基本医疗保险基金收入869.39亿元，基金支出735.25亿元，其中基本医疗保险待遇支出718.54亿元。2016年，江苏城镇（乡）居民基本医疗保险财政补助标准调整为每人每年不低于425元；全省新农合人均筹资达到588元（其中政府补助人均451元），政策范围内住院费用补偿比例稳定保持在75%以上。改革开放40年来，江苏医疗保障制度实现跨越式发展，具有江苏特色的多层次、广覆盖的全民医保体系初步形成。截至2018年10月，全省基本医疗保险参保人数已达到7711.25万人，综合参保率稳定在97.5%以上。

二、老年保障体系建设及水平

党的十八大以来，面对人口老龄化加速加重的新形势，江苏在养老保障体系建设方面取得了显著成效，老年社会保障制度更加成熟定型，公平性、可持续性进一步增强。2016年末，全省企业职工基本养老保险参保人数2725.94万人，企业职工基本养老保险基金收入2259.27亿元，基金支出2006.7亿元；全省城乡居民基本养老保险领取基础养老金人数1045.79万人，基础养老金最低标准调整为115元/人/月。全省城乡居民基本养老保险基金收入288.09亿元，基金支出224.82亿元。此外，各类人群的养老金保障待遇持续增长，为保障老年人基本生活发挥了积极作用。待遇方面，企业退休职工养老金连续10多年较大幅度增长，2015年全省人均达到2460元/月。从2016年1月1日起，城乡居民基础养老金最低标准从每人每月105元提高至115元。与此同时，各级养老保险经办服务机构和队伍建设得到加强，养老保险规范化、信息化、专业化建设取得新进展，经办机构管理服务经费得到切实保障，管理服务水平明显提高，参保人员获得了更加高效优质的服务。

三、社会救助体系建设及水平

高水平全面建成小康社会，最直接、最根本的是提高广大老百姓的富裕程度和生活质量，切实帮扶困难群众和弱势群体，确保全省人民在小康路上一个不少、一户不落。2014年12月，省政府颁布《江苏省社会救助办法》，确立了"8+1"这样一个分工负责、相互衔接、协调实施，政府救助和社会力量参与相结合的社会救助制度体系，保证了全省困难群众的基本生活保障。江苏积极推进被征地农民社会保障工作。按照"即征即保、应保尽保、分类施保、逐步提高"的原则，规范报批审核程序和流程，强化督促检查，确保被征地农民全部纳入社会保障。针对低保边缘低收入人口"因病致贫、因病返贫"问题，江苏省不断出台惠民政策，资助建档立卡低收入人口参保参合，对家庭财产状况符合当地最低生活保障相关政策规定家庭中的大重病患者，给予医疗费用补助。在提高社会救助水平方面，一是逐步提高城乡居保基础养老金省定最低标准。2018年1月1日起，全省城乡居保基础养老金最低标准由每人每月125元提高至135元，至此，江苏省已连续7年提高省级基础养老金最低标准。在切实减轻困难群体负担方面，江苏强化执行对重度残疾等缴费困难群体的代缴费政策。2018年，全省城乡低保平均保障标准分别达到685元/月和670元/月，农村低保最低保障标准达到450元/月，集中和分散供养平均标准分别为13170元/年、11536元/年。

四、住房保障体系建设及水平

住房保障必须要有一系列的制度支撑，保证这一工作的长效化运行。自2008年起，江苏按照"系统化设计、制度化安排、规范化建设、长效化推进"的总体思路，持续推进住房保障体系建设。在"十一五"末基本实现低保家庭住得上廉租房、低收入家庭住得起经济适用房、新就业人员租得起房的基础上，着力提升住房保障能力，逐步扩大保障范围。"十二五"末，江苏基本实现了城镇中等偏下收入住房困难家庭住房有保障、新就业和外来务工人员租房有支持、集中成片棚户区改造全覆盖，全省城镇保障性住房覆盖率达到20%以上，住房保障体系健全率达到88.2%，超过500万城镇居民的居住条件得到明显改善。2016年，江苏实现棚户区改造新开工27.49万套，基本建成27.54万套，总计约75万户城镇棚户区居民改善了居住条件，完成投资1273亿元。江苏设立1000亿元省级棚改基金，提高已授信资金的使用效率，基本形成了多层次、多元化的棚改资金筹集和融资体系。为满足居民多元化安置需求，江苏力推各地使用货币化补偿、搭建安置房"超市"和集中购买商品住房等多种渠道进行安置，城镇棚户区、城中村征收（拆迁）货币化安置比例已由2010年的不足20%提升至2016年的40%。

第五节 社会保障建设展望：公平和可持续

党的十八大以来，我国社会保障体系建设的方向，就是以人民为中心，坚持社会保障体系建设全覆盖、保基本、多层次、可持续，也就是要求社会保障建设要增强公平性、适应流动性、保证可持续性，同时保障城乡居民全覆盖，保障项目日益完备，制度运行安全有序，保障水平稳步提高，从而为人民群众更多地分享到经济社会发展成果确立制度保障。"十九大"报告提出的要"全面建成覆盖全民、城乡统筹、权责清晰、保障适度、可持续的多层次社会保障体系"这一全新的论述，为我国下一阶段社会保障制度改革指出了方向和任务。过去我们围绕覆盖全民、城乡统筹、可持续等社会保障目标，更多强调的是"建设"，此次则明确表示要"建成"，是确立了新的目标要求。

一、准确理解全面建成多层次社会保障体系

1. 新时期、新常态需要多层次社会保障体系

随着经济社会的不断发展，我国的经济进入一种新常态，社会保障制度建设随之在经济社会发展总体布局中的地位和作用也发生了转变。江苏社会保障体系的建设面临的新常态特征更为明显，其中最为突出的就是经济增速放缓造成政府财力相对减少，福利刚性使现有的保障水平难以下调，政府已经直接面临着很大的社会保障支出压力。另外，目前劳动力总量减少，就业结构发生变动。总人口结构中，劳动年龄人口数量则持续减少。2011年，全省15—64岁劳动适龄人口总量达到峰值5989.66万人，其后逐年下降，到2016年，降至5896.39万人。城镇化的快速推进，城镇人口激增。2016年江苏城镇化率达67.7%，比上年提高1.2个百分点。社会正在逐步步入深度老龄化状态。截至2016年底，全省60周岁以上老年人口达1719.26万人，占户籍总人口的22.1%，比全国高出5.4个百分点。

2. 建成多层次社会保障体系具有重要社会意义

总体来看，目前我国已经基本建立起了覆盖城乡居民的社会保障体系。在这一体系中，保障项目越来越完备，制度运行总体安全有序，人民的社会保障水平也得到了稳步提高。现在，我国社会的主要矛盾已经转化为

人民日益增长的美好生活需要和不平衡不充分的发展之间的矛盾。这一基本矛盾为我国社会保障体系的建设提出了新的目标，这一目标就是十九大报告提出的"全面建成多层次社会保障体系"。应该说，全面建成多层次社会保障体系既是要求社会保障体系自身不断完善，也是与全面建成小康社会的目标一致的。这一目标的确定，是以党中央科学研判世情国情为基础，符合我国发展的阶段性特征，也符合人民群众对美好生活的向往。这一新时期社会保障体系建设的部署，无论是对于不断提高保障和改善民生水平，奠定社会治理现代化的基础，还是推动经济社会发展朝着更高质量、更有效率、更加公平、更可持续方向前进，都有着重大的现实意义。

3. 准确把握和认识全面建成多层次社会保障体系

人力资源和社会保障部部长尹蔚民在《人民日报》上从保障项目、组织方式等方面对全面建成多层次社会保障体系进行了权威解读。他认为，在保障项目上，坚持以社会保险为主体，社会救助保底层，积极完善社会福利、慈善事业、优抚安置等制度；在组织方式上，坚持以政府为主体，积极发挥市场作用，促进社会保险与补充保险、商业保险相衔接。除此以外，需要构建基本养老保险、职业（企业）年金与个人储蓄性养老保险、商业保险相衔接的养老保险体系，推进基本医疗保险、大病保险、补充医疗保险、商业健康保险发展。只有这样，才能在保基本的基础上满足人们多样化多层次的保障需求。我们必须清楚地认识到,在整个"多层次社会保障体系"中,"兜底线、织密网、建机制"是一种基本要求,而"覆盖全民、城乡统筹、权责清晰、保障适度、可持续"是最终的奋斗目标。

专栏6　江苏构建多层次社会保障体系

按照保基本、兜底线、促公平的要求,注重不同层次保障制度的合理保障梯度,强化整体保障效应。完善社会保险待遇确定机制,健全多缴多得、长缴多得的激励机制。建立统筹机关事业单位和企业退休人员基本养老金、城乡居民基础养老金合理调整机制,实现基本养老保险待遇水平稳步增长。健全医疗保险稳定可持续筹资和报销比例调整机制。健全失业保险金标准与物价上涨挂钩联动机制,适度提高失业保险待遇水平。建立并完善科学、规范的工伤保险待遇正常调整机制。全面实施机关事业单位职业年金制度。鼓励发展补充医疗保险和商业健康保险,发挥其对基本医疗保险的重要补充作用。全面建立临时救助制度。加强城乡低保与基本养老保险、失业保险的衔接,加强医疗救助与基本医疗保险、大病保险的衔接,更好发挥各项保障制度的合力。支持引导社会力量参与社会救助,促进慈善事业与社会救助功能互补,共同编密织牢兜底保障网。

——《江苏省"十三五"人力资源和社会保障发展规划》,2016年12月

二、进一步推进建立可持续社会保障

目前，江苏虽然在社会保障体系建设及创新改革方面取得了显著成绩，已经基本实现全民参保。但按照党的十九大的重要部署，江苏仍然需要围绕全面建成多层次社会保障体系的基本要求和奋斗目标，应按照经济发展新常态、人口年龄结构变动、新型城镇化推进和就业结构变动等方面的需求和约束条件，进一步完善社会保障体系建设。

1. 加快社会保障顶层设计，提高各项保险制度的公平性

在经济新常态下，更需要重视社会保障制度的顶层设计，加强对社会保障改革的整体战略性规划。在经济增速放缓使得社保基金压力加大的情况下，要特别强调区域差异、城乡差异较大的情况下社会保障统筹层次的提高，制度性解决公平性的问题。要进一步解决社会保障制度的统筹衔接问题，要进一步研究探索城乡居民与职工养老保险间的制度衔接，加快推进养老保险统筹的进程。要进一步提高医疗保险的统筹层次，使医疗保险资金在尽可能大的区域调剂余缺。解决社会保障中的不公平现象需要研究建立统一的覆盖全体国民的基本保障制度，使国民无论什么身份和地域都能享有同样的基本保障待遇，这种基本保障的实现就需要建立省级以上的社会保障统筹层次的平台，来化解人口不同地域流动、

地区经济能力等对社会保障收支平衡的影响。

2. 建立社会保险调节机制，注意保障投入的可持续性

目前社会保障各项制度待遇水平的提高都离不开政府的财政投入。由于缺乏正常的社会保险待遇调整机制，企业退休人员的养老金待遇水平连续提高大多都需政府财政支付，在养老保险待遇正常调节机制缺失的情况下，这种政府行政性的调节机制，必然会增加财政支出风险，不利于社保基金的可持续发展。因此要在坚持公平合理的原则下，降低行政性待遇调整的投入，建立基本养老保险待遇正常调整机制，既使退休人员基本生活得到保障，又能适当分享经济发展成果，同时保障待遇调整基金在财政所能承受和控制的范围之内。要统筹考虑机关事业单位、企业和城乡居民的基本养老金调整，逐步建立统筹各类人群的基本养老金调整机制。改革机关事业单位退休金与在岗工资增长挂钩机制，建立机关事业单位、企业和城乡居民基本养老金统一的调整办法。同时，将待遇调整水平与居民生活费用价格指数和职工工资增长挂钩，适当降低或取消对特殊群体的倾斜照顾政策，由国家制定统一的养老金待遇调整政策。

3. 补齐保障的短板缺项，完善相关的社会保障制度

要补齐社会保障的短板缺项，重点消除家政服务、农村新兴产业、互联网创业就业等新业态就业形式的保障空白点。消除养老和医疗保险政策实施中的户籍"歧

视",允许农民工及其他从事非正规就业务工人员在居住地就地缴费参保,探索职工医疗保险家庭参保办法,解决随迁老年人看病就医难问题。要注重提高社会保险基金统筹管理层次,平衡地区养老负担。建议按照中央与省级双层基金架构方式,适时推动基础养老金全国统筹,运用中央财政补助和各省上解的统筹调剂金形成中央统筹基金,按比例负担参保人员基础养老金。推动建立医保风险平准机制,实现不同制度之间和不同统筹单位之间的基金风险共济。要注重缩小群体间待遇差距。探索实施个人收入按比例缴费办法提高城乡居民基本保险筹资水平,并依据缴费年限实施梯度补贴。建议以城镇基本医疗保险诊疗、用药和临床服务规定目录为基础,吸收新农合原有目录规定中合理部分,建立统一的全民医保目录。针对老龄化社会的不断加深,进一步推动长期护理保险制度成熟定型,以医养统筹为主线,全民皆保为重点,多方共担为核心,加快建立起覆盖全体基本医疗保险参保人员的长期护理保险制度。

4. 稳定社会保障缴费能力,继续扩大社会保障的基础

新经济形态下,中小微企业面临着社会保障缴费能力下降的问题,职工个人由于失业或其他原因中断缴费、脱保等现象可能持续发展。因此,为了稳定社会保障缴费能力这一基础,需要继续扩大社会保障的覆盖面:一是重点扩大单位就业人员、城镇私营和个体人员的社会

保障覆盖面。从江苏统计年鉴的统计数据来看，全省每年的养老保险、医疗保险参保人数低于就业人数，这表明扩面还存在一定的空间，因此，要进一步挖掘和扩大社会保障就业人员的覆盖面以巩固社会保障缴费能力的基础；二是完善养老保险制度的转移接续，减少脱保、断保现象的产生。农民工是脱保、断保的主要群体，要在制度上进一步完善社会保障关系的转移和衔接；三是要解决重复参保、漏保的现象，稳定社会保障缴费的质量。要进一步严查养老保险、医疗保险中的重复参保现象，同时将漏保人员纳入到保障体系中。建议制定循序渐进的延迟退休年龄方案，用10年左右时间同步延迟男女职工退休年龄至65岁。合理调整最低缴费年限，把养老保险最低缴费年限由15年分步提高到20—30年。健全待遇确定和调整机制，落实基本养老保险"多缴多得、长缴多得"的待遇确定原则，待遇调整幅度综合考虑上年度在岗职工工资增长、消费物价指数变动、基金收支和财政负担能力，引导形成合理的待遇调整预期，防止发生福利冲动和福利失控的社会风险。

5. 强化社保基金使用效能及保值增值

在经济新常态下，不断提高的医疗消费水平和不断加快的人口老龄化进程等因素，使得养老、医疗保险的支付压力倍增。如何提高社保基金的使用效率、维护基金安全显得尤为重要。综合养老、医疗保险目前的基金支付现状，首先，要提高资金使用效率。重视统筹基金的收支平衡，而不仅是单纯地提高待遇水平；重点关注真正需要保障的人群需要，如对重大疾病、费用高的老年病慢性病等在调整政策上适当倾斜，而不是普遍性的提高待遇标准。其次，要建立专业化的投资体制和市场化的运营机制，实现基金的保值增值。要扩大基金的投资渠道，并明确各级政府在社会保障上的事权划分，明确相应的职责和投资权限，研究设立相应的资金管理机构，行使委托人职责，制定投资决策。再次，要优化医疗保险基金结构。减少划入个人账户的资金，相应地提高统筹基金的支付能力。适当放宽政策的支付范围，提高或取消封顶线，以实现基金的收支平衡、缓解看病贵的问题。最后，要加强基金的精算管理。转变目前粗放的社会保险行政管理模式，研究设立规范的、科学的保险管理模式。

6. 积极发展补充社会保险和商业保险

就目前社会保险与商业保险的统筹发展问题，还需要进行顶层设计。这种设计需要发挥商业保险的机制、管理、技术、网络等优势，使商业保险与社会保险能够协调发展、相得益彰。企业年金、职业年金等补充社会保险和各类商业保险，一直被认为是我国社会保障体系中的第三支柱。在企业年金、职业年金、商业保险方面加快发展，是构建多层次社会保障体系的必要内容。对于缴纳企业年金、职业年金，可以考虑实施免税、延期征税等优惠政策。总体来看，统筹运用商业保险和基本社会保险，需要比较合理地确定商业保险和社会保险的业务领域。对于商业保险机构经办社保业务的领域、基本原则、运营方式和监督管理等，政府需要出台专门指导意见。

全面建成多层次社会保障体系，是提高保障和改善民生水平的重大举措。各级党委和政府要将其摆在更加突出的位置，加强组织领导，加大财政投入，尽力而为、量力而行，让改革发展成果更多更公平惠及全体人民。各级人力资源和社会保障部门要勇于担当，尽职尽责，加强与相关部门的协同配合。要加强政策解读和宣传引导，让全社会更加熟悉、更好理解和支持社会保障政策，认真履行义务，共同促进社会保障事业健康协调可持续发展。

第十一章
脱贫攻坚筑牢共富基底

贫困是人类社会面临的一个共同问题，缓解并消除贫困已成为全人类的共识。如何找到一条适合自身、富有成效的减贫道路，许多发展中国家正为之艰难探索。改革开放以来，尤其是《国家八七扶贫攻坚计划（1994—2000年）》及《中国农村扶贫开发纲要（2001—2010年）》的实施，中国实现了6亿多人口的脱贫，为人类减贫事业做出了重大贡献。作为东部沿海发达省份之一，自20世纪90年代初开始，江苏省连续有计划、有组织地实施了多轮大规模扶贫开发行动，成效显著。截至2011年底，江苏基本消除2500元以下绝对贫困现象；2012年，江苏省委省政府部署实施脱贫奔小康工程；

2015年底，411万农村低收入人口整体实现了4000元的脱贫目标，江苏成为东部地区率先基本消除绝对贫困的省份之一。"十三五"时期，江苏省鼓励有条件的地方积极统筹解决城乡贫困问题，努力缩小地区之间、城乡之间、农村居民之间的收入差距，以缓解相对贫困，使全省人民共享改革发展成果，实现共同富裕。

第一节 迈向共富的基础性工程

消除贫困，是社会主义的本质要求，也是保障全体人民共享改革发展成果，实现共同富裕的重大举措。"2020年，我们将全面建成小康社会。全面建成小康社会，一个不能少；共同富裕路上，一个不能掉队。我们将举全党全国之力，坚决完成脱贫攻坚任务，确保兑现我们的承诺。我们要牢记人民对美好生活的向往就是我们的奋斗目标，坚持以人民为中心的发展思想，努力抓好保障和改善民生各项工作，不断增强人民的获得感、幸福感、安全感，不断推进全体人民共同富裕。"习近平总书记的这番讲话是对"共同富裕"思想的传承与发展，同时也表明，消除贫困是实现共同富裕的前提条件与重要内容，而"脱贫攻坚"是实现共同富裕的重要基础与重大举措。

一、"脱贫攻坚"是共同富裕思想的传承与发展

消除贫困、改善民生、实现全体人民的共同富裕,这是中国特色社会主义的本质要求。邓小平曾经指出:"社会主义不是少数人富起来,大多数人穷,不是那个样子。社会主义最大的优越性就是共同富裕,这是体现社会主义的本质的一个东西。"1992年,邓小平南方谈话进一步阐述了"先富带动后富"并最终实现共同富裕的路径,他指出:"一部分地区有条件先发展起来,一部分地区发展慢点,先发展起来的地区带动后发展的地区,最终达到共同富裕。"按照邓小平"先富带动后富"的重要论述,一部分通过诚实劳动、合法经营先富起来的个人和地区,可以借助先进的示范作用,并通过相关政策措施让先进者带动、帮扶后进地区及贫穷人口,最终实现共同富裕,亦即"发达地区要继续发展,并通过多交利税和技术转让等方式大力支持不发达地区"。如果说通过解放与发展生产力,允许一部分地区和个人先富起来是实现共同富裕的第一阶段,那么,随着改革开放40年的深入发展,当前我们应该处于在发展优先的同时逐步解决先富带动后富、实现共同富裕的第二阶段。因此,如何在发展的同时实现共同富裕,让全体人民更多更公平地共享发展成果,是当前我们面临的一项紧迫任务。党的十八大以来,以习近平同志为核心的党中央把脱贫攻坚摆到更加突出位置,并在湖南考察后首次提出了"精

准扶贫"思想。习总书记强调:"做好扶贫开发工作,支持困难群众脱贫致富,帮助他们排忧解难,使发展成果更多更公平惠及人民,是我们党坚持全心全意为人民服务根本宗旨的重要体现。"由此可见,通过脱贫攻坚助力低收入人口脱贫致富,使社会发展成果更多更公平地惠及每位民众,是马克思主义"共同富裕"思想的发展与延伸,是中国化的反贫困理论,体现了中国共产党全心全意为人民服务的根本宗旨。

二、脱贫攻坚是实现共同富裕的必经之路

中华人民共和国成立以来,中国经济社会发生了深刻的变化,中国社会实现了由封闭、贫穷、落后到开放、富强、文明的历史巨变,经济实现了持续快速增长,经济总量跃居世界第二位,综合国力进一步增强,人民生活实现了由贫穷到温饱,再到整体小康的历史跨越,目前已经进入全面建设小康社会阶段。然而,我们在追求经济发展效率提高的同时,难免会或多或少地产生一些区域差异和贫富差距。如,一部分人由于受主观条件和客观条件的限制成为低收入者,致使我们在发展过程中出现了一些不平衡和贫富差距等问题,某些领域甚至出现了两极分化的趋势,这已经成为我国实现社会主义共同富裕的主要障碍。十八届五中全会指出,"要实施脱贫攻坚工程,实施精准扶贫、精准脱贫,分类扶持贫困家庭,探索对贫困人口实行资产收益扶持制度,建立健全

农村留守儿童和妇女、老人关爱服务体系"。党的十八大报告指出:"要坚持社会主义基本经济制度和分配制度,调整国民收入分配格局,加大再分配调节力度,着力解决收入分配差距较大问题,使发展成果更多更公平惠及全体人民,朝着共同富裕方向稳步前进。"党的十九大报告进一步指出,当前我国社会的主要矛盾已经由人民日益增长的物质文化需要同落后的社会生产之间的矛盾,转化为人民日益增长的美好生活需要和不平衡不充分的发展之间的矛盾。因而,共同富裕的总体目标与现实的贫富差距,构成了我国脱贫攻坚的出发点。党的十九大强调:"坚决打赢脱贫攻坚战,让贫困人口和贫困地区同全国一道进入全面小康社会。"通过脱贫攻坚对贫困地区和低收入人口进行帮扶,让贫困地区和低收入人口享受改革开放的发展成果,享受到发达地区经济发展所带来的进步,为争取2020年如期实现全面建成小康社会的目标提供了强有力的保障。可见,打赢脱贫攻坚战是全面建成小康社会的"最后一公里",是我国实现共同富裕的必经之路。

第二节 江苏脱贫攻坚的战略举措

改革开放以来,江苏历届省委、省政府都高度重视扶贫开发工作。从20世纪90年代初至今的近30年间,江苏先后实施了扶贫攻坚计划,扶贫开发"十五"、"十一五"规划纲要,脱贫攻坚工程,脱贫奔小康工程,自2016年开始又实施了脱贫致富奔小康工程,扶贫标准也经历了由1500元、2500元、4000元到6000元的演变,取得了明显的阶段性成效。

一、江苏省扶贫开发的主要历程

从1992年至今,江苏省扶贫开发共经历了以下四个阶段:

第一阶段:以解决困难群众温饱问题、改善基本生产生活条件为主要目的的扶贫开发。改革开放以后,江苏省采取一系列放开、搞活的方针,实行大包干、发展乡镇企业,一大批贫困农民解决了温饱问题,逐步走上了致富道路,不少县乡走出了困境。但由于历史、自然等原因,部分地区尤其是苏北地区的发展较为落后,一部分农民群众的生活比较贫困。1992年,省委省政府向苏北贫困县派驻"社教与扶贫"工作队,对沭阳县和苏北农民人均纯收入400元以下的58个贫困乡镇,实施大规模集中扶贫。1995年1月,省委省政府下发《江苏省扶贫攻坚计划》,确定扶贫开发分两步走,第一步,从1995年到1997年,确保全省208万贫困人口脱贫;第二步,从1998年到2000年,以县为单位基本达小康。到1997年底,10个重点扶贫县的国内生产总值达到192亿元,比1994年增长54%,年均递增15.5%,重点帮扶的68个贫困乡(镇)农民人均纯收入达到2030元,全部达到或超过当时省定脱贫指标。截至 2000 年底,苏北地区以县为单位基本达到小康目标,贫困人口的生产与生活条件得到了初步改善,总体实现了由温饱向基本小康的历史性跨越。

第二阶段:以消除绝对贫困为主要目的的扶贫开发。从 2001 年起,省委省政府制定实施了《江苏省扶贫开发"十五"规划纲要》,通过区域共同发展战略的实施,对少数尚未解决温饱的贫困村、贫困户继续实施扶贫攻坚;对已经解决温饱的着力巩固扶贫成果,加快实现小康步伐,对基本实现小康的进一步提高标准,努力建设宽裕小康。从产业培育、农村劳务输出、基础设施建设、社会事业发展、人口素质提高等方面实施扶贫攻坚。前后共投入 5.6 亿元实施了农村草危房改造,苏北农村符合省补条件的 33 万草危房户全部得到了改造,行政村基本实现了村村通砂石路,500 多万亩中低产田改造成了稳产高产田,1400 多万农村人口喝上了自来水。2005—2007年,江苏省以 1500 元作为扶贫标准,实施了"千村万户帮扶工程"。《关于"十一五"期间组织实施"千村万户帮扶"工程的意见》要求,将"千村万户帮扶工程"任务细化分解到各级各部门,明确苏北市县、苏南对口合作县和省直各部门责任,形成帮扶合力;确保达到每村至少有一个单位挂钩帮扶、有一名领导干部联系帮扶、有一名干部到村帮扶,每个贫困户至少有一名党员干部结对帮扶。坚持以项目扶持为载体,把与改善群众基本生产生活条件、增加经济收入有直接关联的基础设施和产业发展项目作为扶持重点,加大扶持力度;落实6万贫困劳动力培训转移任务,并强化贫困劳动力就业跟踪服务;培育和扶持一批扶贫龙头企业,探索龙头企业为贫困农户承贷承还、提供贷款担保等办法,有效增加贫困农户收入;扩大扶贫小额贷款规模,扩大对贫困农户的覆盖面。到2007年底,全省农村年纯收入在1500元以下的低收入人口由2005年的310万减少到201万人,1011个经济薄弱村农民人均纯收入达到2948元,增长14.2%,有48.2%的贫困户超过省原确定的贫困标准。2008年,按照世界银行提出的人均生活费1天1美元的减贫标准,省委省政府将扶贫标准从1500元提高到2500元,实施以农村改水、通电、通达、安居、中低产农田改造五大扶贫工程为重点的"脱贫攻坚工程",加大扶贫开发工作部署、资金投入和机制创新力度,对全省农民人均纯收入低于2500元的168万户、450万人,通过扶持生产、扩大就业、完善社保、政府和社会帮扶救助等综合措施,以及整村推进、项目带动、培训转移、小额贷款等多种手段,实施重点帮扶,实现贫困人口整体脱贫,农村贫困人口温饱问题基本解决。到2011年底,脱贫攻坚5年任务4年完成,苏北468万农村贫困人口基本实现脱贫,1011个经济薄弱村基本达到"八有"和村集体收入5万元以上的目标。至此,江苏基本消除了绝对贫困现象,扶贫开发转到巩固脱贫成果、促进全面小康的新阶段。

第三阶段：以解决帮扶对象收入低、没钱用和基本公共服务均等为主要目的的扶贫开发。按照2011年底中央扶贫开发工作会议提出的"东部有条件地区要提高扶贫开发水平，率先探索减少相对贫困、实现共同富裕"的工作要求，江苏省委省政府于2012年实施脱贫奔小康工程，制定发布了《江苏省农村扶贫开发"十二五"规划纲要》和《关于加快苏北全面小康建设的意见》，提出了"扶持农村低收入人口脱贫"和"扶持经济薄弱村发展"的双重任务，而且制定了大大高于国家《纲要》标准的扶贫目标：到2015年列入帮扶对象的低收入人口年人均纯收入达到4000元或当地（更高的）扶贫标准；低收入人口人均纯收入增长幅度高于全省平均水平2—3个百分点；基本公共服务主要领域指标接近全省平均水平；省定经济薄弱村全面实现有群众拥护的"双强班子"、科学合理的发展规划、高产高效的农业设施、特色鲜明的主导产业、持续稳定的集体收入、先进适用的信息网络、健康向上的文明村风、村容整洁的居住环境的新"八有"目标。同时，将苏北经济薄弱地区，特别是12个重点县（区），作为省扶贫开发重点区域；重点扶持宿迁西南岗地区、成子湖地区，徐州黄墩湖滞洪区，连云港石梁河库区，淮安刘老庄地区，淮盐的灌溉总渠以北地区，并实行连片开发。对纳入扶贫开发对象的农户，全面实现1户至少有1项增收项目或1户至少有1人实现非农产业稳定就业。2012—2014年间，江苏共完成了295.14万低收入人口的脱贫任务，其中223.76万低收入人口实现开发式脱贫，71.38万低收入人口实现救助式脱贫。截至2015年底，全省411万农村低收入人口整体实现4000元脱贫目标，1533个省定经济薄弱村发展能力进一步增强，重点片区面貌显著改善，如期完成脱贫奔小康工程目标，江苏成为东部地区率先基本消除绝对贫困的省份之一。

第四阶段：以缓解相对贫困、缩小收入差距、促进共同富裕为主要目的的扶贫开发。按照中央关于东部地区"率先探索减少相对贫困、实现共同富裕有效途径"的要求，2016年江苏省实施"脱贫致富奔小康工程"，以增强低收入农户和经济薄弱地区发展增收的内生动力、化解支出型贫困突出矛盾、应对返贫难题、完善社会保障兜底制度为重点，统筹解决城乡贫困问题。完善"省负总责、市县抓落实"和"两个精准"工作机制，围绕缓解相对贫困机制，积极推进扶贫体制机制创新，全面开展资产收益扶贫，强化开发式扶贫和保障性扶贫综合脱贫效应。建立健全精准扶贫精准脱贫工作机制、"五方挂钩"帮扶机制、重点片区整体帮扶机制、金融扶贫机制、社会帮扶机制等，完善扶贫资金和资产管理、驻村帮扶等工作制度，着力建立脱贫帮扶的有效制度和长效机制，由偏重"输血"向注重"造血"转变。重点实施产业引领、就业创业、教育助力、健康援助、金融助推、基础支撑、国土支持、企业帮村八项脱贫致富行动。以人均年收入6000元作为新一轮扶贫标准，力争到2020年277万建档立卡农村低收入人口人均年收入超过6000元。同时，重点帮扶821个经济薄弱村，并力争到2020年，村集体经济年收入达到18万元以上。2016—2017年，全省累计有133.2万低收入人口脱贫，低收入人口占比由5.8%下降到2.6%；480个省定经济薄弱村集体年收入超过18万元以上，达标率58.5%。

综上所述，从20世纪90年代初的"扶贫攻坚计划"到"十三五"时期的"脱贫致富奔小康工程"，江苏脱贫攻坚政策的制定和实施均以提高人民收入、改善人民生活为宗旨，在发展经济的同时兼顾公平与效率，内部与外部联动，以促进共同富裕的实现。

二、江苏脱贫攻坚的战略举措

长期以来，江苏省委省政府坚持把打赢打好脱贫攻坚战作为全面建成小康社会的重大任务，以贫困农户增收、自我发展能力增强为中心，着力构建贫困人口收入稳定增长、经济薄弱村内生发展、扶贫资金持续投入、贫困劳动力素质提升等扶贫开发机制，以建档立卡贫困人口为重点，以产业化扶贫为关键，坚持"开发式扶贫"与"救济式扶贫"双轮驱动，围绕重大基础设施、重要民生工程、重点增收项目，采取"生产扶助、就业援助、结对帮助、低保资助、社会救助"等关键举措，助力经济薄弱村脱贫，促进贫困人口增收，使贫困人口共享经济发展成果，助推全省共同富裕目标的实现。

1. 因地制宜发展集体经济，推动经济薄弱地区强村富民

长期以来，江苏省委、省政府把促进农村集体经济发展，作为扶持经济薄弱村强村富民的重要抓手。结合村级资源优势，因地制宜发展特色优势产业。对有一定产业基础的村，通过"五方挂钩"单位帮扶、村企合作等形式，建设特色农产品种养基地，发展壮大特色产业，形成"一村一品"的产业优势。如泗洪县西南岗地区魏营镇，从2012年起利用后方单位帮扶资金，启动建设占地100亩、集种苗繁育、品种展示、观光采摘等功能为一体的核心区，有力地促进了1.2万亩草莓产业提档升级，同时带动680户低收入农户增收致富，村集体经济年增收8万余元。对经济资源相对较好的村，支持村集体对"四荒"、水面、经济林木等资源进行合理开发，使资源优势转化为经济优势。引导有土地整理潜力的村，结合农村环境卫生整治、村庄整治和河道疏浚等，积极开展宅基地、闲置地整理，通过收取租金、发包或置换建设用地指标，增加村集体经济土地收益。支持村集体按照土地利用总体规划和城乡建设规划要求，利用集体非农建设用地、村级留用地以及村庄整治、集中居住点建设、宅基地整理复垦节余的土地，建设物业项目、发展物业经济。支持村集体建设融便民服务、科技服务、医疗服务、文化活动、党群议事等一体的村级综合服务

中心，开展农村日用品、农业生产资料等连锁经营服务。如连云港市44%的村党群服务中心面积达到400平方米以上，村服务中心房屋等出租，全市每年可增加村集体收入300余万元。对于一些资源匮乏的村，鼓励村集体组建各类专业合作社，组织农户开展合作生产和联合经营，在为农业生产提供信息、技术、销售等服务的同时，增加村集体分红收入。对一些地处偏僻、资源不足、经营难度大、发展空间狭小的村，支持村集体经济组织跳出本地圈子，与境内外企业以及其他经济组织开展经济交往，拓展发展空间，通过异地发展谋增收。对于自然资源、文化资源、旅游资源相对丰富的村，积极支持村集体发挥自然生态环境优势，发展"农家乐"、生态休闲等观光农业，帮助村集体经济组织在经营和服务中增加收益。

2. 推动基础设施建设，改善低收入人口生产生活条件

大力推进经济薄弱农村地区基础设施建设，既是国家扶贫纲要提出的主要任务之一，也是扶贫解困工作的主要着力点。通过2008—2011年实施的脱贫攻坚工程，苏北经济薄弱地区的农村基础设施建设和社会事业发展水平有了较大程度的提升。2012年开始实施的新一轮脱贫攻坚工程和2016年实施的"脱贫致富奔小康工程"，都进一步加大了人力、财力、物力投入，统筹推进交通出行、电力通信、农田水利、安全饮水等基础设施建设。

与此同时，全省各地开展的城乡一体化建设、新农村建设项目的财力资源投入也偏向于经济薄弱地区。迄今为止，江苏经济薄弱地区，特别是重点扶持片区农村基础设施建设水平大大提高，基本农田质量和农田水利设施水平有了较大的改善，据江苏省扶贫办统计，2014年苏北12个扶贫重点县新增高标准农田面积47.55万亩，人均有效灌溉面积达到了1.29亩，有效灌溉比例达97.8%；实行了垃圾集中运转处理，贫困农户的生产和生活环境得到了很大改善，有效增强了对经济社会发展的支撑能力。进入"十三五"时期，江苏积极探索"基础设施+"扶贫模式，致力于打通扶贫道路"最后一公里"。一是加强经济薄弱地区交通设施建设。做好规划引领，完成省重点片区交通扶贫专项规划。加快国省干线建设，畅通经济薄弱地区交通动脉。加强农村公路建设和管理，方便群众生产生活。如2016年西南岗片区完成投资200万元，完成农村公路提档升级6.232公里，农桥改造2座；成子湖片区完成投资2100万元，完成农村公路提档升级15公里，农桥改造6座。二是加强农田水利设施建设。全面兴修农田水利，推进农业综合开发和高标准农田建设，提高农田基础设施配套水平，为发展现代农业夯实基础。如2016年成子湖片区完成投资21298万元，其中农田水利投资12140万元，高标准农田建设投资9158万元。三是推进经济薄弱地区"光网乡村"建设。在部分乡镇推进光网建设项目，实施新一代宽带无线和移动通信网络建设工程，加快4G网络在经济薄弱地区的布局与普及应用。如成子湖片区投资320万元，对8个乡镇光网进行优化扩容；投资900万元推动农村家庭宽带新增覆盖与升级改造；投资1910万元，推动4G网络建设，其中投资800万元新建4G基站实现乡村全覆盖，投资1110万元对8个乡镇新建4G基站和配套设备的安装，进一步优化该区域的无线覆盖。

3. 大力实施产业扶贫，构建低收入人口增收长效机制

按照"产业跟着规划走、项目跟着产业走、资金跟着项目走"的思路，结合地方资源禀赋、产业发展条件，大力推进产业扶贫及富民增收。鼓励将劳动密集型产业、环境友好型产业、农产品加工流通业向贫困片区和贫困村布局，引导支持企业到经济薄弱地区投资，带动经济薄弱村发展和低收入农户增收。加强规划引导，鼓励片区制定产业发展规划，着力发展具有区域资源禀赋、人文内涵、自身特色的产业带、产业群，加快乡镇工业集中区、小企业创业园区建设，形成有利于片区开发、有利于县域经济社会发展的个性化产业体系。支持有条件的工业集中区、小企业创业园区新建扩建标准化厂房，提高片区工业建设项目集约用地水平，推进工业集中、产业集聚、企业集群和土地资源的集约利用。积极帮助引进一批无污染、科技含量高和劳动密集型项目和企业落户，吸纳和安置当地劳动力实现就地转移就业，增加

工资性收入。通过产业转移对接会、南北产业转移网等形式,加大对产业转移的政策扶持,探索对劳动密集型产业工业用电实行补贴,增强承接南北产业转移项目的竞争力。依托农业产业化发展优势,支持建设一批农副产品加工园区,引进标准化生产线,做大做强农产品加工企业。将产业发展与精准扶贫相结合,在扶贫重点片区大力实施农业科技入户工程,通过实行一村一名农技员制度、定期组织专业人员深入农户和田头现场讲解、利用农村集市开展科技咨询服务等,对低收入农户进行专业技能培训,使其至少掌握一项种养技术。同时,完善扶贫利益联接机制,将产业扶贫与资产收益扶贫紧密结合起来,积极探索股份合作等有效形式,采取多种模式将低收入农户融入产业发展,促进低收入农户更多地分享产业增值收益。对于有独立参与产业发展意向的农户,采取"扶贫项目+低收入农户租用+经营主体带动"的模式;对于有劳动能力而无独立参与产业发展意向的农户,采取"土地租金+务工收入+扶贫资金分红"的模式;对于无劳动能力的低收入农户,采取"土地租金+扶贫资金分红"的模式。积极推进三产融合,突出抓好"互联网+"现代农业,全面推进农业综合信息服务平台建设,大力发展农村电子商务,努力提高农村电商服务站行政村覆盖率。实施休闲观光农业提升工程,推进农业与旅游、教育、文化等产业深度融合,努力将这一新业态打造成为低收入农户就业增收新的增长极。

扎实推动人才、项目、资金、技术等资源向贫困地区倾斜，有效缓解了经济薄弱地区产业发展缺乏相关要素的问题。2017年，由江苏省农委组织实施的中央和省级财政项目累计安排14.7亿元到重点帮扶县，较2016年增加5.76亿元，增幅达到64%。在6个重点片区、2个革命老区实施各类涉农项目201个，投入财政资金3.18亿元。对6大片区所在县（区）农业农经部门增加75万元扶贫资金，对2个革命老区所涉及的10个县（区）增加25万元支持资金，累计1225万元。资金与政策的利好，调动了基层扶贫部门发展本地特色优势产业的积极性，促进了经济薄弱地区优势产业的快速发展，有效激发了经济薄弱地区的经济发展活力。

4. 积极推进创业扶持工程，提升低收入人口"造血"功能

加强创业就业培训。"十三五"期间，江苏各地通过组织开展多种形式"创业培训"进乡村活动，推广"创业培训＋电子商务"培训模式和"一村一品一店"网络平台创业，扶持低收入人口在电子商务、家庭手工业等领域实现创业就业。有些地区还通过实施分类培训，把有劳动能力的低收入人口全部纳入职业培训范围，对参加培训并取得相应资格证书的低收入人口实行获证奖补。2016—2017年全省共开展低收入农户劳动力技能培训5.79万人，有效提高了低收入人口的就业创业能力。采取激励政策和扶持政策，支持低收入农户发展优质粮油

业、蔬菜园艺业、规模畜牧业、特色水产业、休闲观光农业、农产品加工流通业,扶持发展设施大棚、经济林果、畜禽养殖等高效农业项目。对特别贫困的低收入农户,实行"一户一棚",由乡镇、村及帮扶单位共同投资建设设施大棚、养殖棚舍等产业设施,产权归村,由村低租金或零租金提供使用。引导低收入户加入畜禽养殖、经济作物种植、苗木培育、农机服务等各类农民专业合作社和农民资金互助社。大力扶持创业致富。一方面,各地通过扩大创业贷款担保基金规模,鼓励低收入有劳动能力的人口自主创业和返乡创业,通常可提供最高10万元的创业担保贴息贷款,部分市县甚至可提供高达25万元的创业担保贷款;健全创业载体,对申请入驻创业孵化基地的农村低收入家庭劳力,一年内实行"零租金"入驻,并提供水电费补贴、物管费补贴、创业贷款贴息补贴等。强化就业援助。对低收入农户进行专项调查,把低收入农户全面纳入就业困难人员援助范围,根据其就业需求和自身特点制定个性化援助方案,并建立就业困难人员登记、认定、动态管理、退出机制。对吸纳就业困难人员就业符合条件的企业落实为期三年的社会保险补贴,未符合条件的自谋职业和灵活就业困难人员发放社会保险补贴。据统计,江苏省财政2011—2014年共投入约30亿元,分别按照重点片区、重点帮扶县、一般帮扶县内建档立卡的低收入户人均分别补助1500元、1200元和1000元的标准,帮扶全省400多万建档立卡低收入农户增收。2016—2017年共为7.82万低收入农户劳动力提供各类创业服务，创业补贴1070万元，成功帮扶自主创业1.12万人。

5. 加大金融扶贫力度，加快低收入农户增收脱贫步伐

江苏积极落实并不断完善金融扶贫政策，多措并举加大对经济薄弱地区和低收入农户的金融支持。江苏自1998年起开始实施扶贫小额贷款项目，由省财政出资为扶贫小额贷款提供担保和部分贴息。在实施过程中，江苏省不断完善扶贫小额贷款制度，以提高其对低收入农户脱贫增收的作用。据统计，1998—2013年，江苏省累计发放扶贫小额贷款201.2亿元，受益低收入农户228万户。2016年以来，我省扶贫小额信贷累计发放63.6亿元，受益农户55.5万人。不断创新扶贫信贷产品。目前，每户贷款最高额度扩大到5万元，贷款最长期限延长到3年，由财政全额贴息。立足经济薄弱地区资源禀赋、产业特色，因县、因村、因户精准施策，鼓励金融机构加大对绿色生态种养业、农村电商、花卉苗木等特色农业的信贷支持。如宿迁市推动相关银行开展"花木贷""电商贷""金农贷"等特色产品，累计支持农户200多户，发放贷款超6000万元。不断创新金融产品，"十三五"期间，江苏制定《江苏省金融扶贫工作计划》，搭建了"金融精准扶贫信息系统"，实现全省精准扶贫基础数据（包括贫困户、脱贫户、贫困村等名录信息）信息共享和有

效监测。积极探索农村"两权"抵押贷款创新,先后探索出"单一农地经营权抵押""农地经营权抵押+第三方风险分担""第三方担保+农地经营权反担保"等多种贷款模式;农业银行江苏省分行先后创新开展了"金融+新型农业经营主体+贫困户""金融+特色产业+贫困户""金融+民生及基础设施+贫困户"等多种带动性金融扶贫模式。建立货币政策工具引导信贷投放机制,积极为扶贫贡献大、低收入农户收益多的农村法人金融机构争取人民银行扶贫再贷款资金。

专栏1 扶贫小额贷款助力低收入农户增收致富

扶贫小额信贷是面向建档立卡低收入农户的专门贷款,是低收入农户从正规渠道融资的主要方式,对有效缓解低收入农户的融资难、融资贵,以提高其自身发展能力具有重要意义。江苏省"十二五"扶贫报告显示,江苏省不断完善扶贫小额贷款制度,加大对低收入人口的信贷支持。

(一)明确贷款对象和范围。贷款发放范围现扩大到29个县(市、区),主要包括苏北24个经济薄弱县和黄桥、茅山老区范围内的5个县级市,共覆盖8272个行政村。贷款发放对象是具有劳动能力、遵纪守法、信用较好、有小型生产经营型项目、家庭年人均纯收入低于4000元以下的建档立卡低收入农户。县扶贫办根据建档立卡低收入农户名单,编制《贷款备选农户名册》提供给县农信社（农商行、农合行），乡镇农信社在备选农户中自主调查、自主发放和回收贷款。低收入农户家庭普遍建立了帮扶工作联系卡，实施结对帮扶全覆盖，动员机关部门的党员干部与低收入农户开展结对帮扶。

（二）提高农户贷款额度。2008年以前，实行年度贷款发放规模控制，由省扶贫办、省财政厅、省信用联社下达贷款发放指导性计划。2008年起，对扶贫小额贷款采取"上不封顶"政策，低收入农户单户贷款额度也由过去"首贷不超过3000元，续贷原则上不超过5000元"，调整为"单户贷款不超过1万元"。

（三）加大优惠利率和贴息力度。低收入农户使用贷款，明确要求农信社按同期同档次贷款基准利率执行。在此基础上，省财政对按期归还贷款的农户，再按贷款基准利率的50%给予农户贴息。部分市县，如宿迁市探索开展金融支持扶贫开发信贷政策导向效果评估，并向省定经济薄弱村派驻以党员为主体的金融青年顾问，提高贫困地区金融服务水平。

（四）加大财政担保投入。2008年以前，省扶贫办每年根据各相关县（市、区）脱贫任务，与有关部门共同商定贷款计划，省财政安排一定的担保资金存放到县农村信用联社，开设担保资金专户，实行专户存储、专款专用。2008年下半年起，根据省委、省政府《关于组织实施脱贫攻坚工程的意见》，加大扶贫小额贷款政策扶持力度，重点支持贫困农户调整农业结构，发展增收项目，放开小额贷款规模。

积极推进创业担保贷款，加快为农服务银行机构网点布局，推动农商行建立农村金融综合服务站，有效扩大金融服务覆盖面和渗透率，切实打通金融服务"最后一公里"。大力推动涉农保险发展，加大目标价格指数、收入保险、天气指数保险试点范围，各地积极探索设立扶贫贷款风险补偿基金和担保基金等，多层次、全方位满足贫困群体以及经济薄弱地区多元化融资需求。截至2017年11月末，全省农业保险实现保费收入28.92亿元，为全省1595.5万户农户提供风险保障696.66亿元，已赔付279.56万户农户，赔款共计13.99亿元。扶贫金融政策的不断完善，有效缓解了低收入农户资金短缺困难，破解了农业农村贷款难、贷款贵难题，不少低收入农户通过扶贫金融支持，自主发展小型生产经营型项目，实现了增收脱贫目标。据人民银行南京分行数据显示，截至2018年一季度末，江苏省金融精准扶贫贷款余额1563.2亿元，带动服务建档立卡低收入人口31.4万人。

6. 实施教育扶贫工程，提升低收入人口自我发展能力

舒尔茨认为，贫困的根源在于人力资本匮乏所引起的"能力贫困"，亦即贫困人口的健康、知识、专业技能不足，劳动力不能自由流动，社会对贫困地区的教育投入不足等。因而，解决贫困问题的根本在于加大对低收

入人口的人力资本投资，以增强贫困人口自身的发展能力。为此，江苏省大力实施教育助力行动，不断完善教育资助制度，有效提升低贫困人口的人力资本水平，有力阻断贫困的代际传递。以家庭经济困难学生和留守少年儿童、外来务工人员随迁子女为重点，江苏学生资助工作在全国率先实现了从学前教育至研究生教育的全覆盖、公办民办学校全覆盖，构建了省、市、县、校四级学生资助管理体系，形成了以政府为主导、学校为主体、社会为补充的"三位一体"的资助格局。按照省资助标准，各地区对建档立卡低收入家庭经济困难学生进行资助，确保所有建档立卡低收入家庭学生应助尽助。建立低收入家庭学生数据库，并实行动态调整。全面落实学前阶段、义务教育阶段对建档立卡低收入家庭学生的补助政策，2016年秋季学期起，全面免除在普通高中学习的建档立卡家庭经济困难学生学杂费，对在我省普通高校本、专科阶段学习的建档立卡家庭经济困难学生免除学费，实现中等职业教育免学费政策全覆盖。持扶贫手册即可办理国家助学贷款，通过建立健全完善的教育资助政策体系，扎实开展助学贷款业务，解决家庭经济困难学生的就学资金困难，确保新考取的大学生顺利进入大学深造，切实降低了低收入家庭的教育成本，有效防止了因学致贫。实施乡村教师支持计划，提升乡村教师队伍的稳定性和教学水平。认真落实《江苏省乡村教师支持计划实施办法（2015—2020）》，解决经济薄弱地区乡村教师在生活、工作中存在的困难。2016年起，我省开始实施乡村教师定向培养计划，截至2017年底，全省共招收乡村教师定向师范生4050名。乡村教师定向培养工作要求被录取的学生，需与户籍所在地的教育部门签订就业协议书，毕业后回学生户籍所在地的乡村学校任教，连续服务满5年以上。继续实施乡村教师素质提升工程，加强乡村骨干教师队伍建设，2017年完成免费培训5万名乡村教师任务。通过"领雁工程"、乡村教师"助力工程"和"雏雁计划"等项目，对苏北地区教师、校长培训进行倾斜，努力提高苏北地区乡村教师教学管理水平，开展乡村教师培训、教师资源送教下乡等活动，提高乡村教师教学实践能力，为经济薄弱地区定向培养下得去、留得下、干得好的一专多能教师。

7. 实施健康援助行动，助力低收入人口脱贫致富

实施健康援助行动，提升贫困人口的健康人力资本，并防止低收入人口"因病致贫、因病返贫"。长期以来，江苏一直将健康扶贫作为精准扶贫、精准脱贫的一项重要举措。尤其是进入"十三五"以来，江苏省民政厅、省人社厅、省卫生计生委等部门陆续牵头出台了有关低收入人口医疗救助、医疗保险、大病专项救治、患病情况报告等方面的具体政策措施，初步构建了健康扶贫的政策体系。调整保险政策，提高费用报销比例。全额补贴低收入人口新型农村合作医疗保险个人缴费部分，降低低收入人口住院补偿起付线，提高住院补偿比例、门

诊补偿封顶线和住院补偿封顶线。拓宽因病致贫医疗保障途径，建立了基本医保、大病保险、医疗救助、补充医疗保险等相互衔接的多重保障防线，提高低收入人口大病保险补偿段补偿比例，如连云港市实施的"扶贫大病特惠保"政策，政府为参保的低收入农户全额买单，一般贫困户比例提高15%，对低保贫困户剩余合规部分医药费按照100%给予补助；宿迁市出台了《宿迁市低收入农户大病补充保险实施办法（试行）》，对低收入农户合规医疗费用的剩余部分进行补偿，不设最高赔付限额，首年度补偿不设起付线，补偿比例为85%。部分地区将符合条件的低收入人口全部纳入重特大疾病医疗救助范围。此举大大减轻了建档立卡低收入人口的医疗负担，最终需要低收入患者自己承担的医疗费用不足10%，最低的甚至不足3%，再加上全省各地已经全面落实县域内就医"先诊疗后付费"政策，低收入人口看不起病的问题得到基本解决。加强经济薄弱地区基层医疗卫生机构提档升级，着力提升村居医卫机构基础设施水准、管理水平、基本药物制度实施质量、提升服务能力。如宿迁市2016年投入2000余万元，对125家经济薄弱地区村卫生室（社区卫生服务站）进行扩改建、完善设施设备等。2018年江苏省财政安排专项资金3.4亿元，对170家乡镇卫生院、60家社区卫生服务中心、63家专业公共卫生机构和400个村卫生室能力建设给予支持，资金主要用于经济薄弱地区基层医疗卫生机构提档升级。通过"一对一"帮扶、基层医疗卫生人才综合培养、乡镇卫生院特色科室建设等一系列措施,加强基层医生队伍建设。提升对低收入人口的健康服务水平,以65岁以上老年人、孕产妇、儿童、残疾人以及严重精神障碍者等为重点人群,将低收入农户纳入乡村医生签约服务范围。初步建立低收入人口患病情况定期报告制度,为低收入人口建立动态管理电子健康档案,如宿迁市规范化电子健康档案建档率已达到90.05%。启动免费婚检"一站式"服务。全面推行低收入人口家庭医生签约服务,徐州部分地区家庭医生通过手机APP开展在线签约、移动随访,为签约患者提供信息咨询、互动交流、自我健康管理等服务。截至2017年底,全省农村低收入人口家庭医生签约率已达95.13%,远高于普通人群签约率。

8. 完善社会救助体系,实现开发扶贫与救助扶贫有机衔接

"十一五"以来,江苏着力推进农村低保与扶贫开发在政策、对象、标准、管理等方面的衔接,初步形成了救助兜底保障、扶贫促进发展的良好格局。2008年以来,江苏省率先将农村低保标准与脱贫目标直接挂钩,按上年城乡居民人均收入的一定比例确定当地城乡低保标准,落实农村低保标准增长机制,提高低保标准。2013年农村最低标准不低于每月270元,到2015年不低于每月335元(4020元/年)。对成子湖片区各县(市、区)农村低保资金,按照实际支出,结合绩效考核情况,实行

按比例补助。在省财政体制没有调整的情况下，补助比例基本达到90%。进入"十三五"时期，江苏省委、省政府提出"标准再提高，问题再聚焦，资源再整合，底线再织牢"的要求，推进社会救助与扶贫开发两项制度的衔接，拓展政策衔接的领域和范围。根据省委省政府新一轮扶贫工程要求，到2020年，建档立卡的103.3万户、276.8万低收入人口要全面实现年收入6000元的脱贫目标，其中完全或部分丧失劳动能力的贫困人口由民政部门牵头实施保障兜底脱贫。据此，2016—2020年，江苏农村低保最低标准分别达到每人每月365元、400元、430元、465元、500元，确保到2020年农村低保与扶贫标准"两线合一"，实现"应保尽保"。与此同时，加大医疗救助力度。"十二五"时期，江苏省将符合政策规定的城乡低保对象、农村五保对象、临时生活救助对象中的大重病患者、享受民政部门定期定量生活补助费的60年代精简退职职工、重点优抚对象、市县总工会核定的特困职工和符合救助条件的参核退役人员等7类对象，全部纳入救助范围。"十三五"时期，对遇到突发事件、自然灾害等导致生活陷入困境的农村家庭，实行"临时救助解难救贫"和"灾害救助应急济贫"两种救助方式，完善由临时救助到低保、医疗、就业、教育、住房等救助的"摆渡机制"，发挥综合救助效应。城乡居民基本医疗保险筹资标准从2016年的不低于545元/人（财政补助425元/人）提高至2018年720元/人（财政补助510

元/人)。"十二五"期间，根据省政府办公厅《关于进一步加强我省孤儿保障工作的意见》要求，省民政厅按照片区经济社会发展水平和上年度城镇居民人均可支配收入、农民人均纯收入增长幅度，提高孤儿养育标准。在积极争取中央财政补助的基础上，省财政再按照每人每月180元的标准给予补助，合计补助达到每人每月380元。2013—2015年，省民政厅安排成子湖片区孤儿养育补助资金510万元。

三、江苏省脱贫攻坚的实践成效

经过近30年的不懈努力，江苏努力走出一条东部沿海发达地区的减贫道路，脱贫攻坚取得了巨大成就，贫困人口实现整体脱贫，基本消除了绝对贫困现象，相对贫困程度不断降低，贫困地区的农村面貌和生产生活条件得到较大改善，低收入人口的自我发展能力得到增强，收入水平和生活水平得到较大程度的提高，低收入人口和经济薄弱地区的短板问题正在逐渐弱化，这为江苏如期高水平全面建成小康社会，以实现江苏人民的共同富裕打下了决定性的基础。

1. 贫困人口规模大幅下降，减贫成效显著

改革开放以来，随着扶贫开发的持续推进以及投入力度的不断加大，江苏省的贫困人口规模大幅减少。数据显示，2000年底江苏有208万贫困人口实现脱贫，2007年底江苏农村年纯收入在1500元以下的低收入人口

减少到201万人，比2005年减少了109万人，2011年底苏北468万农村贫困人口基本实现脱贫，1011个经济薄弱村基本达到"八有"。进入"十二五"时期，江苏省瞄准农村年人均纯收入2500元以下的贫困群体，组织实施脱贫攻坚工程。截至2015年底，全省411万农村低收入人口整体实现4000元脱贫目标。进入"十三五"，江苏以人均年收入6000元作为新一轮扶贫标准，实施"脱贫致富奔小康工程"。2016—2017年，江苏省累计有133.2万低收入人口实现脱贫，低收入人口占比从5.8%下降到2.6%，其中苏北5市从8.6%下降到4.0%，12个重点县（区）从13.4%下降到6.6%。农村贫困人口规模的不断减少，为确保江苏人民"一个不能少"地步入全面小康，并最终实现共同富裕打下了坚实的基础。

专栏2　连云港石梁河库区脱贫攻坚"精准施策"

石梁河水库地区是全省六大重点帮扶片区之一，地处连云港市西北部，涉及东海县、赣榆区共6个乡镇、158个行政村，人口38.5万。近年来，连云港市对石梁河库区坚持规划引领、精准施策，补齐基础设施短板，筑牢社会保障底线，整体贫困发生率大幅下降，为集中贫困地区脱贫攻坚提供了鲜活的实例。

夯实脱贫产业支撑。致贫原因千差万别，归根到底还是富民产业发展不充分。库区扶贫产业着力抓好"三个注重"：一是注重高效设施农业发展。实施统筹带动和精准到户扶贫项目34个,建成扶贫产业园区3个,班庄晚秋黄梨、黑林蓝莓、石梁河葡萄、黄川草莓等一批特色富民增收果品产业迅速壮大。二是注重工业集中区建设。在有一定工业基础、交通便利的石梁河、城头等乡镇集中建设工业集中区,招引五金、服装、玩具等劳动密集型产业。三是注重发展生态旅游产业。立足库区丰富的红色资源、山水资源和人文景观资源,深入挖掘谋划,重点发展夹谷山和临湖观光游、石梁河葡萄和黄川草莓采摘游、塔山水库垂钓游等乡村休闲旅游项目,带动贫困农户脱贫致富。

拓展就业创业空间。"一人就业,全家脱贫。"重点面向片区落实送就业信息下乡、送技能下乡等10项政策,确保有就业愿望的农村低收入户就业帮扶达90%,有培训愿望的100%培训。创新片区就业扶贫载体,重点实施好"扶贫车间"示范区、"家门口就业"工程,因人因户量身定制就业扶贫措施。每季度至少组织一次企业下石梁河库区流动招聘会,岗位信息推送每人每年不少于3次,政府购买岗位集中向片区贫困户倾斜。

——苏卫哲,谢正飞、曹刚:《连云港石梁河库区脱贫攻坚"精准施策"》,《新华日报》,2018年10月15日

2. 经济薄弱地区发展速度较快,区域协调发展格局初现

为了促进经济薄弱地区的发展,江苏省各级财政安

排资金用于增加经济薄弱村的集体积累,"十二五"时期江苏对集中连片经济薄弱地区的340个薄弱村由省级财政扶贫资金每村一次性支持60万元以形成经营性资产,其他薄弱村由各级政府调剂资金解决;大部分市、县(区)两级财政在省财政每村补助60万元集体发展项目资金的基础上,对经济薄弱村按每村100万元的标准补齐补足。财政资金用来因地制宜发展资源开发、资产运营、为农服务、异地发展、休闲观光等多种类型的集体经济。"十三五"时期,江苏将821个发展最薄弱的村,作为重点帮扶村,力争到2020年,村集体经济年收入达到18万元以上,并进一步加大了投入力度。随着对经济薄弱地区政策扶持力度的加大,大批产业项目、基础设施项目、改善民生项目投向苏北经济薄弱地区,改善了这些地区的发展条件,增强了苏北地区的自我发展能力。截至2011年底,全省1011个经济薄弱村基本达到"八有"目标;2011—2015年,江苏省定1533个经济薄弱村中新"八有"的累计达标村数达1372个,累计达标率达89.50%;2016—2017年,江苏480个省定经济薄弱村集体年收入超过18万元以上,达标率58.5%。江苏对苏北地区的投资力度不断加大,特别是与扶贫开发有关的投资力度更大,有效地带动了苏北经济薄弱地区的快速发展,成为区域协调发展的重要推动力量。

3. 低收入人口收入快速增长,生活水平进一步提高

提高低收入人口的生活水平是扶贫开发的根本目标。

2011—2014年，江苏低收入农户年均纯收入由29202.8元增长至13575.8元，扣除通胀因素后，年均实际增速为11.2%，高出全省农民纯收入实际增速1.42个百分点。其中，2010—2013年间苏北22个扶贫重点县农民人均纯收入由7754元提高至11805元，扣除物价指数后，年均实际增长14.2%，高出全省平均水平0.8个百分点。2016年，苏北地区贫困农户的人均纯收入增长幅度最大，由2015年的4432元增长至2016年的6890，增幅高达55.46%；苏南和苏中地区贫困农户人均纯收入的增幅也分别达到38.41%和34.41%。2017年苏北5市低收入农户人均可支配收入为6766元，较2016年增加1263元，增长23.0%，高出苏北农村居民人均可支配收入增速13.7个百分点。2016—2017年，贫困农户户均年收入、户均纯收入以及人均纯收入增幅分别达到17.6%、22.3%和32.3%。其中，务工性收入增幅为28.3%，明显高于同期生产经营收入和财产性收入增幅的9%和5.2%，且苏北地区增幅最高。与此同时，低收入人口生产生活基础设施逐步完善，饮用水、用电以及住房等生产生活困难问题得到初步缓解，由此促进了低收入人口生活条件的改善。其中，低收入人口生产无卫生厕所的现象得到较大程度改观。2015年，无卫生厕所的低收入人口占比39.20%，2016年该指标下降至37.39%，降幅达4.6%。此外，低收入人口住房条件和饮水困难问题改善成效明显。2015年低收入人口住房为危房与饮水困难的比重分别为2.71%和0.46%，2016年二者分别下降至2.58%和0.42%，同时安全饮用水与生活用电也显著下降，同比2016年下降了2.2%和3.4%。低收入人口生活水平的不断提升，说明发展成果和改革红利正在惠及最广大的人民群众，这为2020年江苏全面建成小康社会目标的实现奠定了坚实的基础，并成为实现江苏人民共同富裕的重要推动力。

第三节 江苏脱贫攻坚的历史经验

经过近30年的实践探索，江苏在推进"两个率先"与脱贫攻坚齐头并进，推动区域发展与扶贫开发互促互进、普惠制政策和特惠制政策相互配套、"开发式扶贫"与"救济式扶贫"双轮驱动，形成党政主导与社会参与强大合力等方面，形成了一批行之有效的成功经验。

一、坚持区域发展和扶贫开发相互结合

多年来，江苏省不断强化"区域发展带动扶贫开发，扶贫开发促进区域发展"的思路，区域发展和扶贫开发统筹谋划同步推进并相互促进。一方面，深入实施区域协调发展战略，建立和完善区域协调互动发展机制，采取了推进产业、财政、科技、人才"四项转移"，南北共建开发园区，"一市一策"帮扶以及"六项关键工程"等关键举措，着力促进江苏南北区域均衡发展，全面改善

苏北基础设施条件，逐步缩小苏北与苏南经济发展差距，加快新型工业化、城市化进程，发展壮大县域经济，增强带动乡村发展和农民增收的能力。从2012年开始，江苏专门组织苏南100个先进示范村与苏北100个经济薄弱村结对帮扶，帮助经济薄弱村和低收入农户加快发展，2013年苏南投入资金1042万元，实施项目97个，吸纳苏北薄弱村劳动力就业1688人。此外，充分发挥扶贫开发对推动乡村、农户平衡发展的重要作用，努力促进经济薄弱村、贫困农户跟上全面小康建设步伐。

二、坚持普惠制政策和特惠制政策相互配套

党的十六大以来，江苏省全面落实中央和省委、省政府不断加大强农惠农富农政策力度，制定一系列多予少取放活和工业反哺农业、城市支持农村的重大政策，免除农业税，增加农业补贴资金规模，对种粮农民直接补贴、良种补贴政策，扩大农机具购置补贴规模，推进农机以旧换新试点，不断完善农资综合补贴动态调整机制，逐步扩大种粮大户补贴试点范围。全面构建农业生产经营、农业支持保护、农村社会保障、城乡协调发展的制度框架，实行真正意义上的九年制义务教育，全面建立农村社会保障体系，建立农村劳动力创业就业服务制度，加大对村级运行转移支付力度，全面建立村级公共服务中心，持续兴办农村实事，农民增收实现"九连快"，江苏农村贫困人口生存和温饱问题基本解决，农村

民生加速改善，真正惠及了千百万农户。同时采取精准扶贫，针对经济薄弱村和低收入人口，江苏不断加大财政资金投入力度，采取了以结果为导向的财政奖补政策、扶贫小额贷款政策、贫困劳动力免费培训政策、经济薄弱村公益性债务化解政策、互助资金试点政策，"十三五"期间又重点实施了"产业引领、就业创业、教育助力、健康援助、金融助推、基础支撑、国土支持、企业帮村"八项脱贫致富行动等行业专项扶贫行动，让江苏重点片区、经济薄弱村和低收入农户从中直接得益受惠。普惠制政策和特惠制政策的相互配套，相得益彰，有效促进了江苏经济薄弱村发展和低收入人口增收。

三、坚持"开发式扶贫"与"救济式扶贫"双轮驱动

以精准扶贫为重点，通过建档立卡，锁定帮扶对象，在全国率先实行扶贫开发和农村低保"两项制度"有效衔接。对符合开发式扶贫条件的低收入人口，由本人向所在村村委会提出帮扶申请，经乡、村核实并公示后，列为帮扶对象。落实帮扶责任人和"一户一策"的帮扶措施，进一步翔实帮扶联系卡内容。帮扶对象、方式和措施实行公示，并建立县、乡、村三级分户帮扶档案。对有劳动能力的低收入人口，坚持开发式扶贫，以市场为导向，综合考虑贫困地区的资源优势、产业基础和贫困户的经营能力、脱贫需求，实行发展高效农业、特色

产业和促进转移就业创业的"双轮驱动",着力提高他们的自我发展能力和创收能力。对于"造血功能"完全失能或部分失能,且无法依靠产业扶贫和就业帮扶脱贫的低收入人口,坚持救助式扶贫方针,建立以社会保险、社会救助、社会福利制度为主体,以慈善帮扶、社工助力为辅助的综合保障体,着力保障他们的基本生存和发展需要。以县(市、区)为单位,综合当地上年农民人均纯收入、目标时序要求等确定低保标准,落实农村低保标准增长机制,确保同步达到扶贫标准所定的收入水平。开发式扶贫和救助式扶贫两种对象,同步建档立卡,部门分工负责,统筹协调推进,找到了一条提升低收入群体收入的有效途径。

专栏3 推进精准扶贫,健全贫困监测预警机制

(一)准确识别对象。按照公开、公平、公正的原则,对低于贫困线的贫困户、低保户、五保户等低收入农户,经个人申请,村、小组民主评议后,初步确定建档立卡农户名单,并以村民小组为单位,张榜公示一周,无异议后报乡(镇)政府,乡(镇)政府组织力量进行复核审查通过后,要求以村组为单位长期公示。通过建档立卡,对低收入农户和经济薄弱村进行了精准识别,了解贫困状况,分析致贫原因,摸清帮扶需求,明确帮扶主体,落实帮扶责任人,开展考核绩效,实施动态管理,分析掌握脱贫进展情况,为扶贫开发决策和考核提供依据。对已识别的贫困户和经济薄弱村,实施精准扶贫。确定建档立卡登记对象,逐户调查登记,低收入农户数据全部录入江苏省数据库,实现户有卡,村有册,省市县乡有数据库。

(二)探索扶贫资金直接扶持到户。江苏省建立了以推动地方落实扶贫开发任务的省级财政脱贫奔小康奖补资金为核心,以金融扶持和贫困农户能力建设等专项扶持政策为补充的财政扶贫政策体系。"十二五"期间,江苏省财政一揽子安排扶贫专项资金37亿元,其中脱贫奔小康奖补资金26.68亿元,苏北22个县(市、区)的236万低收入人口,平均每人可获得扶持资金1130元,实行以脱贫结果为导向的财政奖补资金分配制度,"脱一个,奖一个"。通过直接支持帮扶对象发展产业、股份量化到人、提供就业补贴或工资等方式,在新沂市、灌南县开展财政扶贫资金直接扶持到户试点,并于2014年在全省全面推广。

(三)加强督导,真检实查。建立党政主导、分级负责、社会帮扶和自力更生相结合的扶贫开发工作机制,实行市、县(市、区)党政一把手负总责的扶贫开发领导责任制。江苏省扶贫工作领导小组与苏北重点县、区委书记签订帮扶工作责任状,同时要求党政领导班子成员各挂钩帮扶一个经济薄弱村,发挥示范带动作用。针对少数地方帮扶对象有出入、帮扶责任人不到位的问题,省扶贫办约谈相关县领导,逐条通报,限期整改。省扶贫办年初将全省100万人脱贫任务分解到各市、县（市、区）；每年底会同省有关部门组织脱贫奔小康工作考核，对每个重点县抽查100户，采取到户暗访、远程电话调查方式，评估脱贫人口，作为兑现奖补资金、考核地方工作的依据，确保扶贫开发资源精准"滴灌"。"十三五"时期，江苏省进一步推动市县建立运行"阳光扶贫"监管系统，加大扶贫领域监督执纪问责力度，初步解决了贫困户"不掉队"、资金"不流失"、干部"不能腐"等"扶贫难题"，以确保"识真贫、真扶贫、扶真贫"，实现资金使用、对象识别、责任落实、过程监管、绩效评估的公开透明。

——江苏省扶贫办：《江苏省"十二五"扶贫报告》

四、坚持外部支持和内生发展相互促进

江苏在扶贫实践中，走出了一条政府主导、社会帮扶，立足经济薄弱地区内生发展的扶贫开发路子。广泛动员和组织省级机关、科研院所和高等院校、省属大型企业、苏南市县与苏北经济薄弱县挂钩帮扶，引导和鼓励社会各界支持、参与扶贫开发事业，推动各行各业扶贫到村、帮扶到户，形成了"五方挂钩"和"五个一"有效帮扶机制。江苏从1992年起，向苏北经济薄弱县（市、区）派驻省委扶贫工作队，建立省级机关、省部属企业、高等院校、科研院所与苏北经济薄弱县"五方挂

钩"工作机制，并在经济薄弱村派驻工作队员。2008年起，对苏北经济薄弱村推行"一个扶贫指导员驻村、一个科技特派员挂钩、一个工商企业帮扶、一个富村结对、一个主导产业带动"的"五个一"到村帮扶工作机制。引导党政机关的政策资源、国有企业的产业资源、高校科研院所的技术资源、苏南市县的发展资源向贫困地区流动，促进人才、信息、技术、资金、物资等要素在贫困地区的积聚，形成多元投资、多元建设格局。据统计，2008—2014年，"五方挂钩"单位共无偿援助苏北经济薄弱地区近85亿元。2016年，全省各级扶贫部门和工商联共动员组织了386家民营企业，与309个省定经济薄弱村开展村企结对帮扶活动，实施帮扶项目763个。初步统计，目前苏北各市、县（市、区）已明确乡镇扶贫专干786名，共确定建档立卡低收入农户帮扶联系人33.7万余名（党员、干部、财政供养人员、能人大户等），乡村两级扶贫工作力度大大增强。与此同时，苏北各地大力弘扬自力更生、艰苦奋斗精神，策应各方帮扶，立足自身加快发展，大力推进产业发展、基础设施建设和民生实事，形成了强大的内生发展动力。

第十二章
江苏从先富到共富的一般经验

在现有的现代化理论研究中,现代化的空间尺度大多数是以国家作为基本单位的,现代化被认为是在一国之内"同时进行,整体推进"。但是,中国特色的社会主义现代化实践表明,由于区域发展的非均衡性,各地区社会主义现代化的进程必然有先有后,有快有慢,发达地区率先实现基本现代化,可以为全国现代化探索路径,引领更高水平的发展,并通过示范效应辐射和带动其他地区,中国特色的社会主义现代化完全可以且应该采取"有先有后,区域推进"的方式。共同富裕作为现代化中国之路的核心诉求,在发展的过程中,同样也呈现出鲜明的区域非均衡性。作为先行先试的国家现代化排头兵,江苏在共同富裕的道路上也进行了积极的探索与实践，为其他地区的共同富裕提供了江苏智慧与江苏样本。这一渐进式的做法既可以从中提炼出宝贵的经验，又可将风险锁定在局部区域，避免全局性的失误。[①] 作为社会主义的本质要求和根本原则，新中国成立70年来，共同富裕一直是江苏孜孜以求的目标，特别是改革开放以来，江苏始终坚持以人为本、民生优先，坚定不移走共同富裕道路，不断丰富完善促进共同富裕的思路和举措，提升人民群众的幸福感和满意度，努力实现发展成果由人民共享。

第一节　江苏共富的理论基础

新中国成立70年来，特别是自始于1978年的改革开放以来，我国在社会主义现代化建设事业取得了骄人成就的同时，也在共同富裕道路上形成了具有中国特色、时代特征的中国道路、中国模式和中国经验。其中，至关重要的一点是正确认识、妥善处理政府在推动共同富裕中的作用。作为现代化的后发国家，我国要想在"时空压缩"的时代背景下，完成由传统农业经济形态向现代工业经济形态、由传统社会结构向现代社会结构过渡

[①] 范从来、杨继军：《苏南现代化：共同富裕的示范与探索》，《新华日报》，2013年6月4日。

等一系列任务,成功地实施追赶战略,就必须要求有一个具备强大的动员力、组织力和控制力的政府,能够在全域范围内集中力量和资源来推动生产力的跨域式发展,并且这个政府还能够高效地处理、协调各种问题和矛盾,为现代化建设创造一个稳定的环境。正如著名学者亨廷顿所言:"如果一个欠发达国家要想获得经济高增长率,它不得不接受一个致力于发展的权威主义政府。"①

经验表明,对于大多数后发国家来说,矛盾在于国家正是启动和推进现代化的主要力量,削弱国家的作用在许多条件下实际等同于削弱推进现代化的动力。1992年党的十四大明确提出:我国经济体制改革的目标是建立社会主义市场经济体制,使市场在社会主义国家宏观调控下对资源配置起基础性作用,以利于进一步解放和发展生产力。这一论断既确立了社会主义经济的市场方向,又确立了政府在这一体制中的总体性角色与作用。就改革开放这一事业本身来说,就是一项由政府自上而下地主导、设计了各项渐进性改革措施,进而推动经济社会转型和制度变迁的伟大工程。我国现代化模式的核心特征就是在借鉴发达国家和新兴工业化国家与地区的现代化经验教训的基础上形成了坚持社会主义目标下的政府主导型现代化模式。这一模式既不同于传统的社会

---

① [美]塞缪尔·亨廷顿等:《现代化:理论与历史经验的再探讨》,张景明译,上海译文出版社1993年版,第343页。

主义现代化模式，也不同于西方发达国家的现代化模式。可以说，这是我国在全球化背景下将自身优势与全球化趋势进行有机结合后，所走出的一条有别于他国现代化路径的独特发展道路。①

1999年斯坦福大学东亚研究中心主任戴慕珍（Jean C. Oi）教授在《中国乡村经济的起飞：经济改革的制度基础》中探讨地方政府在乡村工业化过程中扮演什么角色、发挥何种功能、政府与企业之间呈现何种关系时，提出了两个概念："结构性动因"和"法团化"。前者指的是制度性的刺激政策，作者认为，非集体化和财政改革是促进中国乡村工业起飞的两个结构性动因。后者指的是县、镇、村三级政府利用正式官方地位和对资源的调配权力，培育发展地方工业经济，将企业纳入行政管理范围，既为企业提供经济支持，又对其施加控制。以这两个概念为基础，她指出，由地方政府与当地工商业结合而形成的法团化地方政府是中国乡村工业化和经济改革的制度基础，在输入非集体化和财政改革两大结构性动因后，法团化地方政府成功地推动了乡镇企业发展和乡村工业化的进程，如其所言，中国乡村经济迅速起飞的主要原因是当地政府法团化。在她看来，法团化的地方政府是拉动地方经济发展的火车头，直接推动了中国

---

① 王文章：《我国现代化模式的现状与转型》，《理论探索》，2010年第2期。

乡镇企业的发展和乡村工业化的进程。

发展是人类文明进步的基础,也是各个国家繁荣昌盛的根本。邓小平曾旗帜鲜明地指出:"现在世界上真正大的问题,带全球性的战略问题,一个是和平问题,一个是经济问题或者说发展问题。"应该说,要"发展"已经成为共识,但在"如何发展"和"为谁发展"两个问题上,却缺乏明确认识,特别是往往片面地把发展理解为经济增长的速度,而忽视了发展的其他关联性方面,缺乏科学发展的意识。2007年,党的十七大报告中明确界定了科学发展观的外延和内涵,指出核心是要坚持以人为本,树立全面、协调、可持续的发展观。即在"为谁发展"问题上,坚持以人为本,做到发展为了人民、发展依靠人民、发展成果由人民共享。在"如何发展"问题上,坚持全面协调可持续发展。在坚持以经济建设为中心的前提下,全面推进经济建设、政治建设、文化建设、社会建设,促进现代化建设各个环节、各个方面相协调。2012年,党的十八大再次实现了对发展理念的新突破,把我国现代化事业由"四位一体"提升到了"五位一体",即以经济建设、政治建设、文化建设、社会建设和生态文明建设作为我国现代化事业的总体布局。

对于地方政府的最终评价重在"人民满意不满意"的转型也体现在地方政府的决策中。以江苏为例,2012年发布的《江苏基本实现现代化指标体系》就是由"经济发展、人民生活、社会发展、生态环境"四大类30项指标组成，分别赋予31分、24分、24分和21分的权重。从指标构成上看，这是一个强调科学发展的综合性现代化指标体系，更加强调现代化建设成果为人民所有、让人民共享的新理念，而且即使就"经济发展"指标看，也重在突出创新驱动和人才支撑，致力于实现经济增长方式转变为主要依靠科技进步、劳动者素质提高和管理创新。

"使市场在资源配置中起决定性作用和更好发挥政府作用"，是习近平总书记在十九大报告上作出的一个重要论述，这是我们党对政府与市场关系认识的一次质的飞跃，也是以习近平同志为核心的党中央对马克思主义政治经济学的重大发展。政府与市场在资源配置和经济社会发展中的作用，犹如车之双轮、鸟之两翼，不可偏废。"看不见的手"和"看得见的手"都要用好，要努力形成市场作用和政府作用有机统一、相互补充、相互协调、相互促进的格局，推动经济社会持续健康发展。一个良好运转的经济体，政府与市场在结构变迁、技术进步、收入分配、生活质量提升等诸多领域，都是相互支撑、彼此借力、协同发力的。

在探索"使市场在资源配置中起决定性作用和更好发挥政府作用"上，围绕着共同富裕导向的社会主义现代化，江苏在区域竞争中也形成了具有自身特色的发展模式，即一个以"强政府+强市场"为核心的"双强"体制。在此，"强市场"，不是市场调节覆盖一切，也不是过度推进市场化,而是在不出现外部性的经济活动中,利用价格机制和供求规律作为资源配置的决定性机制。"强政府",不是指干预经济多、干预力度大、干预手段多的政府,而是坚守自己的公共调节职能,坚定不移地控制住自己不干预微观企业经营和投资冲动的政府,是坚守政府理性边界、只做适合于自己在市场经济中的角色的政府。① 以市场为主导的初次分配,遵循的原则是效益优先,可能会导致潜在的贫富分化、影响共同富裕,为此,必须在二次分配中强化政府的调节性作用,以实现公平正义。为此,发挥政府职能的一项基本任务就是要实施提低限高的分配和再分配政策。提低,不仅仅是要适当增加低收入者的收入水平,更重要的是要完善和提升居民的社会福利水平。居民在公共设施上平均享有的福利,在医疗、教育、基本住宅、养老等方面的支出减少,就等于增加了他们的收入,等于平均地提升了他们的富裕程度。限高,则需要在调高个人所得税起征点的基础上,堵住少数高收入者的漏税渠道,对其进行有效的再分配调节。

  作为我国现代化事业先行者,苏南模式成功地发挥了"强市场"与"强政府"的协同作用,在重视市场对资源配置基础性作用的同时,政府以有形之手强力创造

---

① 刘志彪:《造就边界清晰的"双强体制"》,《经济参考报》,2018 年 12 月 19 日。

公共服务职能。① 政府运用集体积累，承担收入再分配功能，通过对乡镇企业剩余产品的索取权，将一部分收入用于举办公益事业，或者按规定的标准将一部分收入用于支农建农，促进社区范围内工农业的协调发展，促进务工者与务农者的共同富裕。② 政府通过统筹打破城乡二元分割的体制和政策，促进城市基础设施建设向农村延伸、城市公共服务向农村覆盖，促进城乡间生产要素流动，缩小城乡差距，实现共同富裕，让现代化的成果更多地惠及广大民众。

第二节　江苏共富的基本现状

在迈向社会主义现代化强国的目标导向中充分体现共同富裕的中国属性，在现阶段就是要让改革发展成果更多地普惠于民。努力保障和改善民生，让人民共享改革开放的成果，是历届江苏省委省政府高度重视并下大力气抓好的一件大事，人民生活也实现了从"温饱"到总体"小康"的历史跨越，正向生活更加殷实的高水平全面小康社会迈进。努力把发展经济与造福百姓有机统一起来，建成一个人民得实惠、体现更高水平的全面小

---

① 洪银兴：《苏南模式新发展：强政府结合强市场》，《21世纪经济报道》，2005年7月3日。
② 范从来、孙覃：《新苏南模式所有制结构的共同富裕效应》，《南京大学学报》，2007年第2期。

康社会，是江苏长期以来矢志不移的奋斗目标。早在2001年，中共江苏省委就在党代会上正式将"强省富民"战略调整为"富民强省"战略，突出"富民"的优先性。2003年的江苏省委全委会又根据发展进程，进一步提出了"富民优先"战略，强调在江苏的整个发展中，要为人民群众谋利益，将富民优先作为"两个率先"中的第一个"优先"。围绕这一目标，制定了全面小康4大类18项25条指标，并确定了人均国内生产总值（GDP）3000美元、城镇居民人均可支配收入2000美元、农村居民人均纯收入1000美元的核心指标。

党的十八大以来，围绕着转型升级、科技创新、农业现代化、文化建设、民生幸福、社会管理创新、生态文明建设、党建工作创新等方面，江苏又全面实施"八项工程"，作为又好又快推进"两个率先"的主抓手，并把增进民生幸福作为实施"八项工程"的根本出发点和落脚点，努力使江苏的发展更科学、社会更和谐、文化更繁荣、生态更文明、人民更幸福。

2017年江苏省第十三次党代会提出了新时期江苏发展的新目标，即"聚力创新，聚焦富民，高水平全面建成小康社会"，作为决胜全面小康的江苏方案。"两聚一高"内含奋斗目标和实现路径，奋斗目标就是体现"强富美高"要求的高水平全面建成小康社会，实现路径就是贯彻新发展理念的聚力创新、聚焦富民。从江苏所处发展阶段的特征及面临的突出问题出发，高水平全面建成小康社会，就要在创新和富民这两个方面求大突破、见大成效，以决胜全面小康的过硬成果，为全国全面建成小康社会贡献"江苏样本"，全面落实"强富美高"新江苏要求，在率先发展中推进共同富裕，使"两个率先"成果经得起历史检验，得到老百姓认可。

党的十九大，开辟了我们国家现代化建设事业的新征程中，要想继续充当"两个率先"的排头兵，完成习近平总书记2014年12月提出来的建设"经济强、百姓富、环境美、社会文明程度高的新江苏"的新要求，江苏就必须勇于自加压力、主动作为、积极进取，才能更好地完成党和国家交给江苏的使命与任务。从民生建设的角度看，建设更高质量的民生事业，就是要以增进民生福祉为根本，采取切实有效的措施，在江苏大地上实现"更好的教育、更稳定的工作、更满意的收入、更可靠的社会保障、更高水平的医疗卫生服务、更舒适的居住条件、更优美的环境"，让全省人民的生活一年更比一年好。

党的十九大，站在历史高度与全球视野，对我国的现代化事业作出了新的全面部署，明确指出，"中国特色社会主义进入了新时代"，我国社会的主要矛盾也已经转化为"人民日益增长的美好生活需要和不平衡不充分的发展之间的矛盾"。这是一个关系全局的历史性变化，不仅意味着"两个一百年"战略中的第一个百年目标即将完成，而且意味着"全面建设社会主义现代化国家新征

第十二章 江苏从先富到共富的一般经验

程"的第二个百年目标也即将开启。从现在到2020年,是"全面建成小康社会决胜期",也是"'两个一百年'奋斗目标的历史交汇期"。两个百年目标的衔接期与过渡期,虽然只有短短几年,却意义重大,不仅关系到第一个百年目标的成效与质量,而且关系到第二个百年目标的基调与态势。充分利用全面建成小康社会决胜期,不仅需要踏石有痕、抓铁有印的实干家精神,也需要有对第二个百年目标提前谋篇布局、抢得先机的战略家视野。江苏在我国现代化事业中具有重要地位、发挥特殊作用,始终是党和国家领导人关注的焦点之一。邓小平同志曾经说过:"江苏发展应该比全国平均速度快。"江泽民同志要求:"为全国的发展做出新的更大的贡献。"胡锦涛同志指出:"江苏提出在全面建成小康社会的基础上率先基本实现现代化的发展目标,既是必要的,也是可行的。"习近平总书记明确指示:"为全国发展探路是中央对江苏的一贯要求。"改革开放40年来,在历任党和国家领导人的关心下,江苏人民牢记重托,不负使命,在现代化事业中走出了一条率先发展、创新发展、协调发展、富民发展之路。随着我国现代化事业进入新时代,我省现代化事业也进入了体现时代特征、具有自身特点的全新的历史方位中。

一是我省已经达到了全球上中等收入国家水平。2016年,折换成美元,我省经济总量大约为1.103万亿美元,位于全球经济体中的第15位,仅次于西班牙的

1.2326万亿美元；人均GDP为1.436万美元，位于全球经济体中的第54位，仅次于立陶宛的1.48万美元。其中，苏州、无锡人均GDP超过2万美元，南京接近2万美元，大概和世界上著名的产油国沙特阿拉伯2.19万美元的人均GDP相当。

二是处于国内先进省份行列。2016年我省人均GDP为9.539万元，远高于全国平均水平的5.397万元。比较发现，早在2010年，我省人均GDP为5.284万元，基本接近去年的全国平均水平。换言之，就现代化指标中的人均GDP而言，我省现代化水平大概领先全国6年。

三是在全国率先全面建成小康社会。无论是按照国定标准，还是省定标准，江苏已经在全面建成小康社会的各个指标上达标，不仅在时间上提前全面建成小康社会，而且在质量和水平上也高于全国平均水平，取得了全面建成小康社会决胜期的胜利。

与全国现代化建设总体进程相比，我省现代化建设事业有一个鲜明特点，那就是总有一个率先发展的时间差。这个时间差，从人均GDP维度看，大概在6年左右；从全面建成小康社会的综合性国定指标看，至少有3年的提前量。时间表倒逼路线图。"民惟邦本，本固邦宁。"围绕着满足人民群众日益增长的对"美好生活"的新需要，我省民生事业建设也进入了全新的历史方位中。

从现代化事业的江苏方位看，对照党的十九大报告提出的"人民生活更加殷实"的全面建成小康社会决胜期目标，我省已经基本形成了基础扎实、体系完备的民生事业新格局。2011年，我省在全国率先出台《关于大力推进民生幸福工程的意见》，提出大力增加城乡居民收入，构建终身教育体系、就业服务体系、社会保障体系、基本医药卫生体系、住房保障体系、养老服务体系等"六大体系"，对民生事业发展作出了全面部署。2016年底，又提出了"聚力创新，聚焦富民，高水平全面建成小康社会"的新要求，勾画了建设"强富美高"新江苏的美好蓝图，进一步健全、完善了我省民生事业新格局。

从现代事业的全国方位看，根据测算，我省的现代化建设进程，大概领先于全国平均水平6年，这也为我省在全国范围建设更高水平的民生事业奠定了坚实的物质基础。对照全面建成小康社会统计监测指标体系（国家统计局2013）中的五大类、三十九个指标，最迟在今年，我省将率先在各个指标上达标，取得全面建成小康社会决胜期的新成就、新胜利。据统计，2017年，我省居民人均可支配收入达35024元，是2012年的1.56倍，城镇和农村常住居民人均可支配收入分别增长8.6%和8.8%，城镇登记失业率2.98%，居民消费价格涨幅1.7%，城乡居民收入比由2012年的2.37:1降至2.28:1。扶持创业29.1万人，城镇新增就业148.6万人。基本公共服务均等化水平不断提高，教育、医疗、住房等重点支出增幅均高于财政支出总体增幅。覆盖城乡的社会保障体系基本建成，社会保险主要险种参保率均达97%以上，城乡最低生活保障标准水平居全国前列。县域义务教育基本均衡实现全覆盖，高水平大学建设取得明显成效，教育现代化步伐加快。健康江苏建设全面启动，省级综合医改试点扎实推进，基本公共卫生服务从9大类增至14大类，覆盖城乡的15分钟健康服务圈不断完善。建成保障性住房138.7万套（户），发放租赁补贴12.34万户，完成棚户区改造107.9万套、农村危房改造18万户。公共文化服务体系不断完善，文化产业增加值占比达5%，提高0.7个百分点。

从现代化事业的全球方位看，我省早在2012年人均GDP就已经达到了达到了1万美元，跻身于世界银行上中等收入国家行列。2017年，全省经济总量达到8.59万亿元，年均增长8.4%；人均地区生产总值达10.7万元，年均增长8.1%；一般公共预算收入达8172亿元，年均增长6.9%。全面协调发展的现代化事业要求，我省民生事业建设要与经济建设水平相适应，开启迈向以西班牙、沙特阿拉伯等中等发达国家水平为参照对象的新征程。

第三节 江苏共富的基本经验

新中国成立70年来，特别是改革开放以来，江苏在社会主义现代化建设事业中取得了辉煌成就，共同富裕也走在了全国前列，按照习总书记的嘱托，正在全力"建设经济强、百姓富、环境美、社会文明程度高的新江

苏"。大致来说,江苏在共同富裕道路上的基本经验有:

一、推动区域协调发展

改革开放以来,苏南等有条件的地方快速发展,省内三大区域发展差距逐步拉开。如何更好地发挥先富带后富的作用,逐步实现共同富,这是江苏历届省委省政府始终高度关注、一直努力解决的问题。苏南地区经济发达,是全省的排头兵,是江苏高质量发展的先行者。为此,苏南必须要瞄准国际先进水平,不断提升发展质量、水平和档次,为全省立标杆,为支持欠发达地区加快发展作贡献。除此之外,针对苏北一些地区基础比较薄弱、发展水平不高的现实挑战,省委省政府对苏北打好全面小康建设攻坚战作出全面部署,确定了具体目标:到2015年,以县为单位达到省定全面小康指标,人均地区生产总值接近东部沿海省份平均水平,人均年收入4000元以下的贫困人口全部脱贫。全面小康社会建设,不能只算"平均数",要更加重视不同群体的差异,关键是让广大群众,尤其是普通百姓都能切身感到全面小康建设带来的实惠,让全面小康建设成果真正惠及每一个家庭、每一位群众。按照这样的思路和目标,全省大力实施区域协调发展战略,在推动苏南提升、苏中崛起的同时,持续加大对苏北发展的支持力度,实行"五方挂钩"共同帮扶,推进财政、产业、科技、人才"四项转移"和南北共建开发园区,根据苏北各市特点采取"一市一策",支持苏北加快振兴。据统计,2002年到2012年间累计向苏北转移500万元以上项目20934个,总投资12851亿元;省级财政累计向苏北转移支付和各类专项资金共3380亿元。

二、破除城乡二元结构

习近平总书记强调,"小康不小康,关键看老乡"。经过多年的努力,江苏农村面貌和农民生产生活条件得到很大改善,但仍有不少地方还比较落后,即使相对富裕的地方,农村的基本公共服务与城市相比仍有较大差距。在新形势下破除城乡二元结构、加快农村小康建设,不能简单地再走过去的老路,必须加快建立以工促农、以城带乡、工农互惠、城乡一体的长效机制,同步推进新型工业化、农业现代化、城乡发展一体化,努力形成城乡经济社会发展一体化新格局。

加快推进农业现代化,进一步深化农村改革与发展。全面落实强农惠农富农政策措施,加快实施农业现代化工程,把发展农民专业合作组织与推进农业适度规模经营、发展现代高效农业、建设农业特色产业基地结合起来,提升农业综合生产能力和产业化经营水平,让农民从生产经营中得到更多收益。扎实推进社会主义新农村建设,每年都兴办惠及千家万户的实事好事,重点加大对农村公共服务投入力度,逐步缩小城乡在基础教育、公共医疗、文化事业等方面的差距。据统计,按常住地分，2018年江苏城镇居民人均可支配收入47200元，增长8.2%；农村居民人均可支配收入20845元，增长8.8%。城乡居民收入差距进一步缩小，城乡居民收入比由上年的2.28∶1缩小为2.26∶1。

加快推进新型城镇化和城乡发展一体化，促进城乡共同繁荣。当前，江苏正处在城乡发展加快融合的新阶段。为此全省大力推进城乡规划、产业布局、基础设施、公共服务、就业社保、社会管理"六个一体化"，促进城乡互动发展、共同繁荣。其中，苏州开展了城乡发展一体化综合配套改革试点，深入推进户籍、农业经营机制、农村产权、土地征使用等方面的改革创新，着力构建城乡一体的制度框架体系。放宽城市特别是中小城市落户条件，加强对新生代务工人员的教育培训，有序推进农业转移人口市民化。

三、实施民生幸福工程

人民对美好生活的向往，就是各级党委政府工作的努力方向。随着"两个率先"进程的加快推进，人民群众对过上美好生活充满新的期待，不仅要改善物质生活，而且要丰富精神文化生活，不仅要提高收入水平，而且要改善生活环境。江苏综合经济实力较强，应该也有能力在增强民生幸福上有更大的作为。党的十八大以来，江苏组织实施民生幸福工程，重点抓好构建终身教育、就业服务、社会保障、基本医疗卫生、住房保障、养老服务等"六大公共服务体系",大力促进城乡、区域基本公共服务均等化。

稳步增加居民收入。坚持做大"蛋糕"与分好"蛋糕"并举,一方面努力做大经济总量,积极拓宽就业、创业、投资、社保和帮扶"五大增收渠道",突出抓好农民、企业职工、中低收入者和困难家庭"四个群体"增收,促进城乡居民收入普遍较快增长;一方面积极推进收入分配制度改革,加强收入分配调节,逐步缩小收入差距。努力扩大就业,实施积极的就业政策,以创业带动就业,多渠道扩大就业,全省新增城镇就业连续8年超过百万人,城镇登记失业率控制在3.3%以内,基本实现零就业家庭动态为零,农村劳动力从事非农产业比重提高到68.5%。

促进社会事业全面发展。不断提高社会保障覆盖面和水平,企业退休人员基本养老金连续8年以10%左右的幅度上调,大病医疗保险报销比例农村达到75%,城市达到80%。大力推进教育现代化,全面提升各类教育发展水平,全省已普及高中阶段教育。提高城乡公共卫生和医疗服务水平,全省基本建成疾病预防控制体系、突发公共卫生事件医疗救助体系,农村三级卫生服务网络基本形成,城市社区卫生服务中心实现全覆盖。深入推进生态文明建设。针对一些群众反映强烈的环境问题,扎实开展"碧水蓝天"工程。

把脱贫攻坚作为重中之重。从2008年起,江苏在全省组织实施脱贫攻坚工程,用 4 年时间基本完成年人均纯收入 2500 元以下的 468 万贫困人口脱贫任务,省定 1011 个经济薄弱村普遍实现集体收入 5 万元以上目标。党的十八大特别是十九大以来,省委、省政府明确"十三五"时期以人均收入 6000 元为新一轮扶贫标准,全省启动实施新一轮扶贫开发奔小康工程,坚持创新、协调、绿色、开放、共享的发展理念,把低收入农户增收致富、经济薄弱乡村加快发展作为率先全面建成小康社会的重大使命,把实施脱贫致富奔小康工程作为"迈上新台阶、建设新江苏"的重要内容,以更高标准、更实举措、更大力度做好新一轮扶贫开发工作。通过持续不懈的努力,确保如期完成更高水平脱贫攻坚任务,营造出一个权利公平、机会公平、规则公平的新江苏,在共同富裕的道路上迈出更加坚实的步伐。

四、坚持政府的主导作用

到 2020 年,全省基本公共服务体系更为健全,达到中等发达国家水平。(1)提供基本公共教育服务。包括:为适龄儿童、少年提供免费九年义务教育,为家庭经济困难学生提供生活补助,并根据年级与地区制定相应补助标准;为农村义务教育阶段寄宿学生提供免费住宿;为中等职业教育学生提供免费中等职业教育;为家庭经济困难学生和涉农专业学生提供助学金;为家庭经济困难学生接受普通高中教育提供资助;为适龄儿童提供公益性、普惠性学前教育，为家庭经济困难儿童、孤儿和残疾儿童接受公益性、普惠性学前教育提供资助；为残疾学生提供免费高中阶段教育；为城乡家庭经济困难学生接受普通高等教育提供资助。（2）提供基本公共医疗卫生服务。包括：江苏争取在全国范围内率先实现为城乡居民免费提供居民健康档案、健康教育、预防接种、儿童保健、孕产妇保健、老年人保健、高血压和2型糖尿病等慢性病管理等基本公共卫生服务。0—6岁儿童和其他重点人群免费接种国家免疫规划疫苗。同时，实施艾滋病、结核病、血吸虫病、重点地方病和出生缺陷防治，农村妇女孕前和孕早期补服叶酸，农村孕产妇住院分娩补助，适龄妇女乳腺癌、宫颈癌检查，贫困人群白内障复明，重性精神疾病救治，为15岁以下人群补种乙肝疫苗等公共卫生服务专项。（3）提供基本公共住房服务。包括：为城镇低收入住房困难家庭提供廉租住房或租赁补贴；为城镇中等偏下收入住房困难家庭、新就业无房职工和城镇稳定就业的外来务工人员提供公共租赁住房；为符合条件的棚户区（危旧房）居民实施住房改造等基本住房保障服务。（4）提供基本公共文化服务。包括：向全民免费开放公共博物馆、纪念馆、美术馆、文化馆、图书馆、青少年宫、科技馆和基层公共文化体育设施。其中，除文物建筑及遗址类博物馆外，各级文化文物部门归口管理的公共文化场馆全面向社会开放；鼓励全省省级以上有管理机构的适合开放的文物保护单位的开放。

五、发挥市场机制的基础作用

以购买公共服务的方式来发挥市场机制在满足人民群众基本公共服务上的需求。江苏在基本医疗服务中形成的盛泽医院模式，已经较为成功地探索出一条市场、社会和政府合作的提供医疗服务的新路径。通过医保支付、财政补贴部分经营差额等方式吸引社会资金，实现财政负担减轻、医疗机构设施改善、基层医务人员收入增加、群众就医便利等多赢格局，最终达到提高基层医疗公共服务水平的目的。再如，江苏的社区居家养老也是走在全国前列的。对于江苏来说，就是要充分发挥社会与市场在养老服务中的力量，通过采取土地出让价格优惠、规费减免、贷款贴息、以奖代补、购买服务等方式吸引和鼓励社会资本投入养老服务设施建设。另外，江苏是一个外来务工大省，"教育券"是解决教育均等化的一个重要方式，既可以降低外来务工子女的教育费用，又可以增强他们选择适合自己子女学校的能力。

六、全面提高城镇化水平

城镇化是工业化的结果，也是必然的趋势，还是实现共同富裕的内在要求。（1）推动基本公共服务甚至非基本公共服务的扩面增效，以减轻潜在落户居民对城市生活风险的不安与恐惧。当前我省正处于人口市民化的第三阶段。国际经验表明，人均GDP3000美元是推进基本公共服务均等化的基础条件，人均 GDP7000 美元到 10000 美元是落实基本公共服务均等化的较好时机。当前江苏人均 GDP 已经超过了 1 万美元，达到了中高等收入国家水平，为提高户籍城镇化水平所需要的公共服务体系建设提供了物质基础。（2）建立与户籍城镇化相匹配的财政投入机制，允许地方政府在投融资、土地使用等方面进行适度创新。要给予农业转移人口与城镇原居民均等的公共服务，需要推进基础设施扩容建设，提高城镇的综合承载能力。基础设施具有很强的公益性和社会性，属于公共物品的范畴，这就决定了基础设施建设投资必然以政府为主。（3）确立城镇化新思维，包括改变"控规模""调结构"的指导思想。"控规模"，违背了主要城市正在加速现代化的好势头。在全省人口净流入近乎停滞，"控规模"毫无意义。"调结构"，不能以规模为前提。没有规模，也就难有结构。正确处理人才与资本的关系。在"调结构"方案中，重学历固然有其合理性，但是过于单调。高学历，其背后更多的是假定的高素质，及其可能的高技术。但是，城市发展，除了需要技术人才外，还需要商业人才。城市发展，也不仅需要技术，同样需要资本。降低积分落户标准、提高积分落户总量规模。一线大城市，具有强大的吸引力，能够吸引源源不断的人才涌入，积分落户可以让它们甄别到最优秀的人才，省内城市无法与之相提并论，降低积分落户标准、提高积分落户总量规模才是符合自身实际的选择。

七、不断改善营商环境

发展是硬道理，也是共同富裕的经济基础。经济新常态正在深刻改写省际竞争的旧规则，即区域竞争正在从"政策红利"向"制度红利"转换。"政策红利"，就是通过"政策洼地"在省际竞争中汲取招商引资优势；而"制度红利"，就是要通过"制度高地"在省际竞争中构建软实力，在招商引资上实现"有凤来仪"。要通过大规模、系统化的制度优化与制度创新，打造江苏在制度软实力上的竞争新优势。改革开放以来，江苏一直努力建设民资友好型省份，让江苏竞争力优势从"政策洼地型"转变为"制度高地型"，为江苏经济构建一个更为持续、稳定的制度竞争力与制度软实力。（1）营造各类市场主体法律地位一律平等的新格局。无论是党的十八届三中全会提出的"公有制经济和非公有制经济都是社会主义市场经济的重要组成部分"，还是最新颁布的"完善产权保护制度、依法保护产权的意见"，都明确指出，包括民营经济在内的非公经济，不仅要与公有制经济、外资经济在法律地位上平起平坐，还要与作为监管者的政府职能部门在法律地位上平起平坐。（2）深化行政审批制度改革，向市场与社会放权。在全国率先建成民资友好型省份，亟需行政管理体制改革为之提供强大动力，全面激发市场活力和社会创造力，充分发挥改革的富民惠民效应，切实增强人民群众对改革的获得感。（3）建设高效服务型、稳定诚信型政府。高效服务型，就是政府相关职能部门，应能对企业的痛点与难点，进行及时、有效的响应，不故意设置障碍或久拖不决，让市场主体创新创业的最后一公里梗塞在政府部门上。所谓连续诚信型政府，就是政府部门应形成言而有信、有诺必践的积极形象，特别是要杜绝招商引资中时常出现的"重承诺、轻落实"问题，以及在领导人更迭时出现的"现任不认前任账"的问题。(4) 全面推行负面清单制度，切实保证非禁即可。应将负面清单理念引入到民资友好型省份的建设中，使之平等地适用于国有与非国有、内资和外资企业，切实保证非禁即可。(5) 坚持底线监管与从宽监管相结合原则。经验表明，没有监管是万万不行的，但是过度监管则会窒息经济活力。坚持底线监管，就是在市场主体行为触及法律底线、违背社会公序良俗时，应采取切实有效手段进行阻止。坚持从宽监管，就是在市场主体不违反法律、道德的前提下，允许其进行适度的创新与试错，因为无论是创新，还是创业，都需要宽松的环境与土壤。(6) 建设更为灵活的政策响应机制。市场总是瞬息万变的，作为制度的实践指南，政策应该因时因地制宜，在坚持制度原则的同时，针对阶段性的特殊情况，进行预调微调。

第十三章
锻造共富路上的坚强领导

坚持中国共产党领导,是新中国成立以来我国共同富裕伟大实践的根本特征。中国共产党人领导中国人民建立新中国,为我国迈向共同富裕奠定了至关重要的政治基础。站起来的中国人民从此迎来自主迈向共同富裕的全新历史进程。在经济恢复、社会主义改造与建设、改革开放等历史阶段,中国人民在中国共产党的坚强领导下,历经艰辛曲折摆脱物质匮乏的窘迫境地,越过温饱、跨向小康、开展现代化探索,中国共同富裕之路坚定执着、成效斐然。在共同富裕的实践探索中,党的领导始终是事业取得成效、走向成功的根本保障。新中国成立以后,在江苏省委的坚强领导下,江苏成功实现了对生产资料资本主义私有制的深刻变革和对资产阶级的和平赎买，建立起公有制为主体的所有制结构；尊重和保护基层创造，使得商品经济传统以社队工业等形式得以保留，成为改革开放以后江苏共富探索成为全国示范的重要条件。在江苏共富进程中，党的领导从战略谋划、政策决策到组织实施、宣传引导，从省一级的统揽全局、顶层设计到基层党组织的主动作为、锐意探索，从跨越温饱、两个率先到开展"强富美高"新江苏建设，党的坚强领导贯穿江苏共富全过程。

第一节　党对江苏共富的统筹谋划

一、实施富民强省战略

改革开放以后，江苏省委把握发展大势，在全国率先提出"富民强省"战略，为江苏共富实践提供了强力引领。这一战略是对改革早期富民举措的系统提升，是江苏经济大省内涵与层次再提升的强力宣示。江苏以富民推动强省，以强省保障富民，实现富民与强省的良性互动。2001年11月，中国共产党江苏省第十次代表大会对"富民强省"做出深入阐述，指出"富民强省"是一个内涵丰富的动态概念，是一个通过纵向和横向比较显现"富"和"强"的概念。富民和强省是辩证统一的，民不富，难以强省；省不强，也无以富民。民富省强，才能形成强大的综合实力和整体竞争力。富民，是我们党的宗旨的根本体现，是我们党的政策的根本出发点，是我们党扩大群众基础的根本途径，也是我们科学决策的根本价值标准。富民，就是要尽快让全省人民都过上富裕的生活，实现百姓富、地区富、城乡人民共同富。这主要是：提高人民的收入水平和生活质量，建立和完善社会保障体系；提高人民的精神文化生活水平，形成科学、文明、健康的生活方式；提高人民参与管理国家、社会事务的民主程度，更加充分地行使当家作主的权利；提高人民的思想道德素质和科学文化素质，促进人的全面发展。强省，是我们参与国际国内激烈竞争的客观需要，是我们率先基本实现现代化的重要基础，是我们实现富民目标的根本途径。

二、坚持"四个优先"

2003年，江苏省委省政府根据省情，提出"四个优先"，即富民优先、科教优先、环保优先、节约优先，这是科学发展观在江苏的具体化，也是江苏在新的发展阶段必须坚持的鲜明导向。其中，富民优先摆在"四个优先"首要位置，彰显出富民优先的重要性。江苏省委强调，要把富民作为优先的发展目标，把支持创业作为致富百姓的首要途径；注重激发全社会创造活力，激励"百姓创家业、企业创实业、干部创事业"，使江苏真正成为一片创业的热土，努力增加人民群众的经营性、财产性收入；坚持把促进就业放在政府工作的优先位置，全方位拓宽就业空间，多渠道加强就业培训，放手支持和引导能人创业，带动和帮扶弱者就业，使绝大多数人通过劳动就业提高工资性、福利性收入；加快农村劳动力转移和现代高效农业发展，以富裕农民为中心建设社会主义新农村。把调整产业结构和就业结构、分配结构统筹起来考虑，合理调控城乡、区域和不同社会群体收入差距；在大力发展高技术、高效益产业的基础上，逐步形成高劳动者素质、高劳动者报酬的"双高"就业及分配机制；加快完善养老、失业、医疗和城乡低保等社会保障制度，构筑广覆盖的社会安全网，切实保障困难群众的基本生活，不断提高城乡困难居民最低生活保障水平，坚决守住有饭吃、有衣穿、有房住的"三有"底线，逐步解决困难家庭上学难、看病难的"两难"问题。

三、实施民生幸福工程

2011年，江苏省委十一届十次全会作出了全面落实"六个注重"、全力实施"八项工程"、又好又快推进"两个率先"的新部署，把民生幸福工程作为其中一项重要工程，把"民生更幸福"作为"两个率先"的新内涵新标准。江苏推进民生幸福工程，重点是实施"一个计划"、构建"六大体系"。实施"一个计划"，就是大力实施居民收入倍增计划，这是民生幸福工程的基础和核心。居民收入倍增包括两层含义：一是实际收入的倍增，是剔除物价因素的倍增，而非名义收入的倍增，二是结构优化、惠及大众的倍增，而非简单的平均数倍增。围绕实施居民收入倍增计划，江苏突出抓好农村居民、企业职工、中低收入者和困难家庭"四个群体"增收，拓宽就业、创业、投资、社保和帮扶"五大增收渠道"，努力实现"三个高于"：职工最低工资标准增幅高于地区生产总值增幅、低收入者收入增幅高于全省平均水平、农民收入增幅高于城镇，促进居民收入普遍较快增长。同时，积极推进收入分配制度改革，逐步缩小城乡、区域和不同群体之间的收入差距。完善"六大体系"，就是完善终身教育、就业服务、社会保障、基本医疗卫生、养老服务、住房保障体系，强化基本公共服务功能。在实施民生幸福工程过程中，江苏注重科学实施把握好民生保障与民生幸福的关系、个人幸福与广大人民群众整体幸福的关系、积极作为与量力而行的关系、统筹兼顾与突出重点的关系，使民生幸福工程真正成为保障水平高、群众幸福感强的惠民工程。

四、推进"百姓富"的系统部署

在习近平总书记关于"强富美高"新江苏建设殷切期盼中，实现"百姓富"是重要组成部分。江苏在推进"强富美高"新江苏建设中，聚焦富民，坚持以人民为中心的发展思想，在聚焦富民中不断提升人民群众的获得感、满意度。江苏省委省政府在制定十三五规划时，根据五大发展理念和发展阶段的新变化新任务新要求，在保持发展战略连续性、稳定性的基础上，与时俱进丰富完善发展战略，深化拓展战略内涵，提出民生共享战略。这一战略是江苏在新时期推进共富实践的引领性战略，是推进"百姓富"的战略抓手。实施民生共享战略，就是坚持以人为本、民生优先、共享发展，把民生需求作为经济社会发展根本导向，鼓励创业致富、勤劳致富，提高基本公共服务均等化水平，全面完成扶贫脱贫攻坚任务，切实保障和改善民生，促进人民群众物质生活富足、精神生活丰富，不断增强获得感和幸福感。

江苏坚持富民导向不动摇、不偏离、不松劲，出台了"富民33条"政策，努力实现政府有形之手、市场无形之手、群众勤劳之手同向发力。把富民产业作为最大支撑，推进产业升级和就业结构升级联动，创造更多的"金饭碗""银饭碗"，大力发展地方特色产业，拓宽富民受益面；把自主创业作为最大潜力，发挥大学毕业生、企业骨干、高校院所科研人员、海归、返乡农民工等重点群体示范带动作用，让想创业、敢创业、创大业成为更多人的追求；把公共服务作为最大普惠，出台基层基本公共服务功能配置标准，将75%以上的公共财政支出用于民生保障，提供更多优质的公共产品，增加城乡居民的"隐性财富"；把良好生态作为最公平的公共产品，开展新一轮环境整治专项行动，减少煤炭消费总量，减少落后化工产能，打好治水、治气、治土攻坚战，推动生态环境质量尽快实现根本性好转；把脱贫攻坚作为最大民生工程，重点解决好因病因残因灾致贫、返贫和贫困代际传递问题，形成长效脱贫、稳定脱贫机制，确保到2020年人均年收入6000元以下的农村低收入人口全部实现脱贫达小康。

五、高水平小康推动共富

2017年11月22日，中国共产党江苏省第十三次代表大会以"聚力创新、聚焦富民，高水平全面建成小康社会"为主题，对新时期江苏推动、引领共富提出了新的目标要求和实施路径。会议指出，高水平全面建成小康社会，最直接、最根本的是提高广大老百姓的富裕程度和生活质量。高水平小康，是共同富裕在特定阶段的重要表达方式。就"共同"而言，高水平小康强调实现小康的主体是广大老百姓；就"富裕"而言，其内涵体现为人民生活更高的富裕程度和更高的生活质量。江苏实现高水平全面小康，让人民生活更加幸福，就是人民要有更满意的收入、更好的教育、更稳定的工作、更可靠的社会保障、更高水平的医疗卫生服务、更舒适的居住条件、更优美的环境，基本形成设区市城市到南京1.5小时的高铁交通圈，城镇社区形成15分钟的医疗、文化、健身、养老等服务圈，城乡居民逐步享受到标准化、均等化基本公共服务，享受到丰富多彩的精神文化生活。

六、人民生活高质量提升共富

在高质量发展阶段,江苏共富有了更高的标准和更好的基础。在江苏省委关于"六个高质量"的战略部署中,推进人民生活高质量为江苏共富注入新内涵。人民生活高质量,就是让老百姓的生活更宽裕、更便利、更舒适、更安心、更有尊严。我们将坚持"四个着力":着力解决结构性的民生问题,从制度改革入手,破解就业、教育、医疗、养老、社会保障、城市管理、住房保障等方面的突出矛盾,让一个个民生"难点"成为撬动社会进步的"支点";着力实施普惠性的民生工程,加快推进基本公共服务标准化,普遍增加群众的"隐性财富";着力办好扶助性的民生实事,编实筑牢保障救助底线,以必胜信心打赢脱贫攻坚战;着力满足多样性的民生需求,发挥群众的主体作用,引导和带领群众在共同奋斗中增强获得感、幸福感、安全感。

第二节 党对江苏共富的组织领导

一、党对富民增收中的组织领导

增强人民群众收入是实现共富的重要体现。江苏省委在推进富民增收进程中,始终注重加强组织领导,为共富实践提供坚强有力的组织保障。例如,2011年6月,江苏省委省政府出台《关于实施居民收入倍增计划的意见》，在组织保障上，提出各级党委、政府成立居民收入倍增计划领导小组，由主要领导人组长，及时研究倍增计划实施中的重大事项，协调推进倍增计划实施工作。2011年8月，江苏省委省政府出台《关于大力推进民生幸福工程的意见》，对加强组织领导，建立健全民生幸福工程的推进机制进行了系统部署，提出建立健全党委政府组织领导、相关部门协同推进、社会各界广泛参与、人民群众共建共享的工作机制。要求各级党委、政府要始终把人民利益放在第一位，加快形成深入了解民情、充分反映民意、广泛集中民智、切实珍惜民力的决策机制，出台各项改革举措必须充分考虑群众的承受能力。建立部门齐抓共管的协调机制，形成推动工作落实的整体合力。2016年12月，江苏省委省政府出台《关于聚焦富民持续提高城乡居民收入水平的若干意见》，明确提出强化富民增收中的组织领导。省政府建立富民增收协调推进工作机制，及时研究实施居民增收的重大事项，强化组织领导和督促推进。省有关部门要增强全局意识，强化责任落实，完善配套措施，形成政策合力。各地要根据实际情况，制定实施促进居民增收的具体方案，确保完成本地居民增收目标。

二、党对脱贫攻坚的组织领导

摆脱贫困是实现共富的基础和前提。在跨越温饱、进入小康社会以后，江苏省委高度重视群众脱贫问题，在脱贫攻坚行动中强化组织，让低收入群体共享经济社会发展成果。例如，2018年7月，江苏省委省政府出台《关于组织实施脱贫攻坚工程的意见》对加强组织领导进行系统部署。一是建立脱贫攻坚工作责任制。县（市、区）党委、政府是本地区脱贫攻坚的责任主体，党政主要负责同志为第一责任人。有脱贫攻坚任务的县（市、区），要把实施脱贫攻坚工程作为全面小康社会建设的一项硬任务，加强组织领导，全面落实各项政策措施，确保如期实现脱贫目标。加强扶贫工作机构建设，完善工作体系，充分发挥其综合协调、组织实施、督促检查的作用。切实加强经济薄弱村村级班子建设，大力开展村干部培训教育，不断提高村干部"带头致富、带领致富"的能力，增强农村基层组织的凝聚力、号召力、战斗力。二是加大重点地区扶持力度。对脱贫攻坚重点县（区），省委派驻扶贫工作队，队长由厅局级负责同志担任，进一步加大帮扶力度。工作队在当地党委、政府的统一领导下开展工作，加强沟通协调，共同完成脱贫攻坚任务。对原派驻省委扶贫工作队、此次未列入重点帮扶的8个县（市、区），仍作为省脱贫工作联系点，省"五方挂钩"帮扶关系不变，省各项扶持政策不变，由苏北各市县共同组建扶贫工作队实施脱贫攻坚工程。三是落实各方帮扶责任。将脱贫攻坚帮扶任务分解落实到各级、各部门、各方面，动员组织全社会力量参与脱贫帮扶，形成强大合力。继续实行"五方挂钩"帮扶，挂钩帮扶各方要明确工作责任，加大帮扶力度。苏南地区要将南北对口帮扶与合作关系向乡村延伸，组织发达镇村与苏北地区经济薄弱村实行结对帮扶。高校科研单位要强化科技扶贫措施，动员各类科技人员与经济薄弱村挂钩，指导帮助发展特色产业。组织党员干部开展与贫困农户结对帮扶，发展增收项目。

三、党对企业家队伍建设的领导

发挥企业家作用，激发蕴藏在民众中的企业家精神，是江苏共富的重要动力源泉。江苏高度注重企业家队伍建设，2018年5月，江苏省委办公厅出台《关于营造企业家健康成长环境弘扬优秀企业家精神更好发挥企业家作用的实施意见》，对加强党对企业家队伍建设的领导进行系统安排。一是坚持党对国有企业的领导，全面加强国有企业党的建设，发挥国有企业党组织领导作用。全面落实党建工作进章程，深入实施国有企业党建"强基提质"工程。推进"两学一做"学习教育常态化制度化，开展"不忘初心、牢记使命"主题教育，坚持党的建设与国企改革发展同步谋划、党的组织及工作机构同步设置、党组织负责人及党务工作人员同步配备、党建工作同步开展"四同步"，实现体制对接、机制对接、制度对接和工作对接"四对接"。二是教育引导民营企业家拥护党的领导，支持企业党建工作。建立健全非公有制企业党建工作机制,积极探索党建工作多种方式,努力扩大非公有制企业党的组织和工作覆盖。在拓展商会组织、完善商会网络过程中,进一步加强和改进商会党建工作,推进总商会党委建设,推动党建和统战工作"双覆盖"。注重把企业家中的优秀分子,特别是年轻的新生代企业家吸收到党的队伍中来,不断壮大党在商会中的力量。三是强化对党员企业家日常教育管理基础性工作,加强党性教育、宗旨教育、警示教育,教育党员企业家牢固树立政治意识、大局意识、核心意识、看齐意识,严明政治纪律和政治规矩,坚定理想信念,坚决执行党的基本路线和各项方针政策,把爱党、忧党、兴党、护党落实到经营管理各项工作中,率先垂范,用实际行动彰显党员先锋模范作用。

第三节 党建推动共富的实践创新

在各个发展阶段,江苏各级党委积极推进工作方法创新,提炼了一系列富有代表性、引领性的工作方法,在推动共富实践中发挥了有效作用。

一、基层党建总抓手:"五聚焦五落实"

2019年4月,江苏召开基层党建"五聚焦五落实"三年行动计划部署会暨重点任务推进会,一揽子推出30个重点项目,集聚火力破解基层党建的难点、薄弱点,通过三年"大抓基层"实实在在提升基层党组织组织力。三年行动计划的总纲是"五聚焦五落实",聚焦基本组织、基本队伍、基本活动、基本制度、基本保障,"五个基本"一起抓,把党的全面领导、党的坚强力量、党的号召要求、党的纪律规矩、党的关心服务落实到基层。"五聚焦五落实",是江苏落实中央关于加强基层党建的要求而系统谋划、整体设计的,是江苏未来一段时间加强基层党建的总抓手。"为了能把这项工作抓牢抓实,江苏把'五聚焦五落实'细化为30个重点项目,从微观层面进一步聚焦问题、靶向施策,全面加强基层党建工作。"

二、党建富民方法与实践探索

1. 基层党建"九大工作法"

2011年,江苏深入实施党建工作创新工程,以方法创新推进基层党建实践创新,省委组织部在全国首次集中系统推广九个领域基层党建工作法,主要是常德盛"乡情工作法"、陶云南"育才工作法"、陈惠芬"融和工作法"、曹龙祥"同心工作法"、胡琴渊"零距离工作法"等,针对农村、国企、外企、民企、社区、机关、学校、社会组织、政法窗口单位等不同领域党建工作的难点问题,结合基层优秀党务工作者的创新实践,总结梳理具有面上推广价值的规律性经验,设计流程示意图,明确推进步骤和有效路径,为各领域基层党组织开展工作、发挥作用提供易学好用可操作的工作样本。这些来自基层党组织和党务工作者的创新实践，为推进江苏基层创新发展发挥了群众喜闻乐见、富有人情味的有效方法，其中许多方法在推动基层共富实践中更是发挥了卓有成效的作用。例如，以常熟市支塘镇蒋巷村党委书记常德盛命名的"乡情工作法"，着眼农村工作实际，顺应农民致富需求，兼顾农村乡土风俗，充分发挥农村基层党组织领导核心作用，坚持把强村富民作为第一要务，把共同富裕作为目标追求，把率先争先作为精神动力。其核心要义是，紧贴村情善谋发展，饱含亲情善待百姓，顺应民情善聚民心。"乡村工作法"的主要做法，一是紧贴村情，统筹兼顾抓发展建强村。从乡村实际出发，明确农村基层党组织新农村建设的三大任务：统筹发展、集约发展、持续发展。二是饱含亲情，因人制宜抓共富惠民生。主要为民办好两件实事：提供致富岗位、提供生活保障。三是顺应民情，文化引领抓民风促和谐。抓好乡风文明建设突出三个重点：文化培育、民主凝聚、示范感召。"乡情工作法"的关键在于，农村党员干部不能只顾自己富，更要带领大家富；致富农民不能只顾富口袋，更要富脑袋。要着力用先进文化发展人，用现代文明提升人，大力培养现代新型农民，推动农村持续发展、和谐发展。

2. "百村半月"蹲点调研法

2018年以来，江苏聚焦基层党建工作中的形式主义、官僚主义问题，在全省深入开展"百村半月"蹲点调研，组织党建口253名同志深入118个行政村蹲点调研,在"田野作业"中查弱项、补短板,改作风、促落实,以此为牵引,示范带动各领域基层党建齐头并进、提质增效。① 通过蹲点调研,发现基层真实问题,实实在在破解难题。比如,党的十九大作出乡村振兴战略部署,各层各级摩拳擦掌,开了不少会、发了不少文,但有些工作就是"只听楼梯响、不见人下来";一些单位"各吹各的号、各唱各的调",甚至造成政策打架。作为组织部门,要自觉担起组织振兴和人才振兴的政治责任,主动加强与相关部门沟通,积极整合资源,推动政策打包、人才打包、资金打包,提高村级组织基本运转保障经费。每个贫困村增设两个"振兴乡村特聘岗位",并从本乡本土高中毕业生中培养"定制村干",基本消灭了集体经济空壳村,进一步夯实了强村富民的基础,让更多群众看到希望,有了奔头。再如,在实施基层党建"五聚焦五落实"三年行动计划的过程中,江苏省委组织部强调,各级组织部门要带头克服形式主义官僚主义,把更多精力倾注在实干实效上。要借鉴"百村半月"蹲点调研做法,把好作风带给基层。要下功夫解决基层党建考核过多、过度留痕,会议多、文件多、材料多等突出问题,把好举措落到基层。要多为基层着想,好事多让基层干、好

---

① 中共江苏省委组织部:《"百村半月"蹲点调研力戒形式主义官僚主义》,《党建研究》,2019年5期。

人多让基层干部当,把好口碑留给基层,最大限度地凝聚维护改革发展稳定的正能量。

3. 城市基层党建创新"苏州样本"

改革开放以来,苏州城市化快速推进,目前常住人口达到1065万,城市化率超过76%;全市4万多个党组织、55万余名党员,约80%集中在城市。党的十八大以来,苏州市委高举习近平新时代中国特色社会主义思想伟大旗帜,认真落实中央"上海会议"和江苏省委"苏州会议"要求,不断加强和改善城市领域的党的领导,鲜明确立抓城市基层党建工作"加、减、乘、除"的工作思路,在推进城市创新发展中,有效发挥了党建工作压舱石和推进器作用。苏州在城市基层党建创新中,强调把服务人民群众作为强化基层党建的核心目标。牢牢把握人民群众对美好生活的向往是谋划和推进城市社会治理和基层党建的核心。苏州城市基层党建工作始终贯彻以人民为中心的发展思想,深刻认识人民群众的需要呈现多样化多层次多方面的特点,以习近平总书记提出的"八个更"为指向,从百姓最关心的问题入手,切实提高群众的获得感和满意度,真正做到人民城市为人民。在基层党建工作方法创新上,针对苏州非公经济发达,各类园区、商圈市场、商务楼宇、网络媒体等新兴领域十分活跃等特点,苏州坚持以区域化党建实现兜底覆盖,有效减少党建工作"空白点"。一方面,以产业链、创业园、开发区等"两新"组织集聚区为单元,建成区域党建工作站339个,对全市18条国家级特色商业街、82个亿元以上市场、800多幢重点商务楼宇、32家国家级众创空间实现党组织全覆盖。另一方面,配齐骨干力量,以街道、开发区为主体,统一招聘专职党务工作者近600名,全部建立职业资格登记管理体系,沉到区域党建工作站专门从事党建工作,较好地发挥了党组织"孵化"和党建服务功能。党建推动非公经济健康发展,也成为新时代苏州共富的典型路径。①

4. "红豆党建"品牌

红豆集团党委成立于1997年,集团党委下设党(总)支部110多个,党员近1300名,形成了党组织建设从集团总部到产销一线的全面覆盖。2018年12月红豆集团党委列为省组重点联系的30家民营企业之一。红豆集团大力实施股权开放工程、收入倍增工程和激励分配制度改革,建立星级员工评选、竞争上岗、民主沟通制度,推行卓越绩效管理和社会责任管理,通过持续不断的激励、引导和感化,让员工切实感受到作为企业主人翁的自豪感和责任感,激发了蓬勃的创新创业活力。红豆集团认为,红豆集团能够快速稳定增长,关键在于注重企业党建工作,发挥党组织在企业中的政治引领作用和在职工中的政治核心作用,把党组织的政治优势转化

---

① 中共苏州市委组织部:《江苏苏州市:打造党建核心引擎,引领城市创新发展》,人民网,2018年7月18日。

为企业的发展优势,把党建工作取得的成果转化为企业生产力,党企高度融合,以"党建强"促进"发展强"。"红豆党建"是红豆"产业报国、共同富裕"企业宗旨在党建领域的体现。"红豆党建"具有鲜明的特色,在党建工作定位上,红豆集团概括为"一核心三优势",发挥党组织的政治核心作用,把党建优势转化为企业发展的机遇优势、人才优势与和谐优势;创建"一融合、双培养、三引领"红豆党建工作法,坚持党企融合,坚持党员人才双向培养,引领先进企业文化,引领构建和谐企业,引领履行社会责任。

5. 西棘荡村:党建引领创业富民之路①

连云港市赣榆区西棘荡村,地处苏鲁交界,顾名思义是荆棘丛生、河荡纵横的地方。20年前,这里"满眼泥泞路、遍地土坯房、穷得叮当响",是出了名的穷村、乱村、光棍村。如今再看西棘荡,道路宽敞、绿树成荫、别墅林立,农民人均纯收入超过2.2万元。西棘荡的发展令人称奇,成就备受关注,荣誉也越来越多,已成为苏鲁边界排得上号的工业经济强村、江苏省文明村、民主管理示范村、民主法治示范村,走出了创业富民、共享发展的"西棘荡之路",创造了"两聚一高"新实践的"苏北样板"。2007年,西棘荡村成立村级党委,根据产业发展需求,分类设置了工业、农业、个私、老年等四

---

① 段东:《西棘荡村:党建引领创业富民之路》,《唯实》,2019年第1期。

个党支部,将支部建在产业链上,增强党委引领群众致富的带动力。进一步完善制度,加强村干部和党员的管理,制定了村"两委"干部工作制度、例会制度,规范了"三会一课",党组织各项活动正常开展起来,村党组织的凝聚力和战斗力显著提升。为了充分发挥党员干部的先锋模范作用,村党委对村党员干部实行目标责任考核。在村干部层面,将创业富民目标完成情况列入村干部年度考核内容,与年底的待遇奖惩挂钩,用责任制管责任人。在党员层面,鼓励、帮助党员带头创业,开展"1+1"帮扶活动,要求每个富裕起来的党员帮扶一户以上困难群众,从资金、技术、信息、项目四个方面入手,不让一个村民掉队,帮助他们走上共同致富的路子,让广大党员用实际行动诠释忠诚担当的政治本色。

6. 赵亚夫:把论文写在大地上①

赵亚夫,1941年4月出生,江苏省镇江市人大常委会原副主任、镇江农科所原所长,享受国务院特殊津贴。时代楷模、全国优秀共产党员、全国道德模范、全国先进工作者、全国优秀科技特派员。他把惠农兴农作为毕生追求,坚持"做给农民看、带着农民干、帮助农民销、实现农民富",成功帮助百万农民脱贫致富。在赵亚夫的带领下,戴庄村农民年人均纯收入从过去的2000多元增加到了2017年的25000元,集体经济实力也大大增强。

---

① 赵亚夫:《让农民致富有奔头》,中国文明网,2018年11月21日。

在合作社的帮助下，贫困户富起来了。更可喜的是，随着经济发展，劳动力、土地流转加快，全村务农户已由过去的 600 多户减少到今年不足 200 户。在新技术的推广中，有 50 多户农民适度规模（每户 50—100 亩）地种植了全村 70% 的农田，年收入一般可在 10 万元左右。2—3 年内，这样的农户将增加到 80 多户，他们将种植全村 85% 的农田，年收入能达 10 万元以上，高出当地城镇一般居民水平，将实现小农户向职业农民的蝶变。赵亚夫说，2014 年，习近平总书记来到我们的农业园，他叮嘱说："让农业成为有奔头的产业。要更加重视促进农民增收，让广大农民都过上幸福美满的好日子，一个都不能少，一户都不能落。""农业专家的成果就是要体现在广阔的土地上，把科研创新转化为实践成果。"越亚夫坚信，按照习近平总书记的嘱托做下去，戴庄村的明天一定会更好！

第十四章
书写江苏共富新篇章

党的十九大报告指出,增进民生福祉是发展的根本目的,促进人的全面发展、全体人民共同富裕是党的奋斗目标。我国在本世纪中叶建设社会主义现代化强国的"两个十五年"的战略安排中,第一个"十五年"要推进全体人民共同富裕迈出坚实步伐,第二个"十五年"要推进全体人民共同富裕基本实现,勾勒出我国在现代化建设进程中推进共同富裕的战略路线图。江苏为全国发展探路,必然要在新时代推进共同富裕的伟大实践中奋发有为,做出表率。经过新中国成立70年来的接续奋斗,江苏正在从高速增长转向高质量发展的新跑道,发展质态更优、更加均衡、更具包容性和可持续性,"强富美高"新江苏不断展现新成就、新气象。进入新时代，面对人民群众对共同富裕的强烈期盼、高质量发展对共同富裕的强力支撑，江苏全体人民在党的坚强领导下，不断书写江苏共富新篇章，为全国共富开创新局、持续推进继续贡献江苏力量与江苏担当。

第一节 拓展江苏共富新内涵

一、把握共富时代之变

共同富裕既是人类社会从古至今一脉相承的千年梦想，也是不同时空人类社会的具体实践，在不同国度不同时代呈现丰富多元的历史内涵。在社会生产力整体落后的传统社会，共同富裕不具备转化为现实的物质基础，其主要价值体现在为人们提供为理想奋斗的价值引领，为有志之士冲破时代局限点亮理想之灯。在资本主义大生产向全世界扩张的近现代社会，人类社会创造了传统社会不可想象的物质财富，社会生产力得到前所未有的释放，一方面，西方发达国家在国际分工体系中占据有利地位，在一定程度上具备了实现共同富裕的现实基础，共同富裕由此具备了大规模实践的社会条件；另一方面，受到社会生产关系等制度性局限，只能处于社会整体文明水平的提升和少数社会阶层垄断社会财富分配主导权的"社会性悖论"之中，也不能真正实现共同富裕。近年来，无论是美国"占领华尔街"运动、欧洲高福利制度陷入困境以及难民危机等等，都显示西方发达国家无法有效平衡公平与效率，在社会不公平的深化中导致社会极化、社会撕裂，一些国家民粹主义抬头，加剧了社会结构性改革的难度，与共同富裕更是渐行渐远。世界共产主义运动的发展、社会主义国家的诞生，为实现共同富裕创造了必要的制度条件和实践基础，但从历史实际进程看，实现共同富裕依然关山重重、道阻且长。共同富裕是人类历史上的伟大梦想，要实现这一梦想，需要人类社会付出极为艰辛的努力。

新中国成立以后，古老的共同富裕、天下大同理想在古老的中华大地具备了全新的实践条件。但在我国人民群众尚未实现温饱的历史阶段，共同富裕的时代内涵主要表现为创造所有制、收入分配制度等方面的制度条件，同时致力于发展社会生产力，让广大人民群众过上吃饱穿暖的生活。改革开放以后，随着我国先后跨越温饱、总体小康，并向建设全面小康社会转变，共同富裕的内涵逐步从重视物质财富转向注重广义的社会财富，从注重效率优先转向注重公平与效率兼顾、追求公平正义成为社会的基本价值导向，共同富裕日益呈现出其在成熟状态应该具备的本来面目。党的十九大报告指出，我国社会主要矛盾已经转化为人民日益增长的美好生活需要和不平衡不充分的发展之间的矛盾。社会主要矛盾的历史性转变，是我国进入新时代的核心动力和根本依据。我国社会主要矛盾的阶段性变化，本身正是我国共同富裕进程达到新高度的鲜明标志。我国跳出"低水平均衡陷阱"、超越"普遍匮乏"的短缺经济阶段，社会生产力实现了大规模的扩张与积累，从而为实现全面小康，进而向更加富裕阶段迈进奠定了基础。进入新时代，共富的内涵从追求物质财富量的扩张与均衡分配，转向追求高品质供给与包容性共享，满足人们对美好生活的需求成为新时代推进共富的核心诉求。

二、理解共富内涵之新

在推进共同富裕的漫长历史进程中，共富内涵随时代变迁而变化，新的时代总是能为共富注入新的动力、新的内涵。中国特色社会主义进入新时代，意味着共富实践进入新阶段，呈现出不同以往的新内涵。

一是绝对贫困走入历史，筑牢共富基底。贫困是富裕的反面，但往往共处于同一时代、同一社会之中，相互影响、相互交融，构成以往社会无法超越、无从回避的基本情形。随着我国从全面小康阶段转向基本现代化建设新阶段，绝对贫困现象将历史性地被消灭。我国将从根本上打赢脱贫攻坚战，彻底告别贫困，将共富置于全新基础之上。放在人类历史进程中，对这一历史性成就的意义怎么评价都不过分。人类脱胎于自然界，从茹毛饮血走向文明社会，既领受大自然的丰富馈赠，也饱尝大自然的凶险无常。只有建立在发达的社会文明水平和社会生产力水平的基础上，同时建立在马克思经典作家所论述的人类"善待自然""认识和正确运用自然规律"的基础上，才能彻底告别绝对贫困，在底线层次上实现"人类与自然的和解"。

二是非均衡发展转向协调发展，蓄积共富之势。改革开放以来，我国区域战略从非均衡战略、区域共同发展战略、区域协调发展战略向更高层次的区域协调发展战略演进。区域间的竞争与合作共同塑造了我国大国经济宏阔的空间格局。一方面，"为增长而竞争"成为富有中国特色的经济发展动力机制；另一方面，区域合作、协调发展始终构成我国社会主义现代化建设事业的价值追求和动力源泉。进入经济新常态以来，我国经济社会发展模式与发展路径的根本性变革，逐步克服以往共富目标与路径的内在分裂与内生矛盾，更为均衡、更加公平的区域社会发展格局为新时代共富构筑富有韧性的可靠基石。

三是策应人民对美好生活的向往，造就共富之魂。人民群众对美好生活的追求为共富注入贴合人性、富有人情味的时代内涵，人们追求共富不仅是为了共享物质财富，也是为了能获得公平可及的公共服务、现代文明。物质共富、精神共富以及广义的社会共富，在本质上是践行"以人民为中心"理念推进共富。美好生活的需求较之单纯的物质需求，内涵更广、品质更高，要求拓展供给体系谱系，推动高质量发展，为共富植入高质量基因，让高品质、高质量成为新时代共富的典型特征，带动共富目标再提升、动力再升级。

2019年1月，江苏省委主要领导在江苏政协十二届二次会议上指出，推动高质量发展走在前列，我们要坚定不移增进民生福祉，不断实现人民群众对美好生活的向往。"以百姓心为心"的为民情怀，凝结着共产党人的政治品格和价值追求。在决胜高水平全面小康的关键时刻，我们一定要自觉践行以人民为中心的发展思想，把民之所望作为政之所向，把民之所需作为政之所为，像落实发展指标一样落实民生任务，对中央确定的民生政策，确保不折不扣落实到位；对省里作出的民生承诺，说了就要去做，做了就要做好；对新办的民生实事，既尽力而为，又量力而行，确保把好事办好、实事办实，让发展指标有更多的"幸福指数"，发展成果有更多的"民生含量"。保障和改善民生没有终点站，要坚持聚焦聚力、持续攻坚，教育改革必须加强系统谋划、纵深推进，更好满足群众对优质教育的需求；苏北农村住房改造必须因势利导、加快落实，努力让农民群众过上与时代同步的现代城镇生活；污染防治必须持续抓好环保督察"回头看"问题整改，早日还老百姓碧水蓝天净土；对医疗、养老、社会治理、安全稳定等一系列问题，都要不断拿出针对性举措，以难题破解的"力度"展现江苏发展的"温度"，让群众的日子更加红红火火、生活更加有滋有味。要牢记习近平总书记"全面小康路上一个不能掉队"的谆谆嘱托,坚决打好精准脱贫攻坚战,集中力量做好普惠性、基础性、兜底性民生建设,让城乡低收入群体在困难面前心里有底、生活有靠,在不知不觉中感到生活改善、温暖如春。

三、凝练江苏共富特色内涵

江苏在推进共富实践进程中,结合阶段性目标任务,不断注入共富地区特色与内涵。江苏发布国民经济和社会发展十三五规划纲要提出,"十三五"时期,江苏经济社会发展的总体目标是:全省率先全面建成小康社会,苏南有条件的地方在探索基本实现现代化的路子上迈出坚实步伐,人民群众过上更加美好的生活,经济强、百姓富、环境美、社会文明程度高的新江苏建设取得重大成果。在共富动力上,创新引领性显著增强,主要创新指标达到创新型国家和地区中等以上水平,居民收入与经济增长同步;在共富水平上,人民生活水平和质量普遍提高,城乡居民收入持续增长,中等收入人口比重上升,收入差距进一步缩小,社会就业更加充分,创业致富蔚然成风,劳动关系更加和谐,形成更加公平更可持续的社会保障制度;在共富空间格局上,新型城镇化和城乡发展一体化质量明显提升,城镇化战略格局和生产力布局更趋合理,以城市群为主体形态的城镇体系更加完善,区域发展差距进一步缩小。

2018 年,江苏省政府工作报告提出未来五年发展目标，进一步刻画出江苏共富的阶段性、时代性内涵，集中体现为从人民群众获得感的角度，对共同富裕的内涵做了更精准的概括，就是要在更好的教育、更稳定的工作、更满意的收入、更可靠的社会保障、更高水平的医疗卫生服务、更舒适的居住条件、更优美的环境、更丰富的精神文化生活等方面取得明显成效，让新时代共富可感可识。对政府而言，要坚持把聚焦富民作为发展取向、工作导向、奋斗指向，让改革成果更多更公平惠及人民；多措并举推动居民收入加快提升，实现富民增收与经济发展同步、劳动报酬与生产率提高同步，着力提升人民生活水平；大力推进基本公共服务标准化均等化，围绕教育、医疗、养老等群众关注度高的领域，增加优质公共服务供给，全面建成覆盖全民、城乡统筹、权责清晰、保障适度、可持续的多层次社会保障体系；完善社会治理体系，全面推行"互联网+社会治理"，着力提高社会治理社会化、法治化、智能化、专业化水平，切实加强和创新社会治理。

第二节 探索江苏共富新路径

一、新思想引领共富新征程

十八大以来，以习近平同志为主要代表的中国共产党人，把握时代大势，回应时代关切，系统回答了在中国这样一个东方大国在新时代坚持和发展什么样的中国特色社会主义、怎样坚持和发展中国特色社会主义这个重大时代课题,创立了习近平新时代中国特色社会主义思想。新思想指导新实践。贯彻新思想、践行新思想,是我国在新形势下纵深推进共同富裕实践探索的强大理论武器。在理论视野上,要注重历史与现实相贯通,把当下的共富实践与历史上矢志不移推进共富的艰辛历程结合起来,与未来我国实现共富的巨大挑战与光辉前景结合起来;要注重国际与国内相关联,在高度开放、相互激荡的视界中理解和把握共富实践,把握推进共富的外部动力与外部风险,增强发展的自信与定力,不惧风雨,从容前行;要注重理论和实践相结合,在新实践中更好把握新思想的精髓要义,力求学思用贯通、知信行统一,用新思想洞察风云变幻、破除实践迷雾,使新时代的共富实践迎难而上、扎实推进。

二、新理念赋能共富新实践

在新时代推进共富新实践,关键是用新发展理念为推进共富注入新观念、新动力、新能量。一是坚持创新发展理念,抓住创新这个牵动经济社会发展全局的"牛鼻子",用创新引领共富新实践,破解自主创新不强的"阿喀琉斯之踵",跨越"中等收入陷阱",锻造新时代共富的"最强大脑""最大引擎"。二是坚持协调发展理念,着力解决区域发展失衡、城乡发展失衡、社会不同群体收入失衡、经济发展与生态建设和文化建设不协调等一系列突出矛盾问题，加强补齐共富结构性短板的工作，通过补齐短板挖掘发展潜力、增强发展后劲，推进我国共富形成更加协调、更富活力的生动局面。三是坚持绿色发展，着力解决历史上的生态欠账，下大气力消灭民生等重点领域生态赤字，切实回应人民群众对良好生态的强烈需求，把共建共护共享良好生态环境作为新时代共富的突出标志，不断提升人民群众的生态获得感、满意度。四是坚持开放发展，越是在全球化遇到挑战、国内开放升级面临压力的情况下，越是要推进更高层次开放，为推进共富汲取更大能量，同时充分吸收借鉴国际上各国谋求共同富裕的经验教训，打造推进共富的中国样本，为全球贡献推进共富的中国经验与中国智慧。五是坚持共享发展，树立以人民为中心的发展思想，坚持发展为了人民、发展依靠人民、发展成果由人民共享，作出更有效的制度安排，使全体人民在共建共享发展中有更多获得感，不断朝着全体人民共同富裕的目标前进。

三、新动能塑造共富新优势

高质量发展是推进共同富裕的必然要求。高质量发展在发展动力主体与发展受益主体上，强调创造高质量供给，满足人民群众高品质需求，而人民群体也是高质量供给的核心主体。置言之，人民群众既是新时代高质量发展的主体，也是新时代创富与共享富裕的主体。江苏推进高质量发展走在全国前列，将为江苏新时代共富实践创造前所未有的强力引擎。从需求端分析，苏南等地发展水平领先全国，已进入消费升级扩张期，高品质需求旺盛；从供给端分析，江苏发展不充分不平衡问题依然突出，区域、产业、产品、要素等供给侧结构性矛盾突出，高品质供给存在结构性短板。高质量发展从供需两端破解江苏发展难题，将为新时代江苏共富实践创造优质、可持续动能。

江苏通过增强优势，补齐短板，拓展空间，推动高质量发展为新时代共富蓄势赋能，重点从经济、社会、文化、生态、制度建设等六个方面同步发力，形成高质量供给的多元化格局。其中，推进经济发展高质量，重在强化科技创新战略支撑，推动新的动能蓄势迸发，构建现代产业体系，带动实体经济提质增效；改革开放高质量，重在推动江苏改革开放再出发，全面激发市场的活力、企业的活力、人才的活力；城乡建设高质量，重在把城市群作为城镇化发展的主体形态，把注入新动能作为乡村振兴的重要突破口，努力走出具有江苏特色的城乡融合发展之路；文化建设高质量，重在用好用活历史文化资源，打造文化标识，讲好江苏故事，建好精神家园，把文化强省建设推向新的高度；生态环境高质量，重在打好治水、治气、治土攻坚战，加强生态系统保护修复，最大限度减少对大自然的干扰，建设美丽江苏；人民生活要高质量，重在面向大多数，关注最底层，集中力量解决事关人们生存发展的"头等大事"，重视解决影响百姓日常生活的"关键小事"，把民生难点变成撬动社会进步的支点，让人民群众的生活水平与发展相适应，在不知不觉中感受到生活新变化。通过构筑高质量供给的系统性优势，有效破解发展不充分不平衡问题，更好满足人民日益增长的美好生活需求。

高质量发展是江苏推动经济社会向高阶形态跃升的关键进路，为推进共富迈向更高水平创造有利条件。罗斯托经济社会发展阶段论认为，人类社会发展普遍遵循从低级形态向高级形态的演进过程。当前江苏已进入以耐用品消费为主的"高额群众消费阶段"。同时，随着居民对消费品品质及服务质量的要求越来越高，江苏现有供给体系质量与效益面临极大的提升压力，这也反映了整个社会存在向"追求生活质量阶段"转变的强烈需求。居民消费能力的提升使内需成为驱动生产的关键因素，需求结构的升级则倒逼供给体系的变革，由此必然要求改变长期以来形成的以量的扩张为导向的生产模式，要求以更高层次、更高质量的供需匹配推动社会向高阶形态跃升。依托高质量发展推动江苏在全国率先向更高发展阶段跃升，是江苏推进共富迈向更高水平的现实途径，是新时代江苏为全国发展探路的具体体现。

第三节　开创江苏共富新境界

一、在现代化新征程中打开共富新格局

现代化是中国人民孜孜以求的百年梦想，经过曲折探索，正在中国人民的接续奋斗中一步步转变为现实。然而，现代化绝非坦途，对于中国这样的社会主义东方大国来说尤其如此。习近平总书记在庆祝改革开放40周年大会上深情回顾："改革开放之初，虽然我们国家大、人口多、底子薄，面对着重重困难和挑战，但我们对未来充满信心，设计了用70多年、分三步走基本实现社会主义现代化的宏伟蓝图，没有非凡的胆略、坚定的自信是作不出这样宏远的构想和决策的。"改革开放的伟大成就充分证明，中国人民走上了一条符合自身国情的现代化道路，中国即将全面建成小康社会，这是"中国式现代化"的巨大成就，在中国现代化进程中具有里程碑意义；中国在建设社会主义现代化强国的伟大进程中实现共同富裕，将成为我国现代化建设取得决定性进展的重要指标。

实现社会主义现代化建设和共同富裕的宏伟蓝图绝非易事，需要跨越重重阻碍。习近平总书记在庆祝改革开放40周年大会上进一步指出，"我们现在所处的，是一个船到中流浪更急、人到半山路更陡的时候，是一个愈

进愈难、愈进愈险而又不进则退、非进不可的时候"。在这一阶段，我国对外面临世界百年未有之大变局，对内面临锻造创新引擎、转向高质量发展的繁重任务，必须成功跨越"中等收入陷阱""塔西佗陷阱""修昔底德陷阱"等历史性挑战。从国际经验看，在这一历史性转折期，区域层面的率先突破，形成对全国现代化的引领示范，带动全国其他地区现代化协同推进，是大国现代化顺利推进的成功经验。江苏在全国较早开展区域层面的现代化探索，积累了丰富的实践经验和理论成果，为新形势下开展现代化实践探索奠定了坚实基础。在新的机遇挑战面前，江苏在全国现代化大局中勇挑重担、勇闯难关。持续开展区域现代化探索，是江苏在新时代为全国发展探路的内在要求。

二、开展现代化试点打造共富新标杆

开展现代化试点是江苏推进区域现代化的战略举措，也是江苏推进新时代共富实现的有效载体。2019年2月，江苏省委办公厅印发《关于在苏南部分县（市、区）开展社会主义现代化建设试点工作的实施方案》，在苏南地区各市推荐的基础上，经过省市共商、综合考虑，选择南京市江宁区、南京江北新区、苏州市昆山市、苏州工业园区、无锡市江阴市、常州市溧阳市作为试点地区。试点工作的主要目标，是以到2035年基本实现社会主义现代化的要求为引领，兼顾与2050年建成富强民主文明和谐美丽的社会主义现代化强国目标相衔接，结合地方实际开展先行先试，通过两年左右的努力，在探索社会主义现代化建设的主要内涵和指标设置上取得重要成果，在体制机制改革的重要领域和关键环节取得决定性成果，在探索高质量发展的基本路径和引领性发展的特色创造上取得突破，形成可复制可推广的实践经验，并建立与之相适应的现代化监测评价指标体系，为指导我省全面开启现代化建设新征程提供样板示范。共同富裕的实现程度，是评价现代化试点的重要衡量指标。打造全省现代化建设样板示范，必然要在推进共富上取得进展。江苏在全省开展社会主义现代化建设试点工作布置会上提出，要坚持目标导向和问题导向相结合、共性要求和个性特色相结合、先行探索和复制推广相结合，坚持上下联动、远近考虑、虚实结合，通过两年左右的探索实践，切实把试点工作试出成效、试出经验，深化对社会主义现代化内涵特征的认识，为全省开启社会主义现代化建设新征程提供有益借鉴。

　　实现共同富裕是社会主义的本质要求，是社会主义现代化建设的根本目标。在经济现代化层面，共同富裕体现为人民群众收入普遍达到高水平；在民主法治现代化层面，共同富裕体现为人民群众共同拥有广泛的民主权利，共享法治文明；在文化发展现代化层面，共同富裕体现为人民群众人文素质、文明修养普遍达到高水平，先进文化成为社会文化主旋律和普遍形式；在社会发展现代化层面，共同富裕体现为社会充满活力又和谐有序，基本公共服务均等化基本实现，形成橄榄型社会结构，低收入群体共享社会发展成果，发展权得到充分保障；在生态文明现代化层面，共同富裕体现为生态环境根本好转，人民群众共享优质生态环境福利，人与自然和谐相处成为社会常态；在人的现代化层面，共同富裕体现为围绕促进人的全面发展，人民生活更为宽裕，城乡区域发展差距和居民生活水平差距显著缩小，人民平等参与、平等发展权利得到充分保障，积极推进充分调动人的积极性、激发人的创造性的改革实践。

三、锚定现代化目标开辟共富新境界

根据十九大战略部署，到2035年，在我国基本实现现代化之时，全体人民共同富裕迈出坚定步伐，具体体现在经济实力、科技实力将大幅跃升，跻身创新型国家前列，这将为实现共同富裕奠定雄厚的物质基础，并显著增强在复杂情况下应对风险挑战的综合实力，确保我国现代化建设成果安全无虞；人民平等参与、平等发展权利得到充分保障，法治国家、法治政府、法治社会基本建成，各方面的制度更加完善，国家治理体系和治理能力现代化基本实现，这将为实现共同富裕提供可靠的制度保障，从根本上保障全体人民有权利共享社会发展成果，成为共富实践的平等参与者、受益者；人民生活更为宽裕，中等收入群体比例明显提高，城乡区域发展差距和居民生活水平差距显著缩小，基本公共服务均等化基本实现，共同富裕在更高生活水平、更广受益群体、更均衡空间分布等重要领域实现质的提升，构成共同富裕迈出坚定步伐的直接体现；现代社会治理格局基本形成，社会充满活力又和谐有序，这将为实现共同富裕创造不可或缺的社会条件；生态环境根本好转，美丽中国目标基本实现，这将奠定共同富裕的生态环境基础，并把共享优良生态环境作为实现共同富裕的重要组成部分。

到2050年，在我国建成富强民主文明和谐美丽的社会主义现代化强国之时，全体人民共同富裕基本实现。我国物质文明、政治文明、精神文明、社会文明、生态文明将全面提升，实现国家治理体系和治理能力现代化，成为综合国力和国际影响力领先的国家，全体人民共同富裕基本实现，我国人民将享有更加幸福安康的生活，中华民族将以更加昂扬的姿态屹立于世界民族之林。基本实现共同富裕，将谱写中华民族的全新历史篇章，成为世界现代化进程的历史性成就，书写人类文明发展史上的中国奇迹。面向新时代社会主义现代化建设的战略部署，江苏坚持率先发展的战略定位，持续为全国发展探路，探索新的共富路径、凝练新的共富经验，创造始于江苏、成于全国、融入时代的共富伟业。

参考文献

1. 《马克思恩格斯选集》(第三卷),人民出版社 1995 年版。
2. 《马克思恩格斯选集》(第四卷),人民出版社 1995 年版。
3. 《马克思恩格斯全集》(第一卷),人民出版社 1956 年版。
4. 《马克思恩格斯全集》(第三卷),人民出版社 1987 年版。
5. 《列宁全集》(第七卷),人民出版社 1987 年版。
6. 《列宁全集》(第三十一卷),人民出版社 1987 年版。
7. 《列宁全集》(第三十四卷),人民出版社 1987 年版。
8. 《列宁全集》(第三十五卷),人民出版社 1987

年版。

9.《邓小平文选》(第二卷),人民出版社1994版。

10.《邓小平文选》(第三卷),人民出版社1993版。

11.《习近平谈治国理政》,外文出版社2014版。

12.《习近平谈治国理政》(第二卷),外文出版社2017版。

13. 中共中央宣传部:《习近平新时代中国特色社会主义思想学习纲要》,学习出版社2019版。

14. 中共中央文献研究室:《十八大以来重要文献选编》(上册),中央文献出版社2018年版。

15. 中共中央文献研究室:《十八大以来重要文献选编》(中册),中央文献出版社2018年版。

16. 中共中央文献研究室:《十八大以来重要文献选编》(下册),中央文献出版社2018年版。

17. 江苏省地方志编纂委员会:《江苏省志·综合经济志》(上),江苏古籍出版社1999年版。

18. 江苏省地方志编纂委员会:《江苏省志·综合经济志》(上),江苏古籍出版社1999年版。

19. 孙中山:《孙中山全集》(第九卷),中华书局1986年版。

20. [美]乔·奥·赫茨勒:《乌托邦思想史》,张兆麟译,商务印书馆1990年版。

21. [法]马布利:《马布利选集》,何清新译,商务印书馆 1981 年版。

22．［英］托马斯·莫尔：《乌托邦》，戴馏龄译，商务印书馆 1996 年版。

23．［法］皮凯蒂：《21 世纪资本论》，巴曙松等译，中信出版社 2014 年版。

24．当代中国研究所：《中华人民共和国史稿》，人民出版社 2012 年版。

25．武力主编：《中华人民共和国研究丛书》，当代中国出版社 2016 年版。

26．廖盖隆、庄浦明主编：《中华人民共合国编年史》，人民出版社 2010 年版。

27．曾业英主编：《当代中国近代史研究（1949—2009）》，中国社会科学出版社 2014 年版。

28．中共中央党史研究室：《中国共产党的九十年》，中共党史出版社 2016 年版。

29．中共中央党史和文献研究院：《改革开放四十年大事记》，人民出版社 2018 年版。

30．李炳炎：《共同富裕经济学》，经济科学出版社 2006 年版。

31．宗开宝：《共同富裕论：思想理论与实证》，中国环境科学出版社 2011 年版。

32．李慎明主编：《共同富裕与中国特色社会主义》，中国社会科学出版社 2011 年版。

33．杨文森：《共同富裕：历史、实践与挑战》，社会科学文献出版社2014年版。

34．权宗田：《中国共产党对实现共同富裕的探索与制度设计创新研究》，人民出版社2014年版。

35．陈建波：《中国特色社会主义共同富裕道路研究》，天津人民出版社2015年版。

36．中国国际经济交流中心课题组：《我国共同富裕问题研究》，中国经济出版社2016年版。

37．王桂枝：《共同富裕实现机制研究》，社会科学文献出版社2018年版。

38．陈宗胜：《中国居民收入分配通论：由贫困迈向共同富裕的中国道路与经验》，格致出版社2018年版。

39．于昆：《共享发展研究》，高等教育出版社2017年版。

40．吕健：《共享发展的社会主义政治经济学》，复旦大学出版社2019年版。

41．宋林飞主编：《江苏通史》，凤凰出版社2012年版。

42．夏锦文、吴先满主编：《改革开放全景录·江苏卷》，江苏人民出版社2018年版。

43．夏锦文主编：《江苏高起点开启全面建设基本现代化新征程战略研究》，2018年版。

44．吴沛良主编：《现代农业建设迈上新台阶》，江苏人民出版社 2015 年版。

45. 刘志彪主编：《经济发展迈上新台阶》，江苏人民出版社 2015 年版。

46. 梁勇，叶南客主编：《文化建设迈上新台阶》，江苏人民出版社 2015 年版。

47. 张颢瀚、刘德海主编：《民生建设迈上新台阶》，江苏人民出版社 2015 年版。

48. 王军主编：《全面从严治党迈上新台阶》，江苏人民出版社 2015 年版。

49. 本书编委会：《转型升级工程读本》，江苏人民出版社 2013 年版。

50. 本书编委会：《农业现代化工程读本》，江苏人民出版社 2013 年版。

51. 本书编委会：《科技创新工程读本》，江苏人民出版社 2013 年版。

52. 本书编委会：《文化建设工程读本》，江苏人民出版社 2013 年版。

53. 本书编委会：《社会管理创新工程读本》，江苏人民出版社 2013 年版。

54. 宋林飞主编：《苏南现代化建设示范区进展评估》，社会科学文献出版社 2017 年版。

55. 王庆五主编：《共享发展》，江苏人民出版社 2016 年版。

56. 徐南平、洪银兴、刘志彪主编：《创新型省份》，南京大学出版社2015年版。

57. 储东涛主编：《江苏经济史稿》，南京大学出版社1992年版。

58. 刘德海主编：《谱写中国梦江苏篇章》，中国社会科学出版社2014年版。

59. 吴进红：《江苏区域城乡统筹的模式与差异》，南京大学出版社2013年版。

60. 韩俊、王翔：《新型城镇化的苏州工业园区样本》，中国发展出版社2015年版。

后 记

习近平总书记深刻指出,"一个民族的历史是一个民族安身立命的基础"。新中国成立70年的奋斗历史,书写了中华民族5000年文明史上的光辉篇章,创造了世界上最大规模人口摆脱贫困、迈向共同富裕的发展奇迹。江苏省委省政府高度重视庆祝新中国成立70周年工作,由江苏省委宣传部牵头,组织专门力量撰写系列丛书,委托江苏省社会科学院党委书记、院长夏锦文教授领衔本书撰写工作。本书共十四章,具体分工如下:夏锦文、何雨撰写第一章;夏锦文、吕永刚撰写第二章;夏锦文撰写第十三章、第十四章;吕永刚撰写第三章、第四章、第七章、第九章;何雨撰写第八章、第十二章;张春龙撰写第五章、第十章;周春芳撰写第六章、第十一章;吕永刚负责全书统筹工作。在撰写过程中,江苏省社会科学院科研处丁宏、江苏人民出版社卞清波承担出版组

后　记

织协调工作。江苏人民出版社领导和编辑同志，为本书出版付出了辛勤劳动，在此一并致以谢忱！

中央有要求，江苏有行动，落实见成效，一直是江苏工作的鲜明基调。推进共同富裕，走共同富裕之路是中央的要求，人民的愿望，历史的必然。在中央坚强领导下，江苏人民在共富实践探索中创造出了令人惊叹的业绩，为全国共富大局贡献了江苏力量，展现了江苏担当。人民群众的创造力是无穷的。限于时间和水平，我们对江苏共富探索与经验的总结还是初步的，难免有窥斑见豹之憾，书中不足之处，欢迎广大读者批评指正。我们将继续开展共富研究，持续跟踪江苏共富新实践，力争取得新的研究成果。

本书编写组
2019 年 8 月